金融结构演变与金融组织创新研究
——西部新型城镇化视角

朱建华　郑　鹏　著

本书为国家社会科学基金项目"西部地区城镇化进程中的金融结构演变与金融组织创新研究"（项目编号：12BMZ076）的相关研究成果。

科学出版社

北　京

内 容 简 介

　　本书通过广泛挖掘和科学吸收已有理论资源，以适用的研究成果为起点，在充分认识西部新型城镇化与金融及其关系特殊性的基础上揭示其内在机理、客观要求及实现途径等，系统构造金融产业组织创新的理论框架。从制度和数量关系两个方面实证其金融结构演变与金融组织绩效，揭示金融动力机制及其影响因素，探索金融组织创新机制与模式；通过国内外城镇化进程中金融组织的经验与金融经济政策梳理，把握金融组织创新的价值取向与实施目标，从金融机构、金融制度及金融市场等多维度，提出金融结构优化与金融组织创新的对策建议，旨在构建具有西部特色的、能够有效推进新型城镇化进程的金融组织新模式与新机制。

　　本书可供政府相关职能部门、金融机构管理人员阅读学习，也可作为高等学校相关专业师生、其他对金融理论与实践感兴趣的读者的参考用书。

图书在版编目（CIP）数据

　　金融结构演变与金融组织创新研究：西部新型城镇化视角/朱建华，郑鹏著. —北京：科学出版社，2020.3
　　ISBN 978-7-03-063911-0

　　Ⅰ. ①金…　Ⅱ. ①朱…　②郑…　Ⅲ. ①金融-经济结构-研究-西南地区
Ⅳ. ①F832.77

中国版本图书馆 CIP 数据核字（2019）第 300613 号

责任编辑：宋　芳　李　娜 / 责任校对：马英菊
责任印制：吕春珉 / 封面设计：东方人华平面设计部

科 学 出 版 社 出版
北京东黄城根北街 16 号
邮政编码：100717
http://www.sciencep.com

三河市骏杰印刷有限公司印刷
科学出版社发行　　各地新华书店经销
*
2020 年 3 月第　一　版　　开本：B5（720×1000）
2020 年 3 月第一次印刷　　印张：16
字数：323 000
定价：72.00 元
（如有印装质量问题，我社负责调换〈骏杰〉）

销售部电话 010-62136230　编辑部电话 010-62135397-2047

前　　言

城镇化作为一种经济结构的演变过程，其实质就是一系列经济要素在配置方式上重新组合的过程。我国城镇化发展基本上是与经济体制改革相伴而行的，迄今为止，已经走过 40 余年的发展历程。在当前新型城镇化与西部大开发的大背景下，我们需要进一步正确认识西部新型城镇化进程中的金融要素配置问题。新型城镇化将极大地推动西部民族经济振兴、产业结构调整及社会资源优化配置，因此在西部新型城镇化进程中，也必将会产生不同于以往的、异质性的金融制度需求。这种异质性金融制度需求与我国现行金融制度供给将处一种严重的不对称状态；在新型城镇化背景下，为适应西部金融结构演变，推动金融组织创新，逻辑演绎适用于推进西部新型城镇化进程的全新金融制度，迫切需要构建适用于西部经济发展的金融长效机制，以推动金融产业组织创新，缓解金融供给结构单一与西部新型城镇化的多层次、多元化金融需求之间的矛盾，促进西部民族经济发展和社会稳定。

为解决西部城镇化推进过程中的金融约束问题，本书提出从金融结构演变的逻辑角度出发，实施具有针对性的、有效的金融组织创新，以构建适宜的金融发展长效机制，通过创新金融产业组织，形成西部新型城镇化发展的长久之策。本书以区域经济理论、金融发展和产业组织理论为主要依据，运用经济学、管理学、法学、金融学等相关理论，基于微观和中观两个视角进行比较分析。通过梳理借鉴已有相关研究成果与政策文献，系统界定与分析西部新型城镇化、区域金融发展、金融结构演变、金融组织创新等理论内涵。通过广泛挖掘与科学吸收已有相关理论资源，并以此为起点，联系客观现实，深入剖析并揭示西部新型城镇化进程中金融发展的内在机理与实现途径，以系统构造金融产业组织创新理论的完整框架。

基于西部新型城镇化进程所引致的区域金融结构变迁，以金融产业组织为切入点，借鉴国内外众多研究成果，从多个维度对已有城镇化进程中的金融问题进行综合考察，寻找区域经济与金融产业协调发展的合理结合方式，逻辑演绎适用于推动城镇化进程而不同于以往的金融制度安排，为构建适用于推动西部新型城镇化进程的金融长效机制提供政策思路。为此，本书根据上述分析思路，将主要内容与结构做以下安排。

第 1 章：导论。该部分提出了项目研究的背景和意义、基本概念与研究范围、西部城镇化与金融发展的逻辑关系、研究内容、基本思路与研究方法、基本观点及创新与不足之处。

第 2 章：新型城镇化发展和金融结构演变的相关研究。首先，对新型城镇化发展进行理论综述，分别对国外城市化、国内城镇化及新型城镇化进行述评；其次，对金融结构演变的一般规律进行综述；最后，对金融产业组织的一般理论进行梳理，包括产业组织理论述评和农村金融产业组织研究综述。

第 3 章：西部城镇化进程中金融结构演变的现状分析。该部分通过对西部金融结构演变的现状进行分析梳理，明确在金融结构演变过程中存在的问题，问题的根源则是西部的金融改革滞后于经济的发展。解决问题的关键在于，实施金融制度创新。

第 4 章：西部金融产业组织的绩效评价。该部分从产业组织的视角，运用产业组织理论框架，系统地研究西部金融市场，并以广西壮族自治区为例，评价西部金融产业组织绩效，从而判断西部金融服务的可获得性。

第 5 章：西部城镇化进程中的金融动力机制分析。该部分通过了解并解析西部城镇化进程中金融动力机制的一般机理，厘清西部现代金融的发展脉络，理顺新型城镇化进程中西部金融体系的组织架构，剖析其金融动力作用过程中的影响因素，以期准确选择金融组织的创新路径。

第 6 章：西部金融组织创新的战略选择与影响因素。该部分基于宏观层面的考察分析，对西部金融组织创新的战略意义、一般原则、政策设想、基本思路及实施方略，进行了一系列的战略思考，并就影响其金融组织创新的障碍因素进行剖析。

第 7 章：新型城镇化进程中金融组织创新的经验借鉴。该部分通过对国内外城镇化进程中金融组织（创新）的历史经验剖析，以及浙江与四川两省具有典型意义的金融支持新型城镇化模式的深入研究，并选取美国、日本等发达国家，以及以印度为代表的发展中国家为样本，研究其城市化进程中金融组织模式与特征，旨在构建具有西部特色的、能够有效推动新型城镇化进程的金融组织新模式与新机制。

第 8 章：西部金融组织创新的政策建议。在把握西部金融组织创新政策取向的基础上，确立西部金融组织政策的实施目标，并提出 10 项具体措施，从中央和地方各级政府的角度，也从金融机构、金融制度及金融市场等角度，探讨了在西部城镇化进程的大背景下推进金融结构演变与金融组织创新的对策和建议。

第 9 章：主要结论与研究展望。

本书旨在研究如何推动金融产业组织创新，通过缓解金融供给结构单一与西部新型城镇化进程中多层次、多元化的异质性金融需求之间的矛盾，以促进西部民族经济发展和社会稳定，为民族地区新型城镇化建设和金融发展提供理论借鉴和实践参考。由于作者的理论和研究水平有限，以及文献分析能力等方面的不足，并囿于数据和篇幅，该研究还不够全面和深入。这些问题，本书相关人员将在后续的学习和研究中，进一步深入和强化，期待能够获得更多的相关研究成果。

　　本书的写作是一个很好的思考和学习的过程。作者在写作期间参阅了大量的文献资料，虽然在本书的注释与参考文献中，尽可能地明示其出处，但是在漫长的写作过程中难免有所疏漏，如有不妥，敬请相关作者海涵。本书写作中所参阅的文献资料，给作者以极大的启迪，为此，向所有学者表示衷心的感谢。

目　　录

第1章 导　　论

城镇化作为经济结构的演变过程，其实质就是一系列经济要素在配置方式上重新组合的过程。在城镇化进程中，虽然劳动力迁移或就业结构演变是其主要推动力量，但随着城镇化的不断推进，土地、资本等经济要素也必将随之发生变化：土地资源非农化，金融资源配置方向转变，是城镇化必然面临的问题。我国城镇化基本上是与经济体制改革相伴而行的，迄今为止，已走过40多年的发展历程。在新型城镇化与西部大开发大背景下，我们需要正确认识西部城镇化进程中的金融要素配置问题。

新型城镇化将极大地推动西部民族经济振兴、产业结构调整及社会资源优化配置，因此在西部新型城镇化进程中，也必将会产生不同于以往的、异质性的金融制度需求。这种异质性金融制度需求与我国现行金融制度供给将处于一种严重不对称状态。在新型城镇化背景下，为适应西部金融结构演变，推动金融组织创新，逻辑演绎适用于推动西部新型城镇化进程的全新金融制度，迫切需要构建适应西部经济发展的金融长效机制。

1.1　选题背景与研究意义

1.1.1　选题背景

随着社会经济的不断发展，我国面临着一系列经济发展新问题，为确保经济可持续发展，调结构、拉内需已经成为近阶段的重要国策。发达国家经济发展的经验告诉我们，加快城镇化进程是扩大内需的重要手段和主要路径。西部城镇化建设将为我国经济发展打开广阔的市场。2000年开始的西部大开发，为西部城镇化建设注入新的活力，同时，也将西部经济发展列入国家发展战略，西部经济面临历史性的发展机遇。

党的十八大报告曾明确指出："必须以改善需求结构、优化产业结构、促进区域协调发展、推进城镇化为重点，着力解决制约经济持续健康发展的重大结构性问题。"党的十九大报告也明确提出：必须加大力度支持革命老区、民族地区、边疆地区、贫困地区加快发展，强化举措推进西部大开发形成新格局；按照产业兴旺、生态宜居、乡风文明、治理有效、生活富裕的总要求，建立健全城乡融合发展体制机制和政策体系，加快推动农业现代化；推动新型工业化、信息化、城镇化、农业现代化同步发展；以城市群为主体构建大中小城市和小城镇协调发展的城镇格局，加快农业转移人口市民化。党中央的总体发展思路与决策，确立了我国城镇化发展的战略地位，明确了城镇化发展的模式与路径，也为西部地区经济社会发展与新型城镇化建设指明了方向。

新型城镇化具有城乡统筹、产城互动、生态宜居、集约节约及和谐发展的基本特征，能够推进大中小城市（城镇）及农村新型社区的互促共进、协调发展。加强新型城镇化建设，能够使农村人口的转移渠道得以有效拓宽，有力地推进城乡一体化，并逐步解决我国二元经济结构的突出矛盾；新型城镇化能够促进农业产业化、规模化经营，能够提高农业生产能力与劳动生产率，能够促使城乡空间结构优化，并实现优质要素资源的流动，有效缩小城乡差距。建设农村新型社区，将是西部新型城镇化建设的一个较为恰当的突破口与切入点，它既可以扩大西部各类投资规模，改善基础设施，提高城乡公共服务水平，也可以有效刺激消费增长，促进西部经济社会发展。

西部城镇化经过 40 多年的恢复性建设，已有长足的发展，但与东部地区（以下简称东部）相比，存在着很大的差距。究其原因：一个地区的城镇化水平与其金融发展水平有关；欠发达的西部城镇化进程滞后，也主要源自其金融抑制的政策，以及历史原因、自然条件及二元经济结构的影响[①]；西部平均城镇化率低于全国平均水平，更远低于东部沿海地区。西部城镇化进程严重滞后，导致了城镇产业结构失衡，基础设施建设滞后，经济发展动力不足。通过考察西部城镇化发展历程，我们可以发现，西部缺乏完善的金融机构结构，缺乏有效率的金融市场结构，其资本形成机制也极不完善，利率管制较为严苛等。长期的金融抑制导致金融产业发展迟缓，金融市场活力不足，从而抑制了西部城镇化的快速发展。

金融体系的完善，能够积极推动地区经济的快速增长，这已经得到了理论与实践的验证。我们在探索如何推动西部城镇化进程时，必须探讨缓解和消除长期存在的金融抑制问题，分析西部城镇化进程中的金融结构及其动态演变规律，把握城镇化导致的金融结构调整为金融产业提供的重要发展机遇，通过金融组织创新，完善金融组织体系，提高经济组织效率；通过金融结构的调整，促使金融市场结构优化，推进金融机构体系完善，构建以市场为主导的资本形成机制。缓解金融供给结构单一与金融需求多层次多元化的矛盾，构建西部城镇化进程中的金融长效机制，实现经济良性发展。

1.1.2 现实研究价值

金融是现代经济的核心。西部"二元化"金融格局明显，且有不断强化之势，使新型城镇化建设、区域金融及经济发展受到严重制约。本书基于西部城镇化进程中所引致的区域金融结构变迁，以金融产业组织为切入点，通过总结国内外相关研究成果，结合西部新型城镇化的实际情况，探索金融产业与区域经济之间协

---

① 数据来源于 1978～2015 年度《中国统计年鉴》。

调发展的有效方式；通过逻辑演绎与顶层设计，做出有别于现行的而又适合于西部新型城镇化建设的金融制度安排，为构建长效机制提供清晰的政策思路；推动西部金融产业的组织创新，有效缓解西部新型城镇化多样性、多层次、多元化的金融需求与现行金融供给不足之间的矛盾，能够有效促进西部社会稳定，推动西部经济的快速发展，本书将为西部民族地区推进新型城镇化，以及区域金融发展，提供有意义的实践参考及其理论借鉴。

从现实情况来看，西部失衡的金融结构，已严重影响其新型城镇化进程。我们必须积极面对与准确把握新型城镇化和西部大开发带来的历史机遇，积极拓展西部金融市场，推进金融结构优化，理顺各类金融机构关系，合理有效地组织西部金融产业，完善金融组织体系，提高经济组织效率，使西部金融市场健康有序高效地发展，从而更有效地推进新型城镇化建设。从新型城镇化发展大局来看，金融体系在资金筹集、资源配置等诸多方面发挥着极其重要的作用。现阶段西部新型城镇化已进入全面发展时期，那么，研究新型城镇化进程中如何发挥金融产业的资源配置作用，研究新型城镇化进程中的资金供求及相应的政策选择，有着很重要的现实意义。

1）推动新型城镇化进程，促进西部经济快速健康发展。新型城镇化与西部大开发作为发展西部的国家战略受到了广泛关注，而资金短缺制约着该战略的有效实施，要解决资金问题必须优化西部金融结构，并实现合理的西部金融组织。建立健全西部金融市场，完善与创新西部金融组织，是推动西部新型城镇化进程，促进西部经济快速健康发展的可靠保障。在西部经济发展新的机遇期，推动金融结构优化、强化金融产业组织、激发西部经济增长的金融动力，具有极其重要的现实意义。

2）明确金融发展方向，重构西部新型金融体系。西部新型城镇化与经济发展受制于金融结构失衡，而金融结构优化又取决于经济的发展。探索西部金融发展的大方向，必须紧抓新型城镇化这一历史机遇，厘清金融组织关系，着力调整金融结构，大力发展金融产业，重构西部金融体系，打造有利于新型城镇化建设的金融市场体系，实现西部新型城镇化与金融产业健康发展的良性互动，已成为摆在我们面前的重要课题。

3）调整完善金融结构，拓展西部新型城镇化的融资渠道。纵观西部经济发展的要素供给状况，我们可以看出，土地、劳动力相对过剩，而特别缺乏的是资金、人才与技术。西部地区经济发展的关键因素，就在于使这些缺失了的经济要素从内部更多、更有效地积累，抑或能够从外部大量涌入。然而，客观上来讲，西部地区的低收益水平，资金、技术、人才等经济要素难以净流入。借鉴美国西部大开发的历史经验，以西部资源优势来吸引与激发资金向西部流动，这就需要西部金融组织进行有实际意义的创新，并通过优化金融结构，为西部新型城镇化建设拓展更为广阔的融资渠道。

　　从区域平衡发展来看，西部发展滞后已严重影响我国经济的可持续发展。为促进区域经济平衡发展，消除制约西部新型城镇化的瓶颈，研究西部新型城镇化进程中金融长效机制具有重要的现实意义。区域经济发展的资金来源有两个方面：一是通过金融市场获得资金，二是政策性金融、开发性金融和财政性资金（或财政优惠政策）等。从现实情况来看，单纯依靠市场机制，逐利的金融市场资金难以流向经济滞后的西部；单纯依靠财政"输血式"支持，既受到国家与地方财力的限制和经济规律的制约，在资金量上，也远远无法满足西部新型城镇化的需要，有限的财政资金投入难以奏效。实践证明，区域间资金的合理流动具有两个特征：一是市场机制与政府干预基本协调；二是区域间的资金流动过程基本反映经济协调发展的内在要求，在不抑制发达地区经济的同时，大力扶持欠发达地区经济发展。在西部新型城镇化进程中给予适度的财政支持政策，尤为重要；而中长期新型城镇化建设，金融体系具有不可替代的作用。

1.1.3　理论创新意义

　　基于层次完整的金融理论体系来观察，金融发展理论应包括 3 个方面，即宏观金融发展理论、中观金融发展理论和微观金融发展理论。在国内外已有的金融理论研究成果中，宏观金融发展理论和微观金融发展理论的著述颇多，而中观金融发展问题研究则略显不足，特别是把它置身于新型城镇化背景下进行研究；作为中观层面的西部地区新型城镇化进程中金融发展的研究，则要明显滞后与不足，使西部地区的金融发展缺乏一定的理论指导，西部金融发展战略缺少应有的政策依据。本书以西部地区金融发展为研究对象，具有重要的理论创新意义。

　　一直以来，金融发展和城镇化都是政府、金融界与学术界关注的热点，不过大部分研究是分别独立进行的。近年来，对于金融发展和城镇化的关系，我国学术界已取得一些研究成果；但是，这些研究成果大多是基于国家宏观层面的，而具体区域层面的研究则略显不足，使国家的金融发展政策与新型城镇化发展策略，在西部实施过程中，出现了时滞与扭曲，严重影响了国家金融发展政策的效果。本书把西部、新型城镇化与区域金融发展结合起来研究，有利于理顺西部经济发展、新型城镇化建设与金融发展的逻辑关系，研究视角独特，研究内容具体，研究针对性强，拓展了城镇化与金融发展的研究空间，对新型城镇化与金融发展的理论研究是一种有益的补充。

　　在城镇化进程中，如何利用金融政策（或金融手段）促进城镇化发展，一直以来都是学术界探讨的重要话题，然而已有的研究成果集中在原因解释、影响分析、解决对策等方面，针对现阶段我国的"二元化"金融、经济、社会结构特征，深入研究地区的金融结构演变规律与金融组织优化，以推动新型城镇化进程的文献，为数不多。区域金融结构优化和金融产业发展及其与本地区城镇化的融合度，是合理配置金融资源、实现金融与新型城镇化良性互动的关键；我国东部、中部地区（以下简称中部）与西部金融结构迥异，城镇化水平与金融发展差异较大，金融与区域经济发展的匹配性较差；而现有研究成果大多倾向于采取扶持与优惠政策，以减缓和消除这种区域间的发展差异。事实上，近年来我国很多优惠扶持政策没有达到预期目的，地区差异在不断扩大。究其原因，我国的金融政策，缺乏对不同区域金融发展过程中存在的阶段性与差异性的识别功能。城镇化进程中不同区域金融结构演变过程与金融结构优化路径，是不尽相同的。研究西部金融结构演变进程与区域金融发展模式，在国家总量调控与统一监管的前提下，正确处理新型城镇化进程中金融发展差异化问题，研究论证与此相关的理论，并予以实证支持，对于弥补金融结构理论与金融发展理论中地区差异研究的不足，探讨具有西部特色的区域金融产业组织模式，推动西部金融与新型城镇化良性互动，具有重要的理论意义。

目前，虽然关于西部金融产业发展的研究著述颇多，但总体上还不够完善。大多数研究者认为，西部金融结构不合理，金融市场效率低下，要么归因于经济条件与客观环境，要么归因于制度安排与产权因素，要么简单地归因于金融市场的垄断，缺乏较为系统全面的总结与分析。然而，产业组织理论为新型城镇化下西部金融问题的系统研究提供了一个崭新的视角。产业组织理论是现代经济理论的重要内容，在最近的几十年中，产业组织理论是经济学领域研究最活跃、成果最丰硕、发展最迅猛的一部分（臧旭恒等，2007）。产业组织理论的不断发展与广泛应用，为新型城镇化进程中西部金融产业发展提供了重要的理论基础。从产业组织视角出发，运用产业组织理论，系统地研究西部金融市场，分析西部金融市场结构，探讨西部金融组织行为，测度西部金融市场绩效，提出西部金融产业组织的政策目标及相应的政策措施，可为我国金融体制改革做一些有益的探索。西部金融产业组织研究拓展了产业组织理论的研究领域，是产业组织理论的新发展。

近年来，国内外在金融发展理论、农村金融发展理论、产业组织理论、西部城镇化问题研究、区域金融发展问题研究、金融产业组织研究及西部城镇化金融支持问题研究等方面，取得了突破性成果。这些成果为本书提供了理论借鉴，形成了逻辑起点，指明了研究价值，极具重要性。但现有文献的研究视角以金融供给居多，并将金融体系作为一个研究整体，忽视了金融机构的地区差异；研究对象集中在宏观经济政策（如货币政策、金融服务体系）和微观经营活动（如农户借贷、农村信用社改革）两极，对中观层面（如金融市场结构、机构行为）的研究略显不足，这为本书提供了良好的研究基础和一定的研究空间。本书将从西部新型城镇化进程中的金融发展出发，运用全新的视野思路、理论方法和技术手段，探寻和揭示西部经济可持续发展的内在动力。

1.2 基本概念与研究范围

1.2.1 西部地区与新型城镇化

1. 西部地区

中国西部地区由四川省、云南省、贵州省、西藏自治区、重庆市、陕西省、甘肃省、青海省、宁夏回族自治区、新疆维吾尔自治区、广西壮族自治区、内蒙古自治区 12 个省（自治区、直辖市），以及湖南省的湘西土家族苗族自治州与湖北省的恩施土家族苗族自治州所组成，俗称"10＋2＋2"①，以下简称"西部"。这是西部的最新定义，最新划定的西部所占国土面积为 538 万平方千米，约占全国国土面积的 56%；现阶段拥有人口约为 4.12 亿。

西部南北跨越 28 个纬度，东西横贯 37 个经度，属于典型的内陆地区，离海洋较远，自然条件也十分复杂。其地势特征明显："三原（青藏高原、黄土高原与云贵高原）四盆（四川盆地、柴达木盆地、塔里木盆地和准噶尔盆地）"占主要部分；西北干旱区、青藏高原区及局部季风气候区构成三类不同的自然区，并呈现各自突出的自然特点。

西部面积广大，自然资源也极为丰富，极具市场潜力，战略地位十分明显；它是我国现代化，特别是新型城镇化的原材料基地与能源基地。其具有潜在价值的矿产储量，占全国总产值的一半以上，其中，已探明的天然气储量占全国总储量的 64.5%；水力资源的蕴藏量约占全国的 82.5%，已开发的水能资源占全国的 77%，但开发利用率尚不足 1%。西部为我国社会经济发展做出了突出贡献；但西部是经济欠发达且有待重点开发的地区，由于诸多原因，经济发展明显滞后于东中部，人均地区生产总值仅为东部的 40%，不足全国平均水平的 2/3；该地区分布了我国大部分贫困人口，还是少数民族聚集区，是一个多民族共同生活的地区。中华人民共和国成立以来，西部工业体系、交通通信、科技教育等都有了长足的发展，为国家全面实施西部大开发战略奠定了较为坚实的基础。

中共中央早在 1999 年 11 月就做出西部大开发这样具有极其重要意义的战略决策，并指出："不失时机地实施西部大开发战略，直接关系到扩大内需、促进经济增长，关系到民族团结、社会稳定和边防巩固，关系到东西部协调发展和最终实现共同富裕。"② 2000 年 1 月，成立了以朱镕基任组长、温家宝任副组长的国家西部开发领导小组，并明确了加速西部地区发展的基本思路。实施西部大开发战

---

① 《2015 中国统计年鉴》。
② 李安定，刘振英，何加正，1999. 1999 年中央经济工作会议[EB/OL]．（1999-11-15）[2018-12-07].
http://www.gov.cn/test/2008-12/05/content_1168875.htm.

略,有利于协调区域经济发展,是我国经济持续健康发展的内在需要。实施西部大开发战略不仅有了条件,而且刻不容缓,调整国家经济布局与区域经济政策十分及时正确,具有深远的历史意义与重大的现实价值。

2. 城镇化和新型城镇化

（1）城镇化

早在 1858 年,马克思在《政治经济学批判》中就使用了“城市化”这一概念,他在著作中阐述了城乡的分离,以及城市的发展,并指出现代化就是逐步乡村城市化的过程（陈阿江,1997）。此后,西班牙工程师塞尔达于 1867 年正式提出了“城市化”这一概念,并使这一概念成为研究经济学、地理学、社会学、人口学等诸多学科的专业术语。1979 年,地理学者吴友仁首次将西方城市化理论运用于我国城市发展问题的研究,开启了研究城镇化的先河（宋俊岭和黄序,2001）。

城镇化,其英文为“urbanization”;西方国家的城镇地区（urban place）是指除农村居民点之外的各类城镇居民区,既涵盖较大城市（city）,也包括较小乡镇（town）。从现代城市发展的历程来看,它是由以下阶段演变而成的:小村（hamlet）、村庄（village）、城市（city）、都市（metropolis）。因此,将“urbanization”翻译为“城镇化”是较为准确的,它能够较好地反映其英文的含义（谢文蕙和邓卫,1996）。从词源学来看,城镇化还包括“使城镇变成……的过程,使……具有城镇属性”的含义。

然而,学科的差异性、学者研究的领域与视角的不同,对于城镇化这一概念的诠释各有千秋,表述方式呈多样化趋势,因此,到目前为止其定义尚无定论。简而言之,城镇化是指农业人口转移到非农产业,乡村人口集中于城镇地区,从而使城镇人口比重不断上升的过程,或者是人口集中到城镇的过程（张杰,2011）。威尔逊主编的《人口学词典》做了这样的解释:人口城市化是指居住在城市地区的人口比重上升的现象。社会学提出,城镇化就是人们的人际关系与社会关系在特定地域空间中的质变过程。社会学家路易斯·沃斯早在 1938 年就指出,城市化是一个由农村生活方式向城市生活方式转变的过程。日本社会学家矶村英一指出,城市化应该包括社会结构及其关系的基本特点,城市化包括形态的城市化、社会结构的城市化及思想感情的城市化 3 个方面（刘传江和王志初,2001）。地理学则强调,城乡经济与人文关系的互动变化,将城镇化界定为居民聚落与经济布局的空间区位再分布,并呈现出日益集中化的过程;是非农活动与农村人口在不同规模城市的地理集中过程,也是城市价值观与生活方式扩散农村的过程。

在经济学领域,对于城镇化的定义与诠释,学术界与实务界也不尽相同,下面总括介绍一下关于城镇化基本内容的各种不同观点:第一,城镇化是指由以人口相对分散并空间分布较均匀、分散劳动且强度大为显著特征的农村经济,转变为具有基本对立特征的城市经济的变化过程;其实质是社会生产力发展所引起的人类生产方式、生活方式及居住方式的改变（赫希,1990）。第二,城镇化是指在工业化与科技进步的过程中，分散的农村人口、劳动力和非农业经济活动，持续不断地进行空间上的聚集，从而逐渐演化为城市经济要素的过程（饶会林，2007）。第三，城镇化是指由传统落后的乡村社会演变为现代先进的城市社会的一个自然历史发展过程（高佩义，1991）。第四，城镇化包含社会人口的集中过程（包括集中点的总量增加与单个集中点的规模扩大）、城市影响农村的传播过程、社会人口对城市的接受过程、社会人口中城市人口占比的提高过程 4 个方面的含义，是一个全面深刻的综合演变过程（许学强等，1997）。第五，城镇化是指在科技发展与工业革命的进程中，由于聚集效应、规模效应，以及机会增多、收入增高等因素引导，农村人口逐步聚集城镇并演化为非农业人口，经济要素不断聚集于城镇，其规模得以扩张，并呈现空间结构的多元化，社会经济关系的复杂性，人们生活生产方式的现代化，推动社会进步与经济发展的历史进程（丁健，2001）。第六，城镇化的内涵包括城镇与乡村人口结构转换、产业结构及其区位结构转换、价值观念与生活方式转换、集聚方式与聚居形式及与此相关的制度变迁和创新 4 个层次（刘传江，1999）。第七，城镇化是指农村居民进入城镇居住，并能享受到城镇居民的物质文化生活方式（陈宝敏和孙宁华，2000）。第八，城镇化是一个影响因素颇多且复杂多变，并以人为中心的系统转化过程，是人类社会向现代文明全面变迁的过程，它既是农业人口向非农业转化并聚集城镇的过程，也是城镇空间数量剧增、区域规模扩大、职能设施完善，以及城镇社会文明、生活方式与经济关系广泛向农村渗透的过程（孙中和，2011）。

综上所述，城镇化是一个极为复杂的转型过程，它涵盖社会、经济各个领域及各个层面，包括地域变迁、区位演进、人口流动、社会文明、经济发展等诸多内涵（陈柳钦，2005）。那么，城镇化与城市化有何区分和联系呢？学术界的主流观点可概括为两种。一是认为两者存在较大差别。城镇化注重农村人口聚集于小城镇，而城市化强调农村人口向城市集中。城市化的社会功能齐全，人口高度集中，经贸科技、教育文化、医疗卫生等活动密集，综合经济指标占绝对优势，而城镇化是指植根于广大农村地区，集中农村人口，吸纳富余劳动力，活化农村经济，有效利用农村资源，提高劳动生产效率。二是认为两者含义基本相同。城镇化，又称城市化，或称都市化。李树琮（2002）指出，城镇化与城市化没有本质的区别，我国之所以称为城镇化，就是指具有中国特色的城市化，是为了将小城镇建设的地位与作用凸显出来。

从全球城市化的一般规律来考察，城镇化与城市化两个概念并没有根本性的区别，城市化是国际上通常使用的概念；而在我国近年来的官方文献中，则比较多地使用了城镇化这一概念。为分析的简便起见，本书将城市化与城镇化视为同一概念。

（2）新型城镇化

早在 2007 年 4 月，张荣寰在他的《生态文明论》中就提出了"新型城镇化"

的概念，并对新型城镇化的定义和发展模式进行了详细阐述。他提出，新型城镇化必须坚持以人为本，推行城镇模式多元化的科学协调发展的建设路子。

党的十八大报告明确提出了"新型城镇化"的概念。2012 年 12 月 15～16 日在北京召开的中央经济工作会议，明确指出："积极稳妥推进城镇化，着力提高城镇化质量。城镇化是我国现代化建设的历史任务，也是扩大内需的最大潜力所在，要围绕提高城镇化质量，因势利导、趋利避害，积极引导城镇化健康发展。要构建科学合理的城市格局，大中小城市和小城镇、城市群要科学布局，与区域经济发展和产业布局紧密衔接，与资源环境承载能力相适应。要把有序推进农业转移人口市民化作为重要任务抓实抓好。要把生态文明理念和原则全面融入城镇化全过程，走集约、智能、绿色、低碳的新型城镇化道路。"李克强[①]于 2013 年 7 月 9 日，在广西南宁市召开的部分省区经济形势座谈会上进一步强调：必须推进以人为核心的新型城镇化。2014 年 3 月 17 日，中共中央国务院印发了《国家新型城镇化规划（2014—2020 年）》，该规划共 8 篇 31 章，长达 3 万字，内容覆盖很广，准确地阐述了新型城镇化的实质，清晰地反映了我国发展新型城镇化的总体思路，也是城镇领域对经济社会发展的真实体现。

所谓新型城镇化，是指坚持以人为本，以新型工业化为动力，以统筹兼顾为原则，实现大中小城市、小城镇、新型农村社区协调发展、互促共进的城镇化。仇保兴（2012）指出，新型城镇化具有 3 个特征：一是改变了城市优先发展的传统城镇化观念，新型城镇化力求城乡互补、协调发展；二是城乡一体化不是把农村都变为城市的"一刀切"式的发展，而是城乡协调发展；三是新型城镇化不是盲目复制国外建筑，而是要秉承自身的文脉，重塑自身的特色，发挥自身的优势。

新型城镇化的"新"，在于通过改变已有的发展模式，以提升城镇人文环境、公共服务等内涵为中心，摒弃过去片面追求城市规模扩大、空间扩张的行为，把城镇塑造为高品质、宜居住的地方。新型城镇化的"型"，是指转型，涵盖建设用地、产业经济、环境保护、城镇交通等诸多方面。在大力推动生态文明建设转型过程中，把智能、集约、绿色、低碳的建设理念，贯穿新型城镇化建设始终，通过区域与城镇合理生态规划，协调短期与长期、效率与公平、局部与整体、分割与整合的有机生态关系；在推进产业生态转型的进程中，以城市带农村、工业融农业、公司带农户、生产促生态，通过新兴产业、新型社区和新型城镇的建设，农村人口转移到城镇，完成由农民到市民的转变。

新型城镇化建设，注重提升城镇化建设的质量内涵，强调城镇化内在质量的全面提升，走资源节约与环境友好之路，促使大中小城市、小城镇、城市群，以及农村新型社区之间的协调发展。因此，新型城镇化建设具有以下几个明显的特

---

① 佚名，2013. 李克强：推进以人为核心的新型城镇化[EB/OL].（2013-07-10）[2019-01-02]. http://www.Chinanews.com/gn/2013/07-10/5022370.shtml.

征：一是高起点规划。必须科学规划、合理布局、高标准进行城镇建设，解决混乱建设、城市发展落后于工业发展等一系列问题。二是多元化途径。我国地域广且情形复杂，发展极不平衡，因此，实现城镇化的途径应是多元化、多层次的，根据各自不同的发展阶段、地域特色选择各自的发展模式。三是聚集效益佳。充分发挥城镇的聚集功能和规模效益，做大做强城镇，强化城镇财富效应。四是辐射能力强。利用城镇自身的发展优势，辐射并带动周边地区，实现与广大农村地区的共同发展。五是个性特征明。城镇都是有生命的，不同的基础、背景、环境和发展条件，会孕育个性迥异的城镇，城镇建设理应显示与众不同的特点，凸显城镇个性的多样性。六是人本气氛浓。城镇建设的目的在于服务于人，树立牢固人本思想，创造良好人文环境，营造和谐人本气氛，产生完善服务功能，打造一个适合人们自由而全面发展的平台。七是城镇联动紧。形成城市群、大中小城市、小城镇及农村新型社区有机联动与整体发展的思路，解决目前城镇化人为分割问题，打造一个完整城镇化梯队。八是城乡互补好。打破城乡二元结构，形成区位优势互补，整合城镇各种利益，开创城乡共存共荣的良性互动新局面。

1.2.2　区域经济与区域金融发展

1. 区域经济发展

区域经济（regional economy）是指在一定区域内经济发展的内部因素与外部条件相互作用而产生的生产综合体；是以一定地域为范围，并与经济要素及其分布密切结合的区域发展实体。区域经济反映的是不同地区经济发展的客观规律，以及内涵和外延的相互关系。一般来讲，区域特指一定的地理空间。然而，作为人类社会基本活动的经济活动，又是在一定的地理区域内展开的；一定区域内的自然资源、人口分布、交通布局、产业发展、科技教育、消费状况、政治制度等，对其社会经济活动和生产力发展影响极大，每一个区域的自然条件、社会经济条件及技术经济政策等因素都制约着该区域的经济发展，如土地、光照、热量、水分及灾害频率等，对区域经济发展会起到十分重要的作用；同时，在生产力水平一定的情况下，特定区域内投入的资金、技术、劳动力及技术经济政策等，都能够对区域经济发展程度构成直接影响。

区域经济这一反映综合性经济发展的地理概念，能够基本反映区域性的资源开发与利用状况及存在的相关问题，尤其是矿产、土地、生物和劳动力几个方面的资源利用开发程度，其具体表现是，该地区生产力的布局科学性和经济效益性。区域经济发展效果的优劣评价，并不能只从经济指标方面来考量，而是需要全面综合地考虑社会总体经济效益和地区性的生态效益。一般来讲，区域经济发展包括以下含义：①人均地区生产总值与人均实际可支配收入持续稳定增长；②居民生活环境不断改善；③生产要素可满足生产投入的客观需要；④经济结构形成持续的高级化；⑤社会结构不断完善；⑥社会事业和社会保障与经济增长相匹配；⑦习俗观念和文化发展与经济发展相协调；⑧经济运行及其调控机制能够完善健全。

区域经济发展与否，需要一个系统科学的评价体系。结合我国许多地区经济发展状况，该评价体系一般包括以下 5 个方面：①以整个国家经济发展总体布局为基础，判断地区经济在国家总体经济中的地位和作用；②评价地区经济发展速度、规模与当地经济基础的相适度情况；③评价地区经济建设规划中本地自然资源利用率和环境保护措施的可能性；④评价地区内各生产部门发展与整个区域经济发展的协调性；⑤评价区域内能源、交通、医疗卫生及科技文化教育等方面基础设施，注重生产、建设与消费的协调持续发展。

目前，我国对于区域经济发展的研究，有益于国民经济的健康发展，具有极其特殊而重要的现实意义和深远的历史意义。①我国幅员辽阔，经济区域较多，各个区域的经济发展条件千差万别，不同区域的经济发展水平也具有较大差异。如何实现各地区经济社会的均衡发展，提高国家整体经济社会发展水平，是需要我们通过加强区域经济的研究来解决的关键性问题。②我国作为发展中国家，具有以下基本特征：地区经济差异大，总体发展水平低，区域发展不平衡。在 21世纪中叶之前，我国要基本实现国家现代化的宏伟目标，其任务的艰巨性可想而知。实现现代化应该是一个有计划、有步骤、分阶段实施的过程，经济发展是完成这一伟大历史使命的最重要环节，加强区域经济发展，推动国民经济全面高效健康发展，有助于国家现代化宏伟目标的实现。③现阶段，我国正处于全面深化改革的新时代，加强区域经济发展，缩小地区差距，不但具有重要现实意义，而且历史意义深远；不仅有益于国家现代化的实现和区域经济的平衡发展，而且对于保持社会稳定、实现经济社会可持续发展及实现中华民族伟大复兴，具有重要意义。

2．区域金融发展

区域金融发展是指在区域金融结构演变的基础上形成的区域金融变化，即区域金融结构变化促进了区域金融发展。正如戈德史密斯（1990）所指出的，金融发展研究必须以与金融结构相关联的、在短期（或长期）内变化的信息为研究基础。然而，区域金融结构信息变化，既可以直接表现在各类金融工具的种类、存量及流量等方面，也可以表现在金融机构类型不同与数量多寡，金融市场类型迥异、范围与数量多少，金融制度体系的规则、力度、有效性的变化等诸多方面。同时，它也可以抽象地表述为各类相关参数的变化，如相关金融比率、金融机构的资产分布比例、金融机构的金融资产占比等各类参数的变化。

如果对区域金融发展进行定性描述，我们可以对其类型、性质、特征、方式，以及相对重要性的变化状况等方面进行系统描述。如果对区域金融发展进行定量描述，我们可以简洁、直观地描述金融结构各组成部分的绝对数量、相对重要性及与其他领域数量参数关系的变化等，分项指标主要包括金融制度及其环境演变、金融工具种类、存量与流量变化、金融机构类型数量、资产收益等方面变化；综合指标主要包括融资比率、发行比率、金融中介比率及金融相关比率等。

如果对区域金融发展类型进行划分，我们可以将其分为自然选择型、引进赶超型和混合发展型 3 种类型。纵观全球金融发展，金融结构类型因处于不同发展阶段而存在一定差异：首先，区域金融发展还处在发展阶段，不同区域存在不同发展道路与模式，即便是高度开放区域，也可能会选择自我积累与发展或自然选择与演进的金融发展之路，通过区域金融特色发展，形成自然选择型区域金融发展格局。其次，金融资源、金融机构、市场模式及制度体系设置与运作，都引进发达国家先进经验，以实现引进赶超型的发展。该类型较适用于城镇化程度高、经济规模不大、人口相对集中，以及区域差别不明显的国家（如新加坡）或地区（如中国香港）。最后，混合发展型介于自然选择型与引进赶超型之间，其显著特征是，借鉴或引进制度模式、管理经验及技术，而金融资源则以自我积累与发展为主，金融制度环境建设，特别是社会公众的金融意识与偏好，则以自然选择和进化为主。

从区域金融发展 3 种类型的经济意义来考察，自然选择型发展模式，通过自我增强与自我完善的发展路径，最能够体现传统社会的发展特点，但其过程充满曲折和困难，成本效率与时间效率并不经济。引进赶超型发展模式，则需要优越的外部环境条件与发展机会，而很多地区不具备这种条件。综上所述，混合发展型发展模式，是区域金融发展最为现实的选择：首先，管理经验与制度模式均属于社会公共产品，使用成本较低。其次，金融资源以自我积累为主，可以充分挖掘金融资源的潜力，激发经济自主发展意识。最后，制度环境的建设必须是一个自发或自然的选择过程，金融制度产生效率，在一定程度上取决于社会公众的金融意识，而公众金融意识只有通过培育才能逐步形成并发挥作用。

1.2.3　金融结构与金融结构演变

1. 金融结构

金融结构是一个相对于金融总量的较为宽泛的概念，具有较为丰富的内涵。戈德史密斯（1990）指出，各种金融工具与金融机构的形式、性质及其相对规模，共同构成一个国家金融结构的特征。该著名论断是有关金融结构的早期论述，并得到学者的普遍接受和广泛引用。

戈德史密斯（1990）指出，一个国家或地区金融结构基本构成要素包括金融工具、金融机构及其相对规模；金融结构体现一个国家或地区的金融功能和效率及其金融体系基本特征。同时，金融结构会随着时间的推移而不断产生新变化，且不同国家或地区之间也存在一定的差异。该差异具体表现在金融工具与金融机构的产生出现次序、相对增长速度、渗透于各经济部门的程度，以及适应一个国家或地区经济结构变化的速度和特点等方面。日本学者铃木淑夫（1986）指出，金融结构应包括 3 个具有相互依存关系的因素：一是金融制度（或金融范围）；二是金融交易手段的充足程度；三是经济发展的基础性条件与金融交易活动的技术条件。

　　上述两位学者从不同视角对金融结构内涵进行界定，尽管表述方式不同，但本质上没有区别。戈德史密斯试图找出金融结构、金融发展与经济增长之间的关系；而铃木淑夫则旨在明确解释金融机制、金融制度的总体变化趋势（王晓芳，2000）。

　　随着经济的不断发展，金融发展的速度不断加快，金融结构的内涵和外延也在不断演进。对金融结构给予一个较为准确而完整的定义，变得越来越困难；但综合已有的金融知识，可以将金融结构大致表述为以下内容：金融结构是指一个国家或地区金融体系中各个组成部分的相对比例及其规模，以及维系其金融体系能够高效运转的宏观政策结构；具体涵盖金融工具结构、金融机构结构、金融市场结构和金融政策结构等基本内容（吕德宏，2002）。如果细分其子结构，那么，金融结构的子结构可以进行无穷无尽的划分。而全球金融创新的发展，各个国家及地区的金融工具与金融机构呈现多式多样、精彩纷呈的局面，金融市场类型也各不相同；并且，金融制度和金融政策，也正处于一个不断更新的过程中。

　　从一个国家或地区的经济发展状况及其差异性角度看，我们还可以将金融结构的类型划分为若干个区域性的金融结构。然而，无论金融结构类型的划分基于什么视角，我们都可以总结出一个基本的观点，即一般性金融结构的基本构成要素，都涵盖金融市场、金融工具与金融机构 3 个大的方面。

　　随着全球经济的不断发展，金融结构也正在呈现分化与演变，总体趋势也将是复杂纷呈的；金融结构的发展日趋复杂，既最大限度地完善了金融的经济功能，提高了金融的运行效率，也极大地促进了经济的高速持续发展。现阶段，各个国家的金融发展战略，可基本上总结为一个共同的主题：构建功能健全、体系完善的金融结构，提高金融的经济资源配置质量。体系完善、组织严密、功能健全的金融结构，可以合理配置社会资源、正确引导风险交易、广泛动员公众储蓄、有效监控金融运行，并极大地推动社会产品、服务和金融合同的交易。也就是说，合理构建一个国家或地区的金融结构，充分发挥金融工具、金融机构与金融市场金融结构三大要素的基本作用，并将其实现有机结合，是能够实现最大限度地为整个社会提供有效金融服务目的的。

　　2．金融机构

　　作为金融结构的基本要素，金融机构是其主体之一，具有十分明显的企业属性。作为企业的金融机构，它所拥有的资产与负债业务，由金融结构中的金融工具组成，其业务经营的主要活动领域，也基本集中在对金融工具的交易及持有上。金融机构数量、规模及其企业品质，都能够体现出一个国家或地区的金融深化程度。纵观全球金融发展历程，金融机构的缺乏与经营不善，集中体现了发展中国家金融抑制特征；尽管我们不能以金融机构的数量，来比较不同国家或地区金融发展的情况，但是，一个国家或地区金融机构的发展状况，能够体现其金融结构基本状况。戈德史密斯（1990）指出，金融机构类型的划分依据包括：①金融机构持有与发行的金融工具及该金融工具在所有金融工具中的占比；②金融机构的金融活动领域与业务经营范围及其各种经营活动在整个金融活动范围中的占比。

综上所述，金融机构可划分为中央银行、商业银行、储蓄机构、保险公司及其他金融机构 5 类。由此可以明确一个结论：金融机构结构根据其相对占比来确定，所反映的一个国家或地区的财富分配、资本形成及资源动员，甚至有效经济增长的意义，都是不尽相同的。不过，无论金融机构类型划分标准如何确定，众多金融机构所具有的职能性质、存在形式是否具有一定的差异性，一个国家或地区的金融机构在储蓄供给、投资需求等方面都是能够产生很大影响的，并且，在储蓄转化投资过程中将发挥十分积极的作用。

1）金融机构的储蓄效应。马魁茨于 20 世纪 60 年代初在《金融机构与经济增长》中明确提出，随着一个国家或地区金融机构数量增加，储蓄量会存在边际增加效应，即储蓄量具有一定的机构弹性。该研究表明，一个国家或地区金融机构的数量增加与规模扩大常常会使社会储蓄供给总量增加，金融机构资金聚集功能能够有效促进储蓄量增长。当然，在充分金融刺激下，这能够提高人们的储蓄意愿，全社会净储蓄总额将增加；而在没有金融刺激的情况下，储蓄机构弹性将趋于零，新设金融机构不但产生不了储蓄边际效应，而且会占用一部分社会储蓄资源，减少资本形成的社会总储蓄供给。

2）金融机构的投资需求效应。该效应主要体现在以下几个方面：首先，专业化、规模化的经营，使金融机构具有降低筹资成本的能力，客观上刺激了社会的投资需求。其次，金融机构作为投资主体的外源性融资渠道，突破了投资主体自身资金积累的限制，形成了投资有效需求的生成机制。最后，在一定程度上降低投资主体投资风险与收益比率，激发社会投资需求；并利用经济信息优势，帮助企业进行全方位的协作。

3）金融机构的储蓄投资转化功能。信用中介是金融机构所具有的基本职能。金融机构作为储蓄者与投资者的信用中介，是为了适应储蓄和投资的社会分工而产生的一种制度安排，使投资者和储蓄者能够有机地联系在一起。同时，通过金融机构资金期限转换功能，实现储蓄向投资的合理转化，金融机构使各个经济主体摆脱了自身储蓄供给与投资需求之间不匹配的约束，提高了社会资本的形成总量，也提高了各类资本形式的质量。

3．金融结构演变

金融结构演变是指一个国家或地区的金融结构由简单向复杂、由低层次向高层次的动态演变过程，是一个国家或地区的金融发展历程。纵观许多国家或地区的金融发展状况，绝大多数遵循相同的前进路线，即所谓的金融结构演变规律。Goldsmith（1969）根据 1860—1963 年全球 35 个国家实证数据的系统研究，指出现实经济活动中，各个国家金融结构均处于不断动态变化之中，金融发展与经济发展之间存在着大体平行关系。在实际人均收入和国家财富总量不断增加的情况下，金融结构将不断产生由简单到复杂、由低级向高级的动态变化，这种变化也是一个释放与扩大金融功能的全过程。

金融结构演变是一个由低层次向高层次不间断的演进过程，其主要表现为以下几点：①金融业从最初银行信贷业务开始，业务内容不断扩展，随后发展并形成现代银行业、证券业、保险业及信托业等金融业务较为完整的阶段，这是金融业不断发展的过程，也是重大金融结构演变过程。②从金融工具、金融资产角度进行分析，经济发展使金融业不断创新，金融产品与工具数量不断增多，金融资产形式呈现多样化趋势，金融资产与工具不断演进并得到全方位发展。③从融资结构视角分析，金融机构多元化、金融工具多样化推动了金融市场不断完善，使各个经济主体融资方式与渠道越来越多。随着资本市场的快速发展，直接融资比重和地位凸显，势必改变现阶段银行主导的金融结构。

1.2.4　金融产业与金融产业组织

1. 金融产业

可以从两个层面对产业予以界定：首先从产业组织层面，产业是指生产同类产品、服务的企业集合，以此考察同一产业领域的企业之间的市场关系；其次从产业结构层面，产业是指使用相同原材料的企业集合，以此考察产业基本状况、产业之间结构及关联度（杨公仆等，2005）。本书主要从产业组织层面进行分析，将产品之间替代关系作为产业划分标准。金融产业是服务业不可或缺的一个子系统，是社会分工的必然结果。陈颖（2007）将金融产业界定为所有金融企业总和，是金融产品经营者的市场集合，是国家服务业的重要组成部分。而产业组织理论在产业划分方面十分注重产品可替代性，金融产业产品包括银行、保险、信托、证券、期货和租赁等多种不同形式，且相互之间的可替代性也存在比较大的差异。因此，金融产业又可细分为银行、保险、信托、证券及租赁产业等。由于产业经营的特殊性，金融产业具有指标性、垄断性、高风险性、效益依赖性及高负债经营性等特点。从我国产业划分来看，金融产业已由众多金融企业构成并形成独立产业。

2. 产业组织

产业组织内涵的界定是与产业的定义紧密相连的。杨治（1985）指出，产业是指生产同一类商品（严格地说，就是生产具有密切替代关系的商品）的生产者在同一市场上的集合，这些生产者之间的相互关系结构，就是所谓的产业组织。而杨蕙馨（2007）则指出，产业是指生产同类有密切替代关系的产品的企业在同一市场上的集合。这些企业之间的相互结构关系，则称为产业组织。

3．金融产业组织

根据上述产业组织内涵并依循其界定思路，可将金融产业组织界定为提供金融服务的金融机构之间的相互结构关系，即金融产业内部的各金融机构之间的竞争垄断关系。或者说，金融产业组织是指在金融市场上，为经济发展提供金融服务的金融企业间的市场关系，包括市场结构、市场行为、市场绩效及相互之间的关系（沈若存，2009）。而银行产业组织，是指提供银行业金融服务的各类金融机构之间的竞争与垄断关系。

1.2.5　异质性金融需求

所谓异质性金融需求，是指新型城镇化建设过程中所引致的各种有效金融需求。这种金融需求既不与现阶段服务于大城市（大企业）的商业性金融体系相对应，也不与以传统农村居民的生产（消费）为服务对象的政策性农业信贷制度相对应；新型金融需求主体所需要承担的制度成本及其风险，既与城市商业性金融体系的存在逻辑不符合，也与传统政策性农业信贷系统的存在逻辑不一致，这种金融活动异化特征十分明显。新型金融需求主体的需求曲线，与现阶段两种传统的金融服务体系供给曲线，是不具有可交区间的。要想解决或满足新型城镇化所带来的异质性金融需求，就必须借助一定的辅助手段，通过上移金融需求曲线或者下移金融供给曲线，达到金融供需均衡。纵观我国金融经济发展历史，构建政策引导性新型城镇化的金融服务体系，是很有必要的。

新型城镇化的核心问题，就是农村劳动力就业结构的就地转换，能够离土不离乡地解决劳动力就业问题，并实现农村土地（包括其他要素禀赋）功能转变及农村资源重新配置，以推进农业产业化、农村工业化、农民收入多元化，实现全社会公共资源配置在空间结构上的均等化。新型城镇化进程中，能够引领其他经济要素与经济资源，进行优化配置的金融要素，具有显著的前导性；金融发展势必在适应新型城镇化进程中，不断寻求制度创新，通过金融资源配置功能，引导新型城镇化健康发展。随着新型城镇化不断推进，在各类工业产业从中心城区转移到村镇社区、农民就业与创业的增长、产业结构的调整与升级、基础设施的供给及公共服务均等化的拓展过程中，都会带来劳动力、土地及农村其他经济要素的重新组合，特别是农村劳动力的资本化转换，将出现不可逆转的趋势，产生新的金融需求；而金融服务将在这个过程中发挥预调节作用，甚至带动引领作用。

新型城镇化推进，不仅带动了具有庞大规模与持续增长的农村劳动力转移，也推动了农村居民收入结构的巨大变化。收入模式从以劳动力收入为主转变为以资本要素收入为主，这就意味着金融服务需求出现了不同于以往的模式，村镇居民多元化金融需求正在兴起。融资模式将逐步改变，政策性农业信贷比重将会逐步下降，以资产（包括集体公用地、居民自建房、个人自主知识产权与其他资产等）作为抵押的融资模式将会广泛采用。农村劳动力的结构转换、农村土地的资本化、城乡居民收入的增长（包括收入结构的多元化）等动态调整，蕴含着巨大的金融发展机遇，将构成各类金融机构极为重要的经营决策变量，这种体制、机制和业务发展上存在的巨大空间，将为金融服务机构带来前所未有的发展机会。

1.2.6　研究对象与范围界定

1. 研究对象

本书以西部城镇化进程中的金融结构演变规律与金融产业组织创新为主要对象，探究西部金融结构演进与金融体制改革的相对滞后，从而阻碍新型城镇化进程的深层次原因。通过探索西部金融产业组织新模式，建设性地提出推动新型城镇化发展的金融产业组织新思路，具体包括以下几个方面。

1）西部金融结构的演变规律。本书通过分析西部新型城镇化进程中的金融结构演变状况、特征与模式等，考察其与经济结构变迁的互动关系，分析城镇化引致的异质性金融需求及对西部经济发展的影响。

2）西部金融产业组织的绩效评价。本书通过分析西部金融市场结构、金融机构组织行为，评价现行金融制度供给模式及西部金融市场绩效。探寻新型城镇化进程中西部金融产业组织的缺陷，以及金融组织模式创新的切入点。

3）西部新型城镇化金融支持体系的构建策略。本书通过分析西部新型城镇化进程中金融支持系统的基本框架与动力机制，以及西部金融组织创新的条件与障碍因素，研究金融支持西部新型城镇化的实现路径。

4）西部金融组织创新的政策建议。本书通过梳理已有的金融经济政策，根据西部金融结构演变规律，探究推进新型城镇化的金融组织模式，提出符合西部发展特色的政策建议。

2. 研究范围界定

1）西部范围的界定。本书的地域对象是中国的西部。西部是一个地区经济，或区域经济的概念。根据我国的行政区域划分，中国西部是由西南五省份（四川省、云南省、贵州省、西藏自治区、重庆市）、西北五省份（陕西省、甘肃省、青海省、新疆维吾尔自治区、宁夏回族自治区）、内蒙古自治区和广西壮族自治区，以及湖南省的湘西土家族苗族自治州和湖北省的恩施土家族苗族自治州所组成，即所谓的"10+2+2"。

　　2）西部金融市场的界定。相关研究表明，金融市场可以从两个不同的层次进行理解。首先，广义上的金融市场可以称为二元结构金融，它由正规金融和非正规金融两部分组成。其次，狭义上的金融市场，仅指正规金融的范畴，包含资本市场、信贷市场和保险市场3个部分。但是，由于我国西部金融市场处于发展初期，资本市场和保险市场尚未完善，因此，本书把研究对象限定在较为成熟的信贷市场，即中国银行保险监督管理委员会批准成立的银行类金融机构，以及各类新型农村金融机构所组成的市场体系。本书所分析的西部金融机构，是指西部各类政策性、商业性、合作性的金融机构及新型金融机构四大类。西部金融组织体系如图1-1所示。其中，所有西部金融机构都可以提供贷款业务，而经营存款只有商业性、合作性金融机构及新型金融机构中的村镇银行。

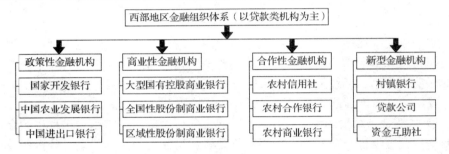

图1-1　西部金融组织体系

1.3　西部城镇化与金融发展的逻辑

1.3.1　西部城镇化与区域经济发展

　　斯蒂格里茨指出，21世纪影响世界的两件大事将是中国的城镇化和美国的高科技。城镇化与经济发展具有极其密切的关系，两者既相互促进又相互制约。一方面，城镇化的发展促进了经济要素的集聚，促使经济能够释放更多的能量；另一方面，经济发展也为城镇化的快速有序推进，提供了可靠而坚实的物质保障。现阶段，学术界普遍持有的观点是，城镇化与经济发展之间存在着互为因果的关系。西部随着新型城镇化的不断推进，以及西部大开发战略的进一步实施，极大地推动了经济社会的发展。因此，新型城镇化与西部区域经济发展，已成为学术界越来越重视的问题。近年来已涌现出一批专门论著较为系统地阐述了西部城镇化、区域经济发展及两者之间的辩证关系。

　　中国社会科学院学者牛凤瑞等（2002）指出，新型城镇化是西部大开发及西部经济发展的重点，是区域经济发展与西部大开发的突破口；并在其著作《西部大开发聚焦在城镇》中，详细论述了西部城镇化体系、市场与产业开发、经济环境建设、城镇土地资源开发、城镇人力资源开发、城镇生态环境建设及区域经济协调发展等方面的问题。该著作较为典型地论述城镇化与西部经济发展，突破了传统的区域经济发展与西部大开发的研究思路与方法，将西部大开发与经济发展的定位，提升到新型城镇化层面加以论述，较好地诠释了区域经济发展、西部大开发与新型城镇化的逻辑关系。

西部城镇化和区域经济之间的协调发展是一个较为长期的动态过程，两者相互推动、相互影响，共同发展。历史经验表明，不同阶段的区域经济发展，其城镇的总体数量、规模、人口、居民生活水平、产业发展水平等，都不尽相同，但国内外多数学者对城镇发展水平、区域经济发展的评价标准较为集中：一是城镇发展综合评价指标一般包括城镇地区土地、人口、经济、社会等方面；二是城镇化水平评价指标一般包括城镇人口比例、人口密度、总人口中农村从业人口占比、人均国民生产总值、非农产业的比重、每平方米拥有的公路路程、社会保障的覆盖率、每万人拥有的医生数量等；三是区域经济发展评价指标一般包括社会、经济、生态环境、对外开放程度等多项指标体系。

诸多国内外学者的研究表明，城镇化进程中基础设施建设的大量投资，是重要的经济刺激手段，也是区域经济发展的重要拉动力。城镇化极大地解放了农村地区的生产力，优化了区域产业结构，较好地解决了农村地区剩余劳动力问题。同时，城镇地区作为现代产业发展载体，是现代产业培育、企业技术与信息交流的重要场所，能够有效减少企业生产交易成本，推进企业技术扩散，增强产业集聚效应；通过农村居民市民化，改变农村居民既有的生活方式与消费观念，提升农村居民消费层次进而拉动区域经济增长。与此同时，区域经济发展将极大推动城镇化建设，农业产业化是农村与城市联系的重要载体，农业产业化推动了农业产业集群的形成与集聚，为城镇快速形成提供了资本积累与物质基础，也为城镇地区的可持续发展建立了产业支撑基础（厉敏萍和尹佳，2010）。

中国科学院牛文元（2005）曾在《中国可持续发展战略报告》中明确提出，我国解决"三农"（农村、农业和农民）问题的根本出路在于城镇化，特别是西部。通过实施城镇化战略，有效吸纳农村大批量剩余劳动力，大幅度减少农村人口，创造条件推动农村土地集约化、规模化、专业化及市场化，以提高农业科技服务水平，降低农业生产成本，提高农民收入与生活质量，推动农村社会进步。

西部新型城镇化与区域经济发展密切联系，新型城镇化是经济发展的必然结果，城镇化速度将取决于西部经济的发展水平及增长速度。也就是说，西部经济发展水平，是制约其城镇化的重要因素，经济发展水平与城镇化水平是相匹配的，任何滞后或超前于经济发展水平的城镇化都会影响城镇化与区域经济的可持续发展。有资料显示，西部人口城镇化水平明显滞后于东部及全国平均水平，加快西部城镇化就是要缩小这种差距。由于这种滞后源于经济发展的落后，提高区域经济发展水平是加快西部城镇化进程的关键。西部经济发展没有形成突破，尤其是在农村经济还相当落后时，西部城镇化速度不宜太快，切不可扭曲区域经济发展与城镇化推进的正常轨迹。

1.3.2　西部经济增长与区域金融发展

1. 经济增长与金融发展的关系

经济增长的关键因素之一是金融发展，且金融发展与经济增长存在良性互动关系。这是长期以来关于经济增长与金融发展关系的主流观点，金融发展有助于社会资本累积，进而推动经济增长。世界银行研究报告小组在考察金融发展与经济增长的关系后，指出金融发展能够具有长期的增长效应。绝大多数相关的理论演绎（包括经验分析）已表明，金融发展和经济增长存在正一阶关系。而在内生增长理论的分析框架中，两者相互作用，有利于提高经济发展水平，并刺激金融需求，推动金融供给，从而加剧市场竞争，提高金融体系效率。因此，经济增长与金融发展具有一种双向关系。国内学者林毅夫（2001）和谈儒勇（2004）指出，银行业的发展与经济增长存在正双向的因果关系，我国经济增长主要来自银行业发展；证券市场的发展与经济增长并不具有明显的因果关系，我国股票市场的发展对经济增长的促进作用不太明显，反而股票市场的过度波动对经济的增长产生了负面影响。我国现阶段具有劳动力富余与资本稀缺的要素禀赋特征，而中小企业具有劳动密集型的优势（李峰，2010）。今后相当长的一个时期内，中小企业将是我国经济的主要增长动力，而建立与之相匹配的、以中小金融机构为主体的金融体系，能够有效推动经济的发展。经济增长与金融发展相互影响的作用机制如图 1-2 所示。

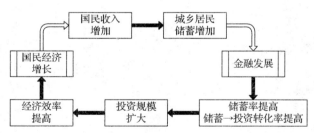

图 1-2　经济增长与金融发展相互影响的作用机制

2. 经济增长对金融结构演变具有基础性作用

一般而言，金融体系是相对稳定的，其基本功能也具有一贯性。随着实体经济的不断发展，为适应经济发展并满足经济发展对金融的需求，金融系统将不断增加金融工具，创新金融产品，以推动金融业的快速发展，而金融发展也必将突破现有金融结构。可以说，在金融结构的演变过程中，实体经济的增长至关重要，并将发挥基础性作用。

在国家经济发展的早期，首要任务是资本的快速积累。银行业的发展有利于居民储蓄向产业投资转化，促使居民存款资产向银行信贷资产快速转换，以形成具有规模经济与低成本特征的资本积累。银行业的优先发展，极大地促进了经济发展过程的资金融通。随着经济增长，国家的经济结构将会逐步升级，新兴产业不断发展，这就需要金融体系及时调整金融结构，重新配置金融资本，引导产业投资向新兴产业转移；同时，产业结构的升级，也有效地创造了金融需求。

金融体系为适应经济增长的需要，将不断进行市场化的金融结构调整，通过不断优化金融结构，满足经济稳定增长的金融需求。总体而言，经济增长将构成金融结构演变的物质基础，且两者存在正相关的逻辑互动关系，经济增长又将导致经济结构的复杂性。经济体系中新兴产业占比的持续提高，将会提高金融结构演变的市场化程度。从经济长远发展来看，金融结构变迁最终取决于经济增长，且无法脱离实体经济增长而独自演变。金融结构演变应该与经济增长相适应，并始终根植于经济增长。

3. 金融结构演变对经济增长具有双向性作用

经济增长源于经济发展过程中生产要素投入总量增加、经济结构升级及生产技术变迁等。金融结构变迁过程中，金融市场有序竞争，能够优化配置经济资源，有效推动经济增长；而在不同经济发展阶段，金融动力作用机制是不同的，经济发展初期主要依赖于资本积累，而规模扩大则由金融体系来完成，并由金融中介产生经济增长效应（李峰，2010）。金融市场成为推动经济增长的主要因素，金融结构演进能够在以下几个方面积极推动经济增长：①金融结构演变推进了资本的形成，加速了资本积累，增加了经济要素的投入；将极大地丰富金融服务产品，多元化金融工具将有利于满足多元化金融需求，能够有效提升社会储蓄总量和社会投资总水平。②金融结构演变促进生产技术发展，推动经济结构升级。必要的资本投入，既是创造发明与技术创新的必要条件，也是高新技术产业化的前提。金融市场收集与传递信息的优势，对技术创新的激励作用明显；金融结构市场化促使经济结构优化升级，推动生产要素转移到新兴产业部门，提高生产要素投入产出效率，从而推动经济快速增长。③金融结构演变提高金融资源配置效率，推动经济快速增长。金融市场通过多元化机制汇聚分散资金，细分股权以实现投资来源多元化，形成大型项目规模投资；通过金融结构演变，实现经济资源时空、行业优化配置，既降低交易成本也实现经济资源多元转换，降低信息不对称风险，减少逆向选择及其道德风险，从而提高投资边际收益率，有效推动经济增长。

4．西部金融结构与经济结构的互动关系

西部金融发展既是金融规模扩大，也是金融结构优化；西部经济发展同样包含总量的增长与结构的优化。西部经济发展的结构优化在很大程度上，依赖于西部金融市场的各种传导机制，金融市场运行机制在调节资金供求关系、推动储蓄与投资的有效转化等方面，发挥着极其重要的作用。西部经济结构与金融结构，既相互联系又相互作用，金融结构依附于经济结构；而随着西部金融发展水平的提高，其金融结构能够对经济结构的形成与发展起到一定的引导与决定作用。西部金融结构是西部经济发展的重要变量之一，金融体系能够动员与转移金融资源，促成国民收入与储蓄的转化、储蓄与投资的转化；通过西部金融结构的完善，推动收入、储蓄与投资的良性转化，确保西部经济的可持续发展。

1.3.3　西部金融发展与新型城镇化

1．西部金融发展与新型城镇化的互动关系

已有研究表明，新型城镇化与西部金融发展存在较为明显的互动关系，新型城镇化为西部金融发展创造了广阔的空间，而西部金融业快速发展又加快了新型城镇化进程。如果以金融发展水平作为因变量，把新型城镇化的经济、人口与土地等因素作为自变量，则通过新型城镇化对金融发展影响的实证分析，可以得出这样的结论，即经济城镇化、人口城镇化及土地城镇化，都存在正向促进金融发展的作用。首先经济城镇化正向推动金融发展的作用是最为明显的，其次是人口城镇化，而土地城镇化对金融发展的作用则表现得最弱。

1）经济城镇化正向促进金融发展的作用最为显著。经济城镇化过程中农村产业转型及产业结构优化都蕴含着多元化、多层次的金融需求，引导金融资源配置到城镇化区域。随着新型城镇化推进，金融机构与金融业务网络逐步集中到城镇化地区，不断优化着金融网络布局。经济城镇化使金融机构（尤其是农村金融机构）能够更好地满足农户及城乡中小微企业金融需求；使地方性中小型金融机构能够充分发挥自身的比较优势，通过金融经营理念的转变，坚持差异化、特色化的发展之路，促进城乡金融的可持续发展。

2）人口城镇化正向促进金融发展的作用显而易见。人口城镇化的推进，带动了城镇的基础设施建设，城乡的公共服务体系、综合配套功能得到了进一步完善；通过城市功能的完善，强化了城镇辐射作用，推动了社会经济快速发展；通过产业支撑的强化，促使社会经济发展与新型城镇化形成良性互动；通过居民收入的增加，推动城乡居民消费结构的升级，带动产业发展。人口城镇化势必增加有效的金融需求，推动金融的快速发展。而人口城镇化正向促进金融发展的作用要比经济城镇化弱，主要的原因可能是人口城镇化难以同经济城镇化的水平实现同步。

3）新型城镇化进程中土地城镇化具有基础性作用。新型城镇化的主流是经济城镇化，而农民市民化既为产业发展提供了丰富的人力资源，也扩大了消费市场的有效需求，为城乡经济增长提供了新的原动力；新型城镇化进程中，产业发展离不开土地，土地集约经营是新型城镇化发展的基础；土地资源的开发利用必须兼顾农民利益、资源合理使用及环境保护，以实现金融产业与城镇化的可持续发展。

2. 西部金融发展与新型城镇化的因果关系

探讨西部金融发展与新型城镇化的两者关系还需深入研究一个问题：究竟是新型城镇化的推进带动了西部金融发展，还是西部金融发展促进了新型城镇化进程，或者说两者是相互促进的？对此，学术界众说纷纭，到目前为止没有一个公认的结论。然而，有一点是我们能够可以肯定的，即金融发展和新型城镇化存在明确的因果关系，只是不同学者所选取的指标体系不同，而导致研究的结论不尽相同。

通过选取城镇化与金融发展的不同指标变量进行实证分析，大量研究表明，其研究结论是相似的，两者存在明显的因果关系，即金融发展与城镇化呈正相关关系。伴随金融的快速发展，其作用在城镇化进程中也越来越大；城镇化对金融发展又具有反作用。郑长德（2005）指出，我国城镇化水平与金融发展水平存在着高度正相关，经济货币化程度将是城镇化水平的重要影响因素。城镇化的快速推进将促进金融业的发展，而金融发展又会推动城镇化进程，其主要途径包括 4 个方面：首先是为城镇化提供建设资金；其次是金融发展推动城乡中小企业不断发展，并能够有效吸纳城乡剩余劳动力近地就业，促进农村劳动力就地转移与城镇化进程；再次是金融发展支持城镇化进程中城乡居民生活方式的转变；最后是商业银行等金融机构的贷款将直接作用于新型城镇化。

3. 西部金融发展与新型城镇化的作用方向

区域金融发展的滞后是制约我国城镇化进程的重要因素之一。通过对我国不同地区城镇化的基本特征与问题的比较分析可知，我国城镇化具有明显的非均衡性，并且城镇化的进程明显滞后于工业化的进程。张正斌（2008）提出，金融支持将带动产业结构调整，进而推动城镇化进程；我国城镇化进程中的金融支持作用巨大，但金融支持城镇化发展还存在诸多问题，其先导作用与导向功能还没有真正发挥出来。伍艳（2012）指出，我国城镇化进程中金融深化的程度，直接影响城镇化水平，金融发展直接关系城镇化水平与质量的提高，并具有巨大的促进作用。首先，金融发展为城镇化基础设施、产业调整提供资金支持，城镇化起步阶段的大量资金需求往往通过金融机构贷款解决，而资金供给往往又严重低于资金需求。其次，城镇化快速推进产生了巨大的金融需求，为商业银行发展开拓了巨大的市场，城镇化过程将为金融发展创造无限商机。最后，金融发展已成为城镇化能够顺利推进的重要条件，在农业产业化、农村工业化、城镇基础设施建设与经济社会发展中发挥巨大的促进作用。

1.4　研究方案与框架安排

1.4.1　主要内容

1．理论回顾借鉴与研究范畴界定

详细阐述西部与新型城镇化、区域经济与区域经济发展、金融机构与金融结构演变、金融产业与金融产业组织，以及异质性金融需求的基本概念，并对本书的研究对象与研究范围进行界定；梳理、评述与借鉴包括民族经济、区域经济与区域金融、城镇化、金融发展理论和产业组织理论等在内的研究成果。基于国内外相关研究，分别就西部新型城镇化、区域金融发展、金融结构演变、金融产业组织创新等理论内涵进行系统界定与分析。

2．金融结构演变现状的实证研究

分析西部金融结构演变的基本情况，对西部金融机构结构演变、金融市场结构演变、金融资产结构演变及融资结构演变的现状进行系统分析，研判其金融结构演变存在的问题，并探寻其问题根源；分析西部城镇化所引致的异质性金融需求及其对经济发展的影响，考察西部金融需求结构演变和金融制度供给，测度金融机构容纳能力，并提出构建新型城镇化进程中西部金融制度的合理选择。

3．金融产业组织绩效的实证研究

从产业组织的视角，运用产业组织理论框架，系统研究西部金融市场结构，包括金融市场结构概述、市场竞争者数量概况、各类金融机构市场份额分布、金融市场集中度及金融市场的进入壁垒等；在市场结构分析的基础上，探讨西部金融组织的产品定价与产品差异化行为；划定西部金融产业组织绩效评价标准，分析评价西部金融产业组织的综合绩效。

4．西部城镇化中金融动力机制的理论分析

研究西部城镇化进程中，金融结构优化与金融组织创新的一般机理，探寻金融结构优化的作用机理与主要动因，并分析金融组织协调的内在动力；研究西部城镇化中金融支持系统的构成要素、内在动力、约束条件、影响因子、决定因素、微观基础及实现路径（包括内在要求、原则、手段、过程及其评价标准、方法和预警）等，并提出西部新型城镇化进程中金融组织创新的路径选择。

5．金融组织创新的战略选择与影响因素分析

明确基于金融动力机制优化且能推动西部新型城镇化进程的金融组织模式的战略选择，确定金融组织创新的一般原则，明确金融组织创新的基本思路，确立西部金融组织创新的实施方略，分析金融组织创新条件与障碍因素，形成有利于西部新型城镇化的金融制度体系、组织模式、服务体系及保障机制。

6．西部新型城镇化中金融组织创新的经验借鉴与政策建议

在对新型城镇化进程中金融组织创新的国内、国际经验进行分析的基础上，结合理论分析与实证研究的相关成果，在把握西部金融组织创新政策取向的基础上，确立西部金融组织政策的实施目标，并提出实现西部新型城镇化进程中金融政策目标的具体措施。

1.4.2　基本思路

本书以区域经济理论、民族经济理论、金融发展和产业组织理论为基础，广泛挖掘和科学吸收利用已有的理论资源，以适用的研究成果为起点，在充分认识西部新型城镇化与金融及其关系特殊性的基础上，将金融发展置于整个西部民族经济社会可持续发展中；从历史与现实、微观与宏观、经济与社会、理论与实证相结合的视角，联系客观现实，界定基本概念与理论内涵，揭示西部新型城镇化进程中金融发展的内在机理、客观要求、实现途径等，系统构造金融结构演进、金融产业组织创新理论的完整框架。运用历史演绎和计量分析的方法，从制度和数量关系两个方面，实证西部新型城镇化的金融结构演变与金融组织绩效，通过对其现状的深入分析，揭示西部新型城镇化进程中金融动力机制及其金融组织创新的影响因素；通过对国内外城镇化进程中金融组织的历史经验与教训的归纳总结，有效借鉴其成功经验；并就西部新型城镇化的金融结构优化与金融组织创新的机制与模式，从战略与政策层面提出可操作性的政策建议。

1.4.3　研究框架

本书具有较强的内在逻辑性，其研究内容基本上形成一个有机的统一体，系统地研究了西部新型城镇化进程中的金融结构演变状况，以及如何根据金融结构的演进规律进行西部金融组织创新。本书共 9 章，其基本分析框架如图 1-3 所示。

本书第一步就是提出需要研究的问题。该步骤为本书的全面展开做出必要的铺垫，其研究内容包括第 1 章与第 2 章。第 1 章导论，提出了本书的研究背景、现实价值和理论意义，界定了与本书相关基本概念的内涵与外延及研究范围，阐述了西部新型城镇化与金融发展的逻辑关系，介绍了本书的主要内容、基本思路、研究方法、主要观点及可能创新之处。第 2 章新型城镇化发展和金融结构演变的

相关研究，是本书的理论基础。首先，对新型城镇化发展进行理论研究，分别对已有国外城市化、国内城镇化及新型城镇化的理论进行全面述评，进而综合阐述了西部城镇化道路选择的已有研究成果；其次，归纳总结金融结构演变的一般规律，系统介绍了国外、国内金融结构研究的理论观点及金融结构演变的一般规律；最后，对金融产业组织的一般理论进行梳理，包括产业组织理论和农村金融产业组织研究。该章通过对已有城镇化理论、金融结构理论及金融产业组织理论的系统总结梳理，为后续研究分析提供了理论支持。

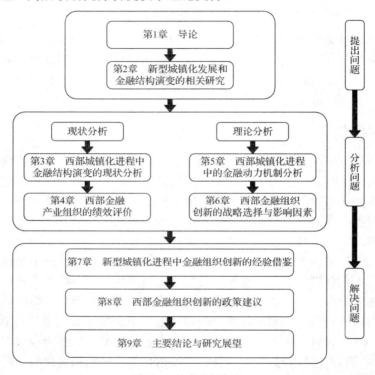

图 1-3　基本分析框架

本书第二步是深入分析所提出的问题。从现状分析与理论分析两个方面入手，全面系统地梳理西部新型城镇化进程中金融发展所面临的问题，并分析其成因。现状分析包括第 3 章与第 4 章。其中，第 3 章西部城镇化进程中金融结构演变的现状分析，通过对西部金融结构演变现状的分析梳理，明确其存在经济结构与金融结构不匹配、金融市场占比偏低、价格形成机制不健全及金融结构失衡等一系列问题，究其根源则是西部金融改革滞后于经济的发展，新型城镇化进程中异质性金融需求难以获得现行金融制度的支持。第 4 章西部金融产业组织的绩效评价，通过运用产业组织理论分析框架，系统地研究西部金融产业组织的市场结构、市场行为及市场绩效，并研判西部金融服务的可获得性。

理论分析包括第 5 章与第 6 章。其中，第 5 章西部城镇化进程中的金融动力机制分析，是通过新型城镇化在西部发展滞后的系统性分析，阐述金融推动力不足是其主要原因之一；通过解析西部新型城镇化的金融动力机制的一般机理，厘清西部现代金融的发展脉络，理顺新型城镇化进程中西部金融体系的组织架构，剖析其金融动力作用过程中的影响因素，以期准确选择金融组织的创新路径，从而优化金融结构、创新金融组织。第 6 章西部金融组织创新的战略选择与影响因素，是通过金融结构优化与金融组织创新战略意义的系统阐述，从宏观层面上考察金融组织创新的一般原则、政策设想、基本思路及实施方略，以此进行一系列的战略思考，并通过深入剖析影响金融组织创新的障碍因素，以期奠定西部新型城镇化进程中实施金融结构优化与金融组织创新政策的理论基础。

本书第三步就是解决所提出的问题。该步骤主要针对西部新型城镇化进程中金融结构演进规律，提出能够满足异质性金融需求的金融组织创新的政策建议。第 7 章新型城镇化进程中金融组织创新的经验借鉴，对城镇化进程中金融组织创新的国内、国际经验进行分析，并在此基础上提出国内外经验对西部的启示。第 8 章西部金融组织创新的政策建议，是在第 7 章国内外经验分析的基础上，结合前几章理论分析与实证研究的结论，在把握西部金融组织创新的政策取向的基础上，确立西部金融组织政策的实施目标，并提出实现西部金融组织创新政策目标的具体措施，该政策体系既从中央和地方各级政府的角度，也从金融机构、金融制度及金融市场等角度，探讨了西部新型城镇化进程中推进金融结构演变与金融组织创新的对策。第 9 章主要结论与研究展望，是针对本书的研究成果进行归纳总结，并得出比较有信服力的研究结论；同时，分析本书的局限性，指出需要进一步进行后续补充的研究内容及大体方向。

1.4.4　研究方法

本书是在现实背景和实证分析基础上的应用性理论研究。本书以西部新型城镇化进程中的现实金融问题为出发点，以实现西部新型城镇化与区域金融协调发展为目的，采用实证分析与规范分析、定量分析与定性分析、归纳与演绎相结合的研究方法，将静态分析与动态预测、理论分析与政策设计相结合，从多方面、多视角系统深入地探讨基于城镇化进程中金融结构演变的西部金融组织创新问题。通过对西部主要地区的实证调研与对比分析，探讨具有普遍意义和应用价值的理论规范。

1. 实证分析与规范研究相结合

本书采取实证分析与规范研究相互补充、相互支持的研究方法。实证分析主要阐明一种经济现象产生的内在机理，规范分析则以一定的价值判断为出发点，对这种经济现象的存在做出价值判断。本书在分析西部新型城镇化进程中对金融结构演变的现状、金融动力机制的理论内涵多采用规范性研究的方法，以期准确选择金融组织创新路径，从而优化金融结构、创新金融组织；在评价西部金融产业组织的绩效时采用了以实证分析为主、规范研究为辅的方法，意在客观展现金融产业组织的真实绩效状况，从而判断西部金融服务的可获得性。

2．定量分析与定性分析相结合

本书在分析西部金融产业组织的演变规律、组织绩效及影响因素等方面时多采用定量分析的方法，在分析金融动力机制、金融组织创新的战略选择与影响因素、实施路径及经验模式等方面则利用定性分析的方法。通过两种方法的结合，扬长避短，以求对问题进行全面、深入的研究。

3．归纳方法与演绎方法并重

本书在已有研究基础与相关理论的分析中，多采用归纳方法；提炼西部新型城镇化进程中的金融动力机制，主要利用归纳法；而在对西部金融结构状况与金融产业组织行为及各个金融动力机制进行深入分析时，则多使用演绎方法。这种既注重事实归纳又注重理论演绎的综合性分析方法，在西部新型城镇化的大环境下，对分析金融结构演变与金融组织创新，能够较好地理论联系实际，且得出的研究结论也具有较强的现实指导意义。技术路线如图1-4所示。

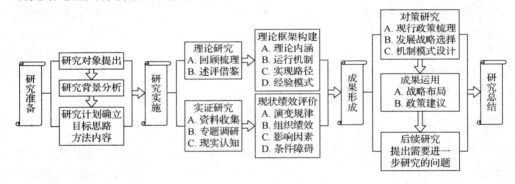

图1-4　技术路线

1.5　创新与不足之处

1.5.1　创新之处

本书以西部新型城镇化进程中的金融结构与金融组织为主要研究对象，以西部金融市场为切入点，考察我国新型城镇化过程中的金融结构演变与金融组织创新问题。本书紧扣"结构—绩效—动力机制"这一分析主线，通过分析西部城镇化进程中的金融结构演变现状及其动态演变规律，把握新型城镇化所导致的金融结构调整为金融产业提供的重要发展机遇，通过对金融产业组织进行绩效评价，探讨西部城镇化进程中的金融动力机制及金融组织创新的战略选择与影响因素，总结国内外金融组织创新的经验与教训，在此基础上，提出西部金融组织创新的政策建议。与以往研究不同的是，本书以西部新型城镇化这一背景为前提，分析金融结构演变与金融组织创新问题，从而为分析西部新型城镇化的异质性金融需求问题提供一个新的分析框架。本书的创新主要表现在以下几点。

1）理论上的创新。本书视角新颖独特，通过分析新型城镇化背景下金融结构演变与金融组织创新问题，以西部为研究对象，拓展了区域金融与民族经济的研究视野；运用产业组织理论对西部新型城镇化进程中金融发展问题进行系统的理论分析与实证研究，针对性强，使过去静态单向的政策研究变为网络化的动态的理论对策研究。

2）研究方法的创新。本书改变了以往金融组织研究的功能与机构范式，以实际的调研数据和统计数据分析为基础，通过多视角下交易范式和功能范式的有机结合，多学科下的内涵分析与模式设计结合，多手段下的制度分析与计量分析结合，丰富并创新了区域金融发展的研究方法。

3）具有较强操作性。本书以实证研究和对策研究为主，没有受制于传统理论和学术界已有研究成果的束缚，综合运用实证分析与规范分析相结合、定性分析与定量分析相补充等方法，对金融产业组织进行绩效评价；理论分析新型城镇化进程中的金融动力机制，探讨金融组织创新的战略选择与影响因素，并运用最新理论深刻探求西部新型城镇化进程中金融组织创新的路径。

1.5.2 不足之处

受本项目组的研究能力、研究手段和研究条件的限制，本书也存在一些明显的不足之处。

1）本书所采用的主要数据资料基本来自西部，从全国金融市场的发展情况来看，与东部相比，西部金融市场尚属于欠发达市场。如果能够在更大的范围内取样，对比分析东、中、西部在新型城镇化背景下金融结构演变与金融组织创新的情况，将会使本书研究成果更具有代表性。

2）鉴于数据的可获得性，本书分析城镇化进程中金融产业组织综合绩效时，选取金融相关比率（financial interrelations ratio，FIR）和赫芬达尔赫希曼指数（Herfindahl-Hirschman Index，HHI），分析金融产业市场结构和绩效的关系，评价西部金融产业组织综合绩效。分析结果表明，金融市场集中度提高不能完全促进金融深化；同时，对西部金融市场综合绩效评价，没有涉及其他相关指标，这是需要进一步研究的问题。

3）理论上影响西部金融市场绩效的因素很多，除了本书分析过的相关因素外，还包括金融机构内部产权结构、公司治理及政府管制与政策、财政补贴和税收优惠等，但是囿于研究篇幅和研究能力，本书仅围绕经济货币化程度与产业集中度两个方面进行分析，忽略了其他因素的影响。本书提出了西部新型城镇化进程中的绿色金融发展的构想，因研究条件所限，未能展开深入全面的研究。因此，如何构建一个更符合新型城镇化下西部金融市场特征的分析框架，还有待今后进一步完善。

第2章　新型城镇化发展和金融结构演变的相关研究

2.1　新型城镇化发展的理论研究

无论是实务操作、政府决策及其理论研究层面，还是社会公众都极为关注城镇化（或城市化）发展问题。目前，国内实务界与学术界所提出的"城镇化"一词，是国内一些学者根据具体国情，提出的一个具有中国特色的概念，国内普遍采用"城镇化"一词进行研究。而对于国外理论研究部分，本书仍使用"城市化"一词。

城镇化共经历了 3 个大的发展阶段，即城市化与工业化同步推进、城市化突出发展及重新审视发展中国家城市化阶段，并在此基础上，形成了市场主导型、自由放任型和被动发展型 3 种城镇化模式。国外城市化理论主要有区位理论、城乡结构转换理论、非均衡发展理论及协调发展理论四大类型。现阶段，西方主要发达国家与地区已经基本完成城市化，大部分发展中国家也于第二次世界大战后开启了城市化进程。从各个国家的城市化发展状况来看，其推动转型发展与经济增长的效应也各不相同①。而我国城镇化从 1949 年中华人民共和国成立以来，经历了稳步启动、波动停滞、重启推进、快速发展几个阶段。总体来看，城镇化发展反复、道路曲折，不能与经济增长同步，非农产业贡献率较低的特征极为明显（郑有国和魏禄绘，2013）。经过长期研究、争论与探索，目前基本达成发展新型城镇化的共识，特别是党的十八大报告明确提出中国特色新型城镇化发展道路以来，产生了一批新型城镇化研究成果，为实施与推进新型城镇化战略规划并取得良好效果奠定了理论基础。

2.1.1　国外城市化理论研究

1. 城市化研究的主要理论

对于城市化的理论研究，国外相关成果建树颇多，相关学者归纳总结出了区位理论、城乡结构转换理论、非均衡发展理论及协调发展理论四大类型。

（1）区位理论

区位理论基于区位视角研究城市化发展规律而形成系统的理论，主要包括杜

---

① 本书把其他国家的人口城乡转移过程统称为"城市化"，把中国人口城乡转移过程称为"城镇化"，这是因为中国历史上农业基础深厚，原农村人口脱离土地后在镇或县城居住的占有相当一部分。

能的古典区位论、德国克里斯泰勒的中心区位论、勒施的市场区位论，以及 1948 年由苏联的科洛索夫斯基提出来的地域生产综合体理论。区位是经济地理学中一个十分重要的概念，区位理论认为，城市作为社会生产的一种方式，具有推动社会生产各种物质要素与物质过程在空间上聚集的特征。城市能够高度聚集大量产业与资源，是由其空间区位特征所决定的，而空间区位优势又受制于生产力水平，且区位空间布局在不同经济发展阶段，呈现各不相同的特色。

（2）城乡结构转换理论

城乡结构转换理论主要包括刘易斯在 20 世纪 50 年代提出的城乡二元论与二元结构模型，以及以此为基础改进的乔根森模型与托达罗模型；钱纳里与赛尔昆的就业结构转换理论和城乡人口迁移理论。城乡结构转换理论基于城乡二元结构融合视角，系统分析了城乡人口的迁移，探寻城市化的发展规律，并将农村劳动力从乡村向城市迁移视为城市化基础及其原动力。

（3）非均衡发展理论

非均衡发展理论是从经济发展不平衡角度，系统阐述区域经济发展中产业空间聚集的机理与原因，并诠释城市化发展规律的理论。其主要包括 20 世纪 50 年代中期法国佩鲁提出的增长极理论、20 世纪 60 年代美国弗里德曼提出的中心-边缘理论、默达尔的循环累积因果理论和赫希曼的非均衡发展理论。

（4）协调发展理论

协调发展理论在人与自然和谐与可持续发展的研究视角下，系统论述了城镇化发展规律，包括昂温的卫星城市理论、霍华德的田园城市论及萨里宁的有机疏散理论等。

2. 城市化发展的模式

在实践操作中，不同国家从实际出发，探索并形成颇具特色的城市化模式。根据政府和市场的作用，或经济发展、城市化及工业化关系的差异，城市化发展模式可分为 3 种类型。

（1）完全市场化的自由放任型

美国是完全市场化的自由放任型模式的主要代表，该模式下的城市化发展政策基本上采取自由放任式，完全走的是市场化道路，政府较少采取相应的调控手段。

（2）受政府监控的市场主导型

受政府监控的市场主导型模式以西欧各国为主要代表，这种政府监控下的市场主导模式，由市场机制发挥主导作用，政府则通过行政、法律等相关手段发挥引领作用，总体上来讲，工业化与城市化形成比较协调的互动关系，是一种同步型的城市化。

（3）受经济制约的被动发展型

受经济制约的被动发展型模式主要表现在一些经济发展滞后的拉丁美洲国家，以及大部分非洲国家。这些国家受经济发展水平的制约，被动简单地仿效西方城市化的做法，一直存在诸多问题，并备受诟病。

3. 城市化道路的研究

城市化道路是指实现城市化的动力、原则、机制与方式等，要解决的是如何实现健康可持续的城市化问题（王千和赵俊俊，2013）。在已有研究成果中，国外学者就围绕发展中国家的城市化道路展开过相关讨论。第二次世界大战后，众多发展中国家开启并加速了城市化进程，并对城市化道路进行了深入研究。关于发展中国家城市化道路主流观点经历 3 个阶段（简新华和何志杨，2010）。

（1）城市化与工业化的同步推进阶段

城市化与工业化的同步推进阶段时期，主流观点认为，发展中国家与西方发达国家在经济发展道路的选择上是没有大的差别的，西方城市化的成功道路，可以复制于发展中国家，并能够同步推进经济发展、工业化及城市化。该时期还探讨了城市化的特征，如戴维斯（Davis）和戈登（Golden）在其《城市化及其在前工业化地区的发展》一文中，探讨了发展中国家的人口城市化所需要的条件、形成的原因，以及可能的结果等。

（2）城市化发展的问题突出阶段

20 世纪 80 年代，发展中国家出现的城市化问题日益凸显，不少发展中国家城市化水平远超其工业化与经济发展水平，过度膨胀的城市人口导致城市化水平低下，经济发展长期停滞，城市与农村问题不断涌现。这一时期学术界深入探讨了城市化问题产生的根源，剖析了发展中国家与西方发达国家城市化的不同背景、条件和方式。利普顿（1977）认为，城乡关系失调影响了不发达国家经济发展，以城市为中心的发展政策，滋生了不公平的具有"城市偏向"的城乡关系，"城市偏向"是发展中国家持续贫困的主要原因。哥伦比亚大学教授萨斯基亚·萨森通过对世界体系论的分析，指出发展中国家城市化是一种依附型的城市化，与发达国家的城市化存在很大差异，世界各地城市化规模与空间的分布极不均衡，是世界体系内部不均衡特征的基本反映（陈向明和周振华，2008）。布莱恩·贝里指出，尽管 20 世纪的快速城市化使各个国家（或地区）的城市化具有很多共性，但各自的城市化道路因文化背景与发展阶段不同，而各不相同（王千和赵俊俊，2013）。

（3）发展中国家城市化的重新审视阶段

经济一体化与信息产业的迅猛发展，使全球经济体系的分工不断深化，西方发达国家在实施技术与知识密集的产业链高端发展的同时，也向发展中国家转移了一些劳动密集型与低技术水平的传统制造业。该时期的发展中国家城市化仍然得到各方关注，戴维·克拉克（David Clark）在其著作《未来的城市世界》中指出，世界将会变成城市地区，全球将有一半以上的人口在城镇居住。他在系统分析印度、巴西、中国等人口大国的城市化问题之后指出，发展中国家的城市化必须坚持可持续发展的理念，政府必须正确而有效地推进城市化的可持续发展。

4. 可供借鉴的城市化研究成果

在已有的国外研究成果中，有关我国西部城镇化研究的资料尚不多见。通过对现有研究成果的梳理，有些国家落后地区的城市化发展与我国西部城镇化建设有着不少的相似之处，这些国家落后地区城市化的成功经验与失败教训，为本书提供了诸多方面的参考价值和借鉴意义。

（1）美国西部城市化研究

国外落后地区城市化以美国的西部城市化为典型。相关资料显示，厦门大学王旭是我国最早研究美国城市史的学者。他在《美国西部城镇与西部开发》《美国城市化的历史解读》中，系统地阐述了美国城市发展规律与典型特征，详细而深入地探讨了美国西部开发中的城市化问题，以及西部城市化作为区域经济增长极与核心动力，推动了美国经济的重心西移。李昌新（2002）依据非均衡发展理论及点轴发展模式，分析美国西部经济发展与城市化的作用，指出对我国西部城镇化的启示。他指出，美国西部城市化模式的核心：一是中心城市建设，重点发展主导产业；二是重点建设交通干线。利用中心城市和交通干线的"扩散效应"，带动区域经济发展，形成其"点轴开发"模式，对我国当前西部新型城镇化的借鉴作用极大。

（2）发展中国家城市化的比较研究

近年来，国内外学者对城市化的比较研究著述较多。林广（2001）采用比较分析与实证检验的方法，系统阐述了中外城市化过程中的经验及教训，分析了发达国家城市化规律与特征、发展中国家城市化的经验与教训；Gould（1982）对我国城镇化进程与特点、中外城市群发展进行了比较分析，并就城镇化模式的选择做了专门论述。李瑞林和李正升（2006）在总结了巴西的城镇化教训后，为我国西部城镇化提供了反面的借鉴。巴西作为经济较发达的一个发展中国家，其城市化水平较高，而过度的城市化导致的城市贫困问题突出。巴西依靠移民推动的城市化，没有产业作为支撑，诸多的历史、政策等因素使巴西的区域经济发展不平衡与"贫民窟"等问题严重（Ronald，1997）。

2.1.2　国内城镇化理论研究

1. 我国城镇化的理论溯源

城镇化源自拉丁文的"urbanization"，其英文译法是相同的，中文含义有所不同，进而形成了学术上分歧，这与我国严重的城乡分离及其持续惯性是密切相关的，并且这在国家的政策体系中也有所体现。

马克思主义经典著作指出，城乡分离是社会经济发展的一个自然历史过程，"发达的并以商品交换为媒介的分工基础，都体现为城乡的分离。"①城乡之间存在着种种对立：城乡经济要素的结构对立，城乡人口之间、农业与工业人口之间的利益对立。马克思指出，城乡之间的对立与差别是可以消除的，这是工农业生产可持续发展的需要。但消除城乡分离需要具备一定的条件：区域的大工业均衡分布；将农业与工业有机结合；把城乡生活方式优点有机结合；通过建立新的社会分工、共享社会福利，所有成员得到全面发展。通过在农村发展工业，推动工农业生产在农村的空间范围内进行有机结合，以消除城乡对立，这就是乡村城市化过程。然而，城市化进程包含城乡分离和城乡融合两个方面，城乡分离是社会生产力发展到一定阶段的结果，而城乡分离结果又形成了工农业结合基础，并创造工农业结合的各种联系及其客观条件。城乡融合是城乡分离后需要达到的均衡状态，它不能跨越城乡分离这个客观历史阶段；否则，城市化既不切实际也不完整，更是实现不了的。

根据马克思主义乡村城市化论断，结合我国现阶段的国情，该理论应成为我国城镇化发展的思想基础。但马克思主义的城乡关系理论，并未广泛应用于我国的城镇化问题研究上，学术界更注重源自城市地理学、西方经济学等学科的基于技术层面与生产力的研究范式，弱化了马克思主义经济关系的研究传统与优势。然而，我国城镇化研究不能忽略城镇化带来的特殊经济关系及社会结构变化。

2. 国内城镇化研究的主要观点

（1）城镇化的概念

城镇化研究已有数十年，但国际学术界至今对城镇化的界定还没有一个统一的表述，不同学科对城镇化的研究侧重点不同，理解也不一致；而国内学术界更是众说纷纭，各执一词（辜胜阻，1991）。自谢文蕙和邓卫于 1996 年编著《城市经济学》开始，国内关于城镇化的研究成果颇多，对于城镇化这一概念的界定，李树琮（2002）有过整理，颇具代表性的观点有以下几个：第一，城镇化是指伴随科学技术革命与工业化发展，农村的分散人口、劳动力及非农经济活动，不断在空间上进行聚集，并且逐渐转化为城市经济要素的过程（蔡孝箴和郭鸿懋，1990）。第二，城镇化通常是指农业人口向城镇人口转化的全过程（叶孝理，1990）。第三，城镇化是指生产力发展所导致人类的生产、生活及居住等活动的方式发生改变的过程（谢文蕙和邓卫，1996）。第四，城镇化是指一个把传统落后的乡村社会转变为现代先进的城市社会的历史自然过程（高珮义，1991）。第五，城市化是指

① 马克思，2004. 资本论：第 1 卷[M]. 中共中央马克思、恩格斯、列宁、斯大林著作编译局，译. 北京：人民出版社.

一种乡村人口向城市转移与聚集，以及城市的数量不断增加、规模不断扩大的现象（程春满和王如松，1998）。第六，城镇化进程是指产业结构与经济结构不断演变的过程，同时是社会制度变迁与人们观念形态变革的持续发展过程（侯蕊玲，1999）。

（2）城镇化的内涵

关于城镇化内涵的界定。各种城镇化的观点是不同研究者的不同理解，并夹杂着个人的主观判断，关于城镇化的不同观点是不能与其内涵相等同的。城镇化内涵是对城镇化现象的一种科学抽象，现有的研究往往忽略了表象与本质的区别，使城镇化内涵表述的严谨性与科学性不足。本书认为，合理界定城镇化的科学内涵，可以突破各种观点的束缚而免受歧义，而且有利于增强现阶段城镇化的实践性。

1）城镇化隐含着马克思的乡村城市化思想。刘士林（2013）指出，城镇化是将农业性的自然与环境资源、人口与社会结构、生产与生活方式、文化与审美观念等实施现代化的过程，而规模不同的大中小城市及小城镇，其城市功能与定位存在一定的差异。周加来（2001）指出，城镇化具有质与量的辩证统一关系，是传统农村被现代化城镇同化的过程，是先进生产力与现代文明向农村传播与扩散的过程。同时，城镇化也是一个量变的过程，既表现在城镇空间的扩张上，也表现在城镇人口数量的增加上。

2）城镇化表述符合我国基本国情。1980年以来，学术界较普遍使用城镇化概念，尽管部分学者将城镇化与城市化视为同义语，但城镇化表述的流行，适应了我国农村人口与建制镇量多面广的具体国情需要。周一星（1984）指出，城镇化表述更符合我国实际，比其他表述更准确。姜爱林（2003）强调，城镇化是具有显著历史性特征的，是一个农业人口从农村迁移到城镇的历史过程，具有广泛性、方向性、分化与变化性、时效性及空间地域性等特征。同时，根据语言文字习惯，城镇化表述更符合我国的现实需要，也有利于相关政策的制定。辜胜阻（2014）提出，城镇化内涵应包括城市化与农村城镇化两个方面，这样才能够将城镇化边界基本廓清，并兼顾了我国城镇发展的多层次、多样性和多元化，涵盖大中小城市及各类城镇发展，消除了农村与城市各方面的衔接难度。

3）城镇化的实质与表象。城镇发展是客观的存在，但城镇化是城镇发展到一定水平后才出现的历史过程，各种关于城镇化的观点，是对这一历史过程的理论探索。但有关城镇化的各种观点容易被误读，这样很容易影响人们对城镇化本质的探索。通过分析各类城镇化的观点，我们可以发现，各种关于城镇化的解释中以对其表象（或特征）的描述居多，涉及本质界定的很少；但是这些解释共同关注一个问题，即城镇化是一个动态的历史过程，是农业人口与农村地域向城镇的转化，并强调城镇人口数量增多与城镇空间规模扩张两个方面。如果这就是所谓的城镇化实质，那么马克思关于工农业有机结合消除城乡对立的"乡村城市化"理论，就未能得到体现。这种将城镇化进程中某个阶段（或现象）视为城镇化内涵的现象，曲解了城镇化的本质，也会把我们拖入实践的误区。

4）不同学科的认识。从不同学科研究的视角来看，各个学科认识城镇化各有千秋，有研究比较了不同学科的研究特点及它们对城镇化的认识（李澜，2005）。首先，人类学从社会规范出发系统研究了城镇化，指出城镇化是人类生活方式转变的一个过程，即农村人口从乡村生活方式向城市生活方式进行转化。现在这一概念得到了其他学科的认可（赵常兴，2007）。具体研究中，部分人类学家通过语言统一率、文盲率及传播普及率等指标量度城乡两种不同的生活方式，结果发现，文盲率下降会直接导致社会的流动性增强，并淡化人们的乡土情感，从而使城镇的生活方式被广泛传播。其次，经济学从经济活动视角考察，提出非农生产活动应以城镇为中心，城镇化就是不同层次区域的经济结构的相互转换，即农业活动向非农活动的转换过程。在这个转换的过程中，生产要素流动将会格外受到重视，城镇化进程中劳动力流、资本流的作用极大。最后，地理学从地域与人类活动的相互关系角度展开研究，重视社会、政治、经济及文化等诸多人文因素的地域分布，地理学的研究综合性较强，在认识人口与经济可以通过城镇化进行转换和集中的同时，认识到城镇化是一个区域内城镇数量增多与每个城镇地域扩大的地域空间变化过程。

根据各学科认识与研究，许学强等（1997）概括了城镇化基本含义：一是城镇影响农村的传播过程；二是城镇文化被农村人口接受的过程；三是产业集聚与人口集中（集中点数量增加与单个集中点规模扩大）的过程；四是城镇人口在全社会人口中占比提升的过程。

（3）城镇化的进程

现阶段针对我国城镇化建设进程研究，主要集中在城镇化发展的速度上，即究竟是加快城镇化速度还是适度控制（王恺，2014）。一是城镇化滞后论。简新华和黄锟（2010）指出，通过对国内相关社会经济指标与国际其他国家（或地区）城市化水平的比较分析，我国城镇化是相对滞后的，我国人口城镇化率至少落后发达国家近20%。万广华（2013）指出，我国目前具有加速城镇化建设的必要性与可能性。一方面，国家需要调整经济结构、拉动就业增长及促进社会公平；另一方面，农村劳动力数量、城镇就业需求及住房有效供给等为我国城镇化提速奠定了基础，预计到2030年我国城镇化率可能会达到80%。沈可和章元（2013）指出，我国资本密集型产业过分投资大中城市的倾向，使城镇化建设滞后，不但经济结构的调整与经济的增长受到制约，而且会导致资源、人口、环境等方面的危机。二是城镇化超速论。该理论认为我国城镇化超速并反对超速，主要基于两个角度进行分析：一是其他发展中国家城市化的教训；二是比较国内其他的经济指标。Zhang和Song（2003）运用时间序列与跨行业数据进行数理分析，结果显示，城乡大规模移民是经济增长的结果，而并非原因。城乡收入差距如未能在短期内快速收敛，农村人口还将持续转移到城镇，为此，政府控制城镇化速度是有必要的。唐箐箐等（2018）指出，各国城镇化都有一个最优平衡点，过低或过高都会降低其经济效率。发展中国家的城镇化发展初期阶段，政府获得资金的利率较低时，城镇化加速更能推进经济增长；而进入较高层次阶段，政府通过增加城市部门税收，减缓其发展速度。我国应吸取过度城市化教训，把握好城镇化发展的诸多关系。近年来，我国城镇化速度已高于世界同期水平，落后地区盲目建设与"后发赶超"的冲动成为城镇化超速的根源，现代城镇化缺少多维度系统支撑，难以有效推动经济的长期发展。

（4）城镇化的转型

近年来，许多研究针对"新型城镇化"的内涵进行了理论探索。有研究者指出，城镇化既要把握建设速度，也要注重质量提升与动因模式转变，我国城镇化建设需要实现转型发展。为此，很多研究者从不同层面与不同视角进行城镇化转型分析。一是土地资源有效利用，保护农民基本权益。郭志勇等（2012）指出，我国土地城镇化速度快于人口城镇化，地方政府热衷于城镇扩张，以谋求农村土地增值利益，使农村土地的粗放利用趋势明显；必须弱化土地及其相关产业的财政激励机制，改革优化土地制度，完善地方财税体制。陶然等（2013）指出，现有土地制度造成人口城镇化与空间城镇化错配，地方政府的征地行为已损害了农民的正当权益，这样的城镇化模式不具有可持续性，现行土地和财税制度需要改革转型。黄顺绪等（2013）指出，我国现阶段实行垂直土地管理体制，使地方政府征地行为难以控制，若不能及时构建有效的监管体制，一些城镇化行为扭曲可能会被强化。二是推动产业发展，提高就业水平。Mitze 和 Schmidt（2015）经过考察发现，农村人口受教育水平与其迁移城镇的意愿成反比，较高教育水平者更愿意从事非农工作。城镇的新进劳动者取得的劳动报酬往往要低于城镇原居民，这不是身份歧视问题，而是其劳动技能达不到高层次部门的准入要求。通过对比分析城镇的长期定居者与临时移民者，发现前者的专业技能与受教育程度往往较高，而且能获得报酬较高且稳定的城镇工作。吴福象和沈浩平（2013）指出，我国城镇化将实施创新驱动型的发展战略，通过要素空间的集聚，强化人才与产业双向互动，推动技术创新与产业升级，改变低技能就业的城镇化局面，改善就业条件；改革土地与户籍制度，为迁移城镇的农村人口提供良好的教育培训与社会保障，尽快将农村劳动力培养成较高素质的非农产业劳动者。金良浚等（2013）指出，缓解新进城镇居民的就业压力，应以城镇产业结构升级与良性发展为前提，通过产业发展带动城镇就业与农村人口的迁移。三是提高社会福利，增强城镇包容性。王伟同（2012）经考察发现，城镇化并未使居民福利有所提高，反而产生一定的负面影响，这种与社会福利相脱节的城镇化，更加固化了二元经济体制下福利分配差异化的结构，因此，强化"以人为本"是城镇化不可或缺的战略思维。蔡继明等（2012）指出，我国城镇化的政府主导特征明显，相对疏忽了农村居民的参与权，使农村居民缺乏机会共享城镇化成果。他指出，应提高城镇化进程中的农村居民自主性，强化城镇化进程中利益分享机制的调节，在"包容性增长"

理念的指导下，构建公平博弈的社会机制。李强等（2013）指出，我国采取的政府主导型城镇化模式，具有较强的灵活性与创新能力，但应尊重社会经济规律，促进博弈各方良性互动，在城镇化进程中实现社会公平正义。

（5）城镇化的支持

已有文献显示，主要从公共政策、社会保障、金融支持等方面研究城镇化的支持，阐述城镇化建设支持体系，其研究内容在各个层面、各个范畴都相互交叉，但是理论背景、分析方法及政策建议存在差异。一是公共服务政策与社会保障。钱振明（2009）指出，城镇化进程中存在体制障碍、政策滞后及政府行为失范等问题，因此，推进城镇化进程应该首先确立"以人为本"的战略思想，并以此为基础，尽快改革户籍、人口、土地、环保、教育及社会保障等管理制度，完善城乡社会保障体系，促进全社会的就业机会与社会保障的权利公平等。彭义铮（2013）通过考察发现，失地农民能够获得的社会支持十分缺乏，并且规模小、趋同性明显。其中，正式支持缺位，非正式支持没有足够的能量，长此以往，直接影响城镇化进程。因此，构建完善农村社会保障机制，将是推进城镇化的重要举措，也是新型城镇化的关键因素。二是金融支持体系。黄国平（2013）指出，城镇化进程中需要投入大规模资金，用于农村人口向城镇迁移、建设基础设施、供给公共产品等，根据投资需求的不同，金融体系可以发挥其功能与优势，成为城镇化的重要支持力量；通过融资的商业化与投资的多元化，支持基础设施建设；通过保障和满足中小微型企业融资需求，支持城镇产业发展；通过建立与完善城乡金融服务体系，支持城乡居民的生产生活与社会保障。叶军八（2013）指出，城镇化金融支持体系建立与完善，需要改进与优化金融组织体系，扩大金融服务范围；强化政策导向性，加强金融体系扶持力度；发挥与完善金融市场调节功能，充分发挥地方金融的地域性作用等。巴曙松和杨现领（2013）指出，金融体系既能促进城镇经济增长也要为城镇转型融资，现阶段城镇化融资方式是不可持续的，推进城镇化进程需要创新融资工具、改革财税体制、创新土地制度，重点支持城镇主要增长源，加大资金投入乘数和关联效应。

2.1.3　新型城镇化研究

1. 新型城镇化的内涵

在我国城镇化进程中，针对生态、环境及社会等一系列问题，学术界与政策制定者都及时提出了走中国特色的新型城镇化道路，并深入探索新型城镇化的内涵。相比国内外传统城镇化，新型城镇化的科学内涵应包括以下几个要素。

1）可持续发展。一些发展中国家的城市化所产生的生态、环境及社会等方面的教训，是极其深刻的，过度城市化和所产生的"城市病"危害极大。可持续发展的城镇化就是既要提高城镇化水平，也要解决城市发展中的其他问题，注重保护生态环境，妥善解决居民生活条件，促使每个城镇都能够成为宜居城市。

2）城乡统筹与城乡一体。新型城镇化就是要建设新型农村社区，形成城乡统筹，实现城乡一体化。推进城乡一体化发展，整体统筹谋划工业与农业、城镇与乡村的建设，破除城乡二元经济的障碍，在要素配置、规划布局、产业发展、生态保护、公共服务等诸多方面实现城乡融合，形成以工促农、以城带乡、工农互惠、城乡一体的新型城乡关系，从而达到城乡居民的公共服务均等化、收入均衡化、基本权益平等化的城镇化目标。

3）以人为本。新型城镇化的目的是使城乡居民安居乐业。人民利益既是其出发点也是其落脚点。城镇化的核心问题是农民工问题，农民进得来、留得住、住得下、过得好极为重要。正确处理农村土地流转问题，解决城镇新进人口就业与基本生活保障，使城乡居民能够享受基础设施与公共服务设施的便利，全面提高人民生活水平。

2. 新型城镇化的认知

（1）新型城镇化动力的形成

动力问题指的是城镇化过程中行动主体的作用问题，不同主体具有不同动力传递机制与路径，城镇化方式也是不同的（高宏伟和张艺术，2015）。辜胜阻等（1998）指出，改革开放以前的工业化由政府发起并推动，城镇基础设施由政府投资与国有企业承建，此阶段城镇化动力源于政府政策目标预期，并得到自上到下的传递。改革开放之后，随着乡镇企业发展，城镇被作为工业空间载体，农户、乡镇企业及地方政府联合形成行动主体。崔占峰（2014）指出，自下而上的城镇化模式是符合市场化内在属性的改革路径，而市场机制的缺陷不可避免，市场竞争激发地方政府造城欲望，使土地城镇化失控与泛滥，存在种种弊端。因此，新型城镇化需要多种机制有机结合，激发地方政府、企业、农户等市场主体的创新行动，发挥市场的要素配置与结构调整的基础性作用或决定性作用。

（2）新型城镇化包容性的体现

首先，新型城镇化需要协调经济与社会的发展，它既是一个资源空间配置的过程，也是一个社会文明进步与个人全面发展的过程。其次，新型城镇化需要以城乡统筹与城乡一体化为发展核心，重点关注与创造城乡联系，形成农村与城镇的协调发展，现代性不是完全颠覆过去的，而是以现代的方式对传统进行继承和发扬。再次，新型城镇化需要有机协调城镇、产业与人口的发展；城镇化人口集聚可以提升消费能力，而消费能力维持必须构建完善产业与就业的循环机制，才能有效发展产业，稳定就业，提高城镇化水平。最后，新型城镇化需要保障城镇新增居民的就业平等化、收益分配公平化、公共服务均衡化；提高城镇包容性，尊重新增居民，并使其获得均等发展机会。

（3）新型城镇化民生价值的导向

我国长期存在的一种惯性思维就是经济与民生分离。新型城镇化需要以民生价值为导向，注重人的自由、权益与进步价值，提高人的发展潜能、生活质量与幸福指数，实现全民共享城镇化成果，让新型城镇化能够体现民生价值与意义。

3. 新型城镇化的本质

我国新型城镇化的思想基础，源自马克思主义城乡关系理论。探讨新型城镇化本质，需要我们辩证地认识城镇化进程中的城乡分离；根据城乡分离的演变过程，新型城镇化本质不是农村人口的城镇转移及城镇土地的规模扩张，马克思以英国例证了这种现象，指出它是城乡分离阶段的一种必然现象。而城镇化本质就在于消除经济社会二元结构的对立性，以及由此出现的种种不良状况；通过重构城乡分工秩序，实现现代人性的自由全面发展，而不是那种简单城镇人口、土地规模的扩张。

新型城镇化就是要解决城镇新增人口的发展问题，有序推进农村人口的市民化；构建全新的人口管理体系，公平分配城市福利，实现公共服务与社会保障的均衡；利用当地资源发展产业，寻求内源式的城镇发展途径，解决新增城镇人口的就业、收入及住房等问题，加强农村进城人口的生产生活方式的转变，通过新增城镇人口的融入与城镇现代性向农村的延伸与扩散，实现全社会人口的自由全面发展。

4. 新型城镇化的客观要求

近代以来，城镇化成为世界经济发展的主轴之一。它实现了人口的转移、地理的转换及生产方式和生活模式的改变。巴曙松和杨现领（2013）指出，城镇化已引起包括土地利用模式、建筑环境、社会生态及城市生活本质等在内的城市体系的重大改变，它包含两个层次：首先是农村人口的居住地转换到城镇，农村劳动力的就业转换到非农部门；其次是农村人口的流动带动了其他要素的流动。

城镇化已成为我国发展模式转变与经济增长的驱动力，然而，由于传统城镇化忽略了人的迁移与要素转移的充足协调，造成了经济权利分配的严重不公平；要实现城镇化分工效率、结构效率及规模效率，我国现有的城镇化模式需要转型，客观公平地分配人的经济权益；而人的经济权益正是新型城镇化所提出的客观而具体的要求（图2-1）。

其中，新型城镇化带来的就业机会，要求城镇非农产业能够提供足够多的就业岗位；而就业质量，则要求城镇非农产业在保障产业升级的同时，提供足够的高报酬与高技能的岗位；创业创新机会则需要城镇非农产业能够容纳规模、所有制不同的企业共谋发展。城镇产业部门要满足这些新型城镇化的客观要求，必须在新增城镇人口的基础上，重塑其他生产要素的配置模式，通过形成新型城镇化的多维要素支撑体系（图 2-2），确保新型城镇化多维要素的流动配合，这样才能实现城镇化的模式转型，极大限度地为经济增长贡献新型红利。

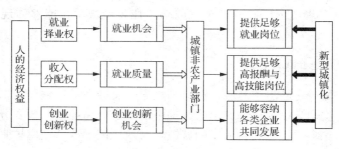

图 2-1　　新型城镇化的客观要求示意图

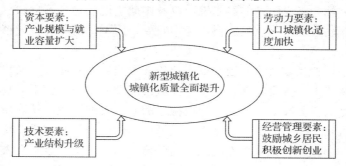

图 2-2　　新型城镇化的多维要素支撑体系

2.1.4　西部新型城镇化道路研究

对于西部城镇化道路的选择，学术界一直存在激烈的争论。在农村人口转化为城镇人口的过程中，争论的问题主要涉及几个方面：一是主要发展大城市，对农村人口进行较为集中的转化；二是注重发展中小型城市，对农村人口进行适当分散的转化；三是大量发展小城镇，对农村人口实施离土不离乡的就地转化；四是多元化城镇发展道路，因地制宜地构建大中小城市与小城镇协调发展的城镇化体系（王颖，2000）。其主要观点如下。

1. 大城市论

有学者认为，西部城镇化可以实施现有城市扩容道路。其理由有大中城市聚集效应明显，规模收益更高、就业机会更多，产生科技进步的动力更强，经济扩散效应更大。代表性论述如下：李琳（2000）指出，西部城镇化的表现相对滞后，且生产力水平低下，主要是由于大城市发展存在严重不足，因此应把大中城市作为发展重点，完善现有城市体系，确立"优先发展大城市并发挥其优势，强化中小城市功能，适当鼓励发展小城镇"的城镇化指导思想。林筠和李随成（2002），通过分析西部城镇化的人口变化、城镇数量、空间结构、支撑体系等方面，指出西部城镇化的小城镇道路是行不通的，这是由其经济发展水平与空间结构现状决定的；小城镇经济弱质性，缺乏吸引与聚集农村劳动力的能力。其发展战略应是发挥大城市优势，以大中城市为发展重点，有计划发展中小城市。

2．中等城市论

有学者认为，中等城市灵活性强，容量大，能够促进大城市与小城市的交流和沟通，具有集中与分散的社会功能，其规模效率优于小城镇，又可避免或减少大城市存在的"城市病"。吴尚民（2003）指出，西部城镇化需按市场规律发展，坚持小城镇与大中城市协调发展，将因地与因时制宜相结合。以小城镇建设为起点，大量吸纳农村劳动力，建设以高新技术为主的大中城市，在农村实施小城镇的城镇化战略。李继红（2004）指出，东西部大城市都存在"大城市病"，西部重庆市、成都市、西安市等大城市在提高城市效益、吸纳劳动力等方面能力十分有限，如果扩容将不堪重负。因此，发展中小城市与小城镇将是西部城镇化的当务之急。

3．小城镇重点论

持有重点发展小城镇观点的学者指出，西部工业化、城镇化过程中，小城镇作用突出，主张以小城镇发展为重点，加速西部城镇化。聂华林和王宇辉（2005）从乡镇企业视角进行分析，指出西部农村城镇化进程中应做到：首先，采取优惠政策措施，将已发展成型且布局分散的农村中小企业向条件具备的县城及小城镇集中，形成集聚效益与规模经济。其次，引导农村小微企业向城镇集聚，既为农村小微企业拓宽生存发展空间，推动三次产业发展，创造城镇就业岗位；又利于城镇新增人口顺利就业，这样能够形成城镇化倒逼机制，由此形成各方互相促进并有机结合的良性循环。

4．多元化城镇发展道路

近年来，不少学者通过对城镇化模式的深刻反思，提出了西部城镇化必须根据实际，因地制宜地构建大中小城市与小城镇协调发展的城镇化体系。颜如春（2004）指出，西部城镇化起点低，缺乏完善的城镇体系，自然、经济与社会条件都存在较大差异。因此，城镇化道路存在多种模式选择，需要因地制宜，走多层次、多元化、具有鲜明西部特色的城镇化道路。

2.2　金融结构演变的一般规律

2.2.1　国外金融结构研究的理论观点

自 20 世纪 50 年代起，约翰·G．格利和爱德华·S．肖、戈德史密斯等经济学家就启动了金融结构研究，数十年来，国外学者对此进行了逐步深入的探讨。迄今为止，国外金融结构研究历经了萌芽阶段、形成阶段、完善阶段及发展阶段等，并形成了金融结构研究的理论演变脉络（表 2-1），其具有代表性的一些观点，按研究发展阶段总结梳理如下。

表 2-1　金融结构研究的理论演变脉络

年份	代表人物	代表作	主要理论贡献
1960	格利和肖	《金融理论中的货币》	金融中介论
1968	戈德史密斯	《金融结构与金融发展》	金融结构论
1973	肖	《经济发展中的金融深化》	金融深化论
	麦金农	《经济发展中的货币与资本》	
1993	罗伯特·默顿、兹威·波迪	《金融结构功能观》	金融功能论
1996	赫尔曼、墨尔多克	《金融约束：一个新的分析框架》	金融约束论
1997	约瑟夫·斯蒂格利茨		

1．萌芽阶段的金融结构观

格利和肖于 1960 年出版著作《金融理论中的货币》，最先提出金融结构相关观点。该著作系统研究了金融机构、金融资产及金融政策，试图发展一种包含货币理论的金融理论和包含银行理论的金融机构理论（蔡则祥，2005）。他们的理论中涵盖融资方式、金融工具、金融机构及金融政策等与金融结构相关的问题。

1）金融资产的多样化。格利和肖指出，货币金融理论需研究多样化的金融资产，而不能只是货币这一种金融资产。金融资产应包括初级证券与间接证券，其影响金融资产的持有者对货币需求的效应是不同的。

2）融资方式的区分。他们将融资方式区分为直接融资与间接融资，以分析融资方式的结构。他们指出各经济部门只要有盈余与赤字存在，投融资的行为就不可避免，而金融中介机构就会通过初级证券、间接证券的交易得到迅速成长。

3）金融机构的结构。格利和肖通过银行与非银行金融机构的对比分析，提出金融机构结构问题。他们指出金融机构可分为货币系统与非货币系统两大类，两者均可以创造金融债权，并根据持有的金融资产，创造成倍特定的负债，还可以创造出可贷资金，产生超额货币量，并产生大于事先储蓄的超额事先投资。格利和肖指出，在资产流动性方面，非货币中介机构所提供的非货币金融资产，可以视为货币替代品。因此，非银行金融机构能够给商业银行带来竞争压力，促进金融机构健康发展；同时能够挑战货币政策调控。格利和肖关于金融结构问题的研究，开创了金融发展理论研究的先河，他们在金融多元化发展初期，敏锐捕捉并高度重视金融结构研究，是学术界应予以肯定的。

2. 形成阶段的金融结构观

早在 1968 年，戈德史密斯就提出了"金融结构"这一概念，并采用 8 个指标对金融发展中的数量关系进行描述。

（1）金融结构的概念与衡量指标

戈德史密斯（1990）从数量分析的角度，给金融结构做了这样一个定义：各种金融工具与金融机构的相对规模。他构建了 8 项指标来衡量一个国家的金融结构（表 2-2）。

表 2-2　金融结构指标体系

序号	指标描述	注解
1	金融相关比率（financial interrelations ratio，FIR）	宏观结构指标
2	主要金融资产占全部金融资产比例	
3	金融机构与非金融机构发行金融工具比例	金融机构化程度
4	金融机构持有非金融机构发行金融工具比例	
5	主要金融机构之间的相对规模比例	金融机构相关度指标
6	金融机构互相往来资产占金融机构总资产比例	
7	外源融资具体金融工具相对比例	微观结构指标
8	非金融机构内源融资、外源融资相对比例	

（2）金融结构的层次类型

戈德史密斯运用上述 8 项指标，衡量并划分金融结构类型，以反映其变动趋势（张立强，2012）：①低等层次金融结构。该层次处于金融发展初期，其特点是FIR 较低（0.2～0.5）、金融工具简单（以债权凭证为主）、机构化程度低（以商业银行为主）。②中等层次金融结构。该类型增加了机构结构与融资结构的复杂性。其特点是政府与政府金融机构的作用逐渐增大、具有较高的金融中介比率、涌现了大量的大型股份公司。③高等层次金融结构。该类型的特点是 FIR 较高（0.75～2.0）、工具结构发展快（股权占证券的比例上升）、机构化比率在提高、机构多样化趋势明显、金融机构结构有较大变化。20 世纪初期以来的工业化国家就属于此类金融结构。

（3）金融结构演变与金融发展道路

戈德史密斯（1990）指出金融结构变化就是金融发展。因此，金融发展过程就是金融结构演变过程。其演变的类型不同，也决定着不同的金融发展道路；而其差异只是说明金融发展的起始时间、起始点所处经济发展阶段的不同而已。总体上来讲，金融结构变动趋势与金融发展道路基本上是一致的，只是金融发展道路具有两种轨迹：一是所有金融机构由私人部门经营并拥有，即使是中央银行也不例外，美国是这一发展轨迹的典型代表。二是政府往往经营和控制部分重要政策性金融机构（如开发银行、储蓄银行等），甚至还可能包括一些商业银行。多数北美与西欧以外的国家（地区）采用的就是这条发展轨迹。

（4）金融结构演变的基本规律

戈德史密斯通过对 35 个国家的 1860～1963 年实证数据进行研究，揭示了金融结构演变的三大基本趋势：第一，金融上层结构。随着经济发展与金融体系的发达，FIR 将不断提高，金融结构也将从低层次演进到高层次。第二，金融工具结构。随着金融工具种类的逐渐增多，债权工具在工具结构中占比将逐渐降低，股权工具在工具结构中占比将逐渐提高。第三，金融机构结构。金融机构种类逐渐增多，其资产在总额中占比将不断提高，而银行主导地位逐渐下降，其他机构地位不断提升。

3. 完善阶段的金融结构观

麦金农和肖（1973）研究的重点是发展中国家的金融抑制，其金融抑制现象与金融结构扭曲紧密相关，他们关于金融结构的观点是隐含于金融深化理论中的。他们的金融深化理论并没有突出金融结构问题的研究，但发展中国家金融结构扭曲，总伴随着对金融市场的抑制。为此，麦金农和肖（1973）详尽分析了企业的内源融资与外源融资两类方式，提出货币当局需要增加货币供应，改变内源融资占主导地位的政策主张，以推动金融部门发展，提高全社会货币化程度。因此，金融深化从某种意义上讲，就是金融结构动态化的调整与优化过程。麦金农和肖的金融深化隐含有金融结构进步，金融发展是包含金融深化和金融结构进步两个方面的（干杏娣和徐明棋，2001）。此后，卡普尔、马西森与弗莱等通过计量验证，对该理论进行了深入研究，但未取得实质性突破（孙岩，2010）。

4. 发展阶段的金融结构观

20 世纪 90 年代内生增长理论的兴起，催生了一种新的金融发展理论，即"两分法"金融结构理论。这是继戈德史密斯之后，最具影响力的一种金融结构理论。其核心内容是比较分析金融体系的银行（中介）主导型与金融市场主导型两种模式的优劣，并以德国和日本作为银行（中介）主导型、英国和美国作为金融市场主导型的典型代表，评价不同金融结构对金融发展乃至经济增长的作用。迄今为止，众多经济学家参与了"两分法"金融结构的理论研究，并形成丰硕的成果文献，在此不一一分析列举。

　　然而，1999 年，美国经济学家 Demirguc-Kurt 和 Levine（1999）将"两分法"金融结构研究推向一个新的高潮。2002 年，美国经济学教授艾伦和盖尔出版了《比较金融系统》，该著作以美国、英国、德国、日本等国的金融体系为代表，对银行主导型和市场主导型两种金融体系的优点、缺点、生成机制，以及对金融发展、经济增长的促进作用，进行了较为系统的比较分析，使"两分法"金融结构理论得到了进一步系统化。

　　5. 简要评述

　　国外学者研究金融结构的主要理论贡献是构建了基本分析框架，且中后期研究者进行了该理论的拓展与完善；在研究方法与内容上，进行了金融与经济发展的最新实践。首先，格利和肖的研究还不成体系，观点也较零散，属于研究萌芽期；其次，戈德史密斯的金融结构理论具有开创性贡献，指标体系与研究方法影响很大，但其偏重表面数量分析的方法具有明显局限性，且不够注重金融资产、金融工具与金融机构的内在性质；再次，麦金农和肖的金融深化理论对货币金融研究视域进行拓展，理论与实践意义十分明显，但不够重视实体经济发展阶段，以及金融结构演变的内在联系，因此指导不了发展中国家的金融改革实践；最后，"两分法"金融结构理论将其研究提升到一个新高度，其观点也很新颖，但金融结构模式的划分还不够科学。

2.2.2　国内金融结构研究的理论观点

　　1. 金融结构的构成分析

　　根据西方国家的金融结构问题研究惯例，国内学者的研究也始于金融结构的构成分析。中国社会科学院金融研究所的李茂生早在 1987 年就出版了《中国金融结构研究》，系统阐述了我国的金融结构问题。他指出，金融结构作为经济社会结构的一个重要组成部分，是一种存在方式与组织形式，也是一种建立在物质基础之上的调控机制。但由于当时的历史背景，李茂生的金融结构问题研究，或多或少存在计划经济的时代烙印，但他的研究无疑开创了我国这一领域的先河。

　　王兆星（1991）在《中国金融结构论》中指出，金融结构作为各种金融要素有机构成的一个综合体，包含各种要素之间的量与质的关联，包括横向与纵向各方面的有机联系并构成有机整体。他在此基础上，构想了 20 世纪 90 年代的我国金融结构改革方略。

　　董晓时（1999）指出，金融结构是一种金融系统的内在规律性联系，是金融要素相互联系的有机整体，包括主体、客体与联系 3 个方面，其运行需与文化背景、经济基础、社会制度等基础环境相适应。现代金融运行体系下的金融结构是一种科学结构。

孙天琦（2002）基于产业组织结构视角，以"寡头主导，大中小共生"的产业组织结构为基础，通过研究我国金融机构结构问题，指出我国需要实现不同层次、不同规模的金融机构的均衡发展，在金融结构演进中培育金融寡头，发展中小金融机构，发展区域金融，规范政府行为，形成大中小型金融机构并存、以寡头主导的金融机构结构。

由于金融结构问题的研究成果众多，在此不一一列举。很多专家学者在金融市场、金融工具、金融资产、金融机构等方面进行金融结构问题的研究，极具创新性与理论价值，如易纲（1996）、江其务（2002）、林毅夫（2001）、白钦先（2003）、李健（2004）等。

2. 金融结构的实证研究

1）金融资产的结构分析。谢平（1992）作为国内较早研究金融资产结构的学者，通过系统分析 1978～1991 年的金融资产总量，FIR，银行业资产结构，政府、企业与个人的资产负债结构等指标的变动状况，指出金融深化与金融改革能够积极影响经济发展。相关观点颇有见地，开辟了金融结构实证研究新思路。张红伟（2001）对我国居民金融资产结构进行实证分析，并根据流动性将金融资产区分为货币、股票与债券 3 类资产，实证分析其内外部结构及其与经济增长的关系，实证分析居民实际收入、消费与储蓄的行为及其居民的金融资产增长状况，指出其变化状况与规律极具正面效应。

2）银行业的结构分析。近年来，国内学者运用产业组织理论与结构—行为—绩效（structure-conduct-performance，SCP）分析范式，实证研究银行业市场结构与效率，这种探索是十分有益的。丁良春和鞠源（1999）通过实证考察银行业市场结构绩效，指出我国银行业经过多年改革发展，已基本形成大银行垄断与低水平竞争并存的市场格局，市场绩效明显提高，但少数大型国有控股银行市场集中度偏高，且规模效应不明显。杨德勇（2004）从产业组织角度，实证分析银行业垄断及其影响，指出我国银行业长期高度垄断并产生较大负效应，打破垄断结构有利于市场效率提升。王辰华和王玉雄（2005）针对金融机构空间分布结构进行重点研究，指出其分布格局集中反映了我国地区之间金融发展差异，这是我国金融体制改革的必然结果。

3）融资结构的分析。王昕（2000）从企业治理视角，对融资结构现状与变化规律进行实证研究，比较分析不同国家企业的融资方式，指出银行与企业的关系将越来越密切，企业外源性融资将主要来源于银行贷款，并针对我国直接融资问题提出相关政策建议，他的论断已得到实践验证。林毅夫和李永军（2004）通过深入分析中小企业融资困难问题，指出金融结构因素是其问题的症结，而促进中小金融机构的发展，是解决融资难问题的本质出路。

4）金融结构与经济增长关系的分析。王广谦（1996）实证分析了 16 个主要国家 1965～1993 年金融与经济发展状况, 指出金融效率对于现代经济发展至关重要。一个国家的经济增长总量, 约有 20% 是金融发展贡献的。现代经济金融化指标, 比其货币化要更为合理科学。李扬 (2001) 通过实证研究指出, M_2/GDP 的相对下降与资本比率的相对上升, 表明了金融体系的效率性, 而在我国特殊发展时期, 货币化率与资本化率同时上升现象是不能进行简单的国际比较的, 也不能以此作为政策制定的依据。他指出, 经济增长与金融规模的因果关系不太明显, 而金融效率则关系经济增长幅度。

此外, 知名学者林毅夫 (2003)、谈儒勇 (2000)、李斌 (2004)、杨国中和李木祥 (2004)、李健等 (2018), 也在各自著作中实证分析了金融结构与经济增长的关系, 其研究都各有建树。

3．金融结构的优化

1）金融结构优化的标准。李茂生 (1987) 指出, 优化合理的金融结构能够极大地促进经济发展, 有效调配经济资源, 并获取最大的经济效率。王兆星 (1991) 指出, 最优金融结构不是绝对的, 金融结构优化只能通过创新来实现, 它既可以充分发挥金融体系的整体功能, 也能够保持各构成要素的合理比例。邓瑛 (2001) 基于可持续发展的分析视角, 指出金融结构优化在总量增长的同时, 也提升金融发展质量; 金融结构优化既能分散国家金融风险, 也可以提升金融体系自生能力。李健 (2003) 基于金融功能分析视角, 指出通过定量结构指标分析, 并以金融功能强弱为评价标准, 界定金融结构优化程度。

2）我国金融结构存在的问题。国内学者通过较深入的研究, 指出我国现阶段金融结构的主要问题有以下几个方面: 第一, 金融总量有较快增长, 而结构失衡、功能失范、金融发展质量有待提升, 李健 (2003) 等学者有此类看法。第二, 金融结构优化滞后于经济结构调整, 江其务 (2002) 等学者持此类观点。第三, 金融结构过于单一, 缺乏应有的结构层次。第四, 金融机构过于集中, 市场与行业竞争还不够充分, 以及金融效率有待提升 (张立强, 2012)。

3）我国金融结构优化的对策。关于金融结构优化对策的成果颇多, 不同学者从不同角度提出了相应的对策建议, 可以说精彩纷呈。他们分别从产业结构、资产结构、融资结构、金融机构结构及空间结构等方面进行了深入分析。在此不予赘述。

2.2.3　金融结构演变的特征、趋势和一般规律

从世界经济与金融发展的实践角度来考察, 金融结构演变是一个动态的历史发展过程, 具有可遵循的规律性。国内外的研究表明, 金融结构演变的基本特征、总体趋向、决定因素及一般规律, 是金融结构优化与金融组织创新的基本依据。

对其进行系统详细的考察，可以准确把握金融发展的基本方向。

1. 金融结构演变的基本特征

金融结构演变的基本特征如下。

（1）综合系统性

综合系统性是指金融体系各组成要素之间相互关联、互为依存、共同作用并构成一个有机的金融系统组织架构，而且综合性地发挥功能。该特征表明，相互关联的金融要素共同作用能推动金融功能的发挥，而单一金融要素难以发挥这种作用。其具有 3 层含义：一是金融系统发挥功能须由各要素相互依存、相互作用并共同完成，各要素既不能独立作用也无法分割，缺一不可。二是金融结构不是各要素的简单相加，其有机构成的系统功能比各要素功能之和要大。三是各金融要素搭配组合及相互作用的情况不同，其所构成金融体系的功能也不尽相同。

（2）复杂多样性

复杂多样性是指构成金融体系的要素具有多样性和多元化，而金融体系的关系错综复杂、结构层次叠加、影响因素繁复。其复杂多样性至少包括两层基本含义：一是金融结构是一个由复杂而多元素构成的集合体，既包括金融市场、金融机构、金融工具等核心要素，也涵盖诸如金融政策、技术及监管等不可或缺的要素，而各要素内部还可再次细分，因此金融结构具有多层次、多方面与立体式特征。二是金融创新导致金融体系的内部结构复杂纷呈。金融创新使金融机构、金融工具与金融市场不断推陈出新，金融体系日趋复杂化；金融科技、网络银行、金融衍生产品等诸多因素的变化，不但促进了金融结构层次的多元化、多样化，也极大地加快了金融结构演变的速度。

（3）结构层次性

结构层次性是指金融结构是一个多层次组织系统，其构成包含若干个层次。它包括金融静态与金融动态两个方面的结构，两者相互联系不可分割，并共同构成金融结构整体（蔡则祥，2005）。戈德史密斯（1990）曾清晰地做过阐述。首先，静态结构包括 3 个层次：一是金融上层结构和国民财富之间的关系，反映特定时点上经济的金融化程度和金融结构状况，衡量指标为 FIR；二是金融工具的构成；三是金融机构的构成。其次，动态结构也包括 3 个层次：一是初级阶段（FIR 为0.2～0.5）；二是中级阶段（FIR 还是较低），金融机构与股份制企业得到发展；三是高级阶段（FIR 处于 1.0～2.0 的高水平），金融发展水平较高。

（4）动态转换性

动态转换性是指金融结构由低级向高级、由简单向复杂、由一种形态向另一种形态的演变。动态转换性按照金融结构内在逻辑所确定的转换途径，在不同层次金融结构间进行；金融结构内部矛盾决定动态转换性，与相对稳定的金融状况相比，金融结构失衡是一种常态；金融活动中所有机制对金融主体的行为，都能够以各种形式进行规范，具有自我调整功能，而这种功能能够稳定与完善金融结构，但作用有限，只能在有限范围内转换金融结构，当金融结构失衡超过这种自我调整限度时，则需要借助外力推动金融结构转换。

2．金融结构演变的总体趋势

金融结构演变的总体趋势如下。

（1）金融形态变动下金融结构的演变趋势

曾康霖（2002）首先提出金融结构变动"主导论"，该理论从金融形态演化角度，分析金融形态特征，揭示金融主导内容。通过规范研究，揭示金融结构演变过程、变动趋势及金融发展轨迹，其分析金融结构变动（特别是近 50 年金融创新中的变动），要比戈德史密斯深刻一些。金融形态是指某种实际形态资产，通过金融手段处理所达到的状态，并随着金融手段的发展呈现多样化趋势；根据不同金融资产的权益凭证，金融形态可以分为货币化、信用化、证券化与虚拟化 4 种类型。曾康霖（2002）基于理论抽象的分析，演绎了金融形态的演变过程，揭示了金融结构的演变趋势，并指出金融形态演进方向反映了金融结构变动趋势，金融形态不同类型反映了金融结构不同阶段的特征。本书将 4 种类型金融形态的内容、特征及演变趋势，总结归纳如表 2-3 所示。

表 2-3 金融形态演化过程与金融结构演变趋势一览表

演进阶段	金融形态	金融特征	金融主导	金融结构与发展状况
1	货币化	金融机构：货币经营机构	货币对商品的主导	金融结构简单
		金融工具：现金货币		金融发展原始、初级
		金融市场：无		无银行、金融工具、金融业
2	信用化	金融机构：中央银行、商业银行	信用主导 商业银行信用 央行货币政策调控	金融要素增加
		金融工具：货币、间接金融工具		金融结构复杂性增加
		金融市场：间接融资市场		金融发展步入正轨
				金融业产生并发展
3	证券化	金融机构：多元化、非银行金融机构剧增	证券市场主导 金融创新主导	金融结构复杂化
		金融工具：多样化、直接融资工具出现		金融发展步入快速增长期
		金融市场：发达、证券市场发展		资本市场开始发展
4	虚拟化	金融机构：依托证券市场、虚拟化	金融工具主导 金融产业主导	金融结构极为复杂
		金融工具：多样化、虚拟化		金融发展进入创新期
		金融市场：结构多层化、复杂化		资本市场高度发达

（2）金融结构演变的总体趋势

戈德史密斯的金融结构变动层次理论，以及曾康霖（2002）的金融结构变动主导理论，指出金融结构的演变趋势伴随着实体经济的发展，逐步从低级到高级、从简单到复杂、从封闭到开放（表2-3）。本书将其具体表现归纳为以下几个方面。

1）以经济结构的变动为基础。金融结构演变与经济结构的发展水平，大体上保持一致，金融与经济的相互关系决定了两者的关联性：经济发展水平决定金融结构层次，经济结构复杂程度决定金融结构复杂程度。金融是经济系统中的子系统，金融结构是经济结构组成部分之一，经济是金融发展的基础，金融又为经济发展服务；经济是金融发展的最终决定因素，经济结构变动是金融结构演变的基础。

2）以金融范畴的形成为起点。黄达（1992）教授指出，信用活动与货币运动虽是两个不同范畴，但两者的联结产生了金融这个新范畴，但金融范畴的形成并不否定货币与信用这两个范畴的存在。研究金融结构的演变趋势应以金融范畴的正式形成为起点。

3）以金融结构的协调为重点。构成要素的不断增加，使金融结构日趋复杂，其合理的协调显得越发重要。随着金融机构、金融工具与金融市场种类的增加，金融结构演变的影响因素也日益复杂，同时，金融与经济的相互渗透，使金融结构的调节及其与经济结构的协调，具有显著的重要性。

4）以科学技术的提升为手段。现代科学技术（特别是信息技术与计算机技术）在金融领域的广泛应用，使金融业的技术水平不断提高，金融形态不断创新，包括金融工具、金融机构、金融市场在内的金融结构构成要素也不断推陈出新，促进了金融结构层次提升。

5）以主导形式的转变为路径。现代金融市场的发展，改变了金融机构发挥主导功能的模式，金融市场占主导地位，金融结构演变逐步从机构主导转变到市场主导，并形成金融结构的主导形式演变的基本路径，如图2-3所示。

图2-3　金融结构的主导形式演变的基本路径

6）以国外因素的影响为诱因。金融结构是一个开放性的系统，其内部变动受到外部因素的影响。经济全球化与金融国际化的不断推进，对金融结构的构成要素产生了较大影响，国外因素对金融结构演变的影响已越来越大。开放资本市场、资本国际流动、跨国金融机构进入及监管模式引进等，都会对金融结构产生影响。现代金融结构演进中，国际因素已具有相当大的影响力。

7）以工具结构的提升为主导。金融工具是构成金融结构的基本要素，其结构变动将主导金融结构演变，也直接反映其基本趋势。现代金融发展导致金融工具结构复杂程度加剧、层次显著提升，具体表现为以下几点：一是金融工具种类增长迅猛，金融工具数以万计并不断创新。二是金融工具形式无纸化与电子化趋势明显，传统货币类与资本类金融工具存在的物质形式正逐步消失，仅其社会形式有所保留。三是金融工具虚拟化程度加深，数量规模巨大，如股票、期货、股指期权等金融工具与实体经济渐行渐远，且规模之巨远超实体经济。四是金融工具广泛分布，持有主体构成复杂，政府、企业、个人和国外投资者均能持有，且相互持有现象普遍，并涉及债权、股权等金融工具。

8）以金融机构的多元为导向。金融结构演变始于新式银行的产生，而现代金融有别于银行机构占绝对主导的金融发展初期；金融机构的发展历史，历经 3 个特征明显的历史阶段：一是合并银行而形成规模巨大的跨国银行；二是中小型金融机构的普遍设立，并形成现行"寡头垄断，大中小并存"的结构格局；三是网络银行、电子银行的出现，形成了银行机构的虚拟化与网络化。金融机构的历史发展过程，推动了金融机构的多样化，模糊了金融机构的界限，形成了综合化经营的趋势，使金融机构结构多元化具有导向性。

9）以金融市场的发展为趋向。自 20 世纪 50 年代起，金融市场得到了迅猛发展，在金融结构中的地位迅速上升，并凸显了经济资源配置、货币资金融通、资金成本节约、金融风险防化及经济效率提高等方面的优势；同时，金融的工具创新、市场创新、制度创新极大地推动了金融市场发展，形成了取代金融机构的金融体系占主导地位的倾向；金融市场的发展，推进了传统的国内货币市场不断向新兴的国际化资本市场演进。

10）以专业监管的发展为方向。随着金融结构的复杂程度加剧，金融体系的风险也在增加，于是，诸如银行业、证券业与保险业等专门的金融监管部门也相继出现，监管模式的多样化、监管手段的现代化，形成了金融监管的专业化发展趋势；金融监管的专业化是为了适应金融结构的复杂化，以防范金融结构演变所带来的风险。

3．金融结构演变的一般规律

根据戈德史密斯（1969）的金融发展层次理论，以及曾康霖（2002）的金融形态理论，金融结构演变一般规律归纳为随着实体经济的发展，金融结构从低级向高级，从简单向复杂，逐步演进与发展。其具体表现如下。

1）构成要素不断增加，金融结构趋于复杂。随着经济与金融的不断发展，金融结构构成要素逐渐增加，且各构成要素的内部种类不断丰富，结构层次也不断提升；日益复杂的金融结构，越来越强烈地渗透到社会经济的各个领域。

2）金融机构日趋多样化，金融结构日益多元化。金融机构发展初期，银行业居于主导地位；而后随着各种银行类、非银行类金融机构的涌现，金融市场的地位得到提升，并逐渐起主导作用。但近年来科学技术的发展，各类金融机构的界限已十分模糊，特别是网络银行与电子银行的迅速发展，金融机构已呈现综合化、多样化及虚拟化趋势，其结构演变趋于多元化。

3）新型金融工具涌现，金融结构日趋复杂。经济发展与金融水平提升，推进了金融工具创新，加剧了金融工具结构的复杂化程度与趋势。一是工具种类不断增多，具有现代意义的直接类、资本类、衍生类金融工具得到快速发展；二是工具形式呈现电子化与虚拟化，其独立运行能力也在增强。

4）金融市场的重要性凸显，金融结构呈现动态演变。金融市场自 20 世纪 50 年代起，在全球范围内得到了迅速发展，其资源配置、金融效率与风险控制等功能提升了它在金融结构中的地位。然而，金融结构演变是一个动态过程，市场主导型与银行主导型的金融结构，只是金融结构演变的不同阶段，并不存在一种模式压倒了另一种模式的情况。

4．金融结构演变的决定因素

通过考察分析金融结构的演变历史与发展规律，不难看出，金融结构的状况是由金融工具、金融机构与金融市场等金融要素结构决定的，金融要素结构又取决于诸多因素的变动，金融结构随实体经济的发展而优化，这一优化过程构成了金融结构演变的路径；探寻金融结构的决定因素，必须探究其深层次问题，从国内外金融发展的历程来看，金融结构演变主要取决于以下 6 个方面的因素。

1）实体经济发展的需要。金融结构演变首先取决于实体经济发展需要。金融结构作为经济结构中的重要部分，对实体经济的影响也是决定性的，金融能够有效服务于实体经济，必须使其结构得到优化，功能得到提升，才能够最大限度地满足实体经济的金融需求。不同发展阶段的实体经济需求与不同国家的发展需求，都决定了金融结构的不同层次。

2）金融市场深化的程度。金融市场深化能够影响金融结构演变，是由于市场深化与信用关系深化相伴而生，市场深化推进了信用关系深化，而信用关系深化又影响金融结构演变。因此，市场深化也影响与决定金融结构演变。从市场深化角度来考察，便于整体把握最基本的金融结构演变规律。市场深化扩大了金融市场及金融资产规模，将必然带来相应金融结构的调整；而市场规模扩大导致货币需求与信用结构产生变化，使金融工具结构也相应发生变化。在现代经济中，信用深化常常表现为金融制度与金融结构的变化。

3）制度法律体系的安排。金融作为现代经济的核心部分，其结构特征取决于经济体系的基本性质，而产权结构与产权制度又是经济体系基本性质的决定因素。因此，产权结构与产权制度是影响并决定金融结构的根本因素，金融结构演变与对国家制度安排和法律体系构成路径依赖：一是不同产权制度安排在其产权构成、主体目标及比较竞争优势等方面的差异较大，直接影响产业的资源配置效率，决定产业的结构变化，而产业结构变化必然引起金融结构演变。二是早期安排的各种制度，在金融结构演变进程中所产生的路径依赖是比较强烈的。三是一个国家的法律体系也深刻影响金融结构形成与演变，发达国家两类主要金融结构的形成，就源于这两类国家法律体系的不同。这些国家重视股权合约与债权合约的程度，影响了银行与股票市场的发展轨迹，并形成两种迥然不同的金融结构，即以美国和英国为代表的市场主导型与以德国和日本为代表的银行主导型。

4）社会文化传统的偏好。社会文化传统深刻影响人们的经济行为及选择偏好，这是不同国家形成金融结构差异的深层次原因。例如，美国人性格张扬进取，崇尚企业家精神，鼓励个人奋斗，乐于参与高风险、高回报的资本市场投资，容易接受新型金融工具，并崇尚自由竞争与反垄断，因此，虽然具有金融市场发展土壤，却难以发展大型商业银行；而德国人与日本人崇尚团队精神，注重安全感与稳定性，因此能够成就银行主导型的金融结构。

5）科学技术进步的推动。科学技术发展已成为现代产业革命与金融发展的主要动因。金融科技不断突破，促使金融结构发生深刻变化。电子计算机与网络技术为金融工具创新奠定了基础，并产生了一大批支付结算类、融资投资类、金融衍生类金融工具，使其结构层次显著提升。科技发展催生了新型金融机构，网络银行、网络借贷平台（peer-to-peer lending platform，P2P）、网上支付、新型基金、金融复合企业等新型金融机构不断涌现，使金融结构不断演进，提升了金融机构结构层次。现代网络技术与电子计算机的广泛应用，催生了金融新业态，推进了金融市场发展，促进了金融层次结构优化与地域结构演进，强化了金融监管技术创新与方式演变。

6）金融结构演变的决定模型。其包括金融机构、工具与市场在内的金融要素结构，取决于实体经济发展、金融市场深化、制度法律体系、社会文化传统、科技进步等因素的变化；通过考察其内在逻辑关系，可形成金融结构演变的决定模型，如图 2-4 所示。

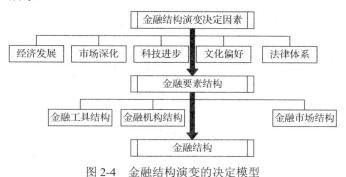

图 2-4　金融结构演变的决定模型

2.3　金融产业组织的一般理论

2.3.1　产业组织理论

1. 产业组织理论的早期发展

产业组织领域的基本思想可以上溯至 13 世纪经院学派。13 世纪经院学派经济学家指出，竞争能使厂商更加勤奋，并激发厂商的创造性；能对市场施加影响的厂商将会限产提价，从而获得巨大财富；为了维持垄断势力，厂商可能也会采取不正当竞争行为（狄雍和谢泼德，2010）。1776年，亚当·斯密提出了自由竞争的思想，指出自由竞争是一个导致利益和谐与市场均衡的过程。斯密还提出了劳动分工理论，较为全面地论述了合理的生产组织能带来社会资源的节约。之后，经济学界关于产业组织问题的先驱性研究大多集中于竞争理论和所谓理想竞争状态的确定等方面。

尽管产业组织理论的基本思想历史悠远，但最初将"产业组织"概念引入经济学的是马歇尔。1879年，马歇尔夫妇在合著的《产业经济学》一书中，首次将产业组织定位为产业内部的结构，并描述了有效产业组织的条件。随后，在《经济学原理》中，马歇尔（1890）首次将组织作为与劳动、资本和土地并列的第四生产要素，分析了组织与分工、产业向特定区域的集中、规模生产、经营管理专业化、收益递减与收益递增等现代产业组织的主要概念和内容。马歇尔还在研究规模经济时，发现规模经济与垄断之间存在难以调和的矛盾，即所谓的"马歇尔困境"。该问题至今仍是产业组织理论的核心问题。

19世纪末20世纪初，随着资本主义垄断的进一步加剧，人们对传统的完全竞争假设提出了挑战。1933年，经济学家爱德华·哈斯丁·张伯伦和琼·罗宾逊先后出版了《垄断竞争理论》与《不完全竞争经济学》，并提出垄断竞争理论。该理论对传统的"两分法"予以彻底否定，指出现实世界的市场结构是各种不同程度的竞争与垄断互相交织的各种形式。张伯伦和罗宾逊的分析框架为产业组织理论的创立奠定了理论基础，并最早使用SCP分析范式（臧旭恒等，2007）。

2. 哈佛学派与SCP分析范式

20世纪30～50年代中期，爱德华·梅森在哈佛大学主持产业组织领域研究。作为该领域的主导者，梅森诠释了张伯伦和罗宾逊的寡头理论，首次将"结构—行为—绩效"逻辑引入产业组织领域，解释并发展其逻辑关系，定义了市场力量，并分析其影响。根据约翰·莫里斯·克拉克的"有效竞争"思想，提出了"有效竞争"的梅森标准，以及垄断对效率的冲击（狄雍和谢泼德，2010）。1938年，梅森创立和领导了一个包括乔·贝恩在内的由年轻学者构成的研究团队，发展了产业组织领域的行业研究。1959年，贝恩的《产业组织》一书出版，标志传统产业组织理论体系和哈佛学派的正式形成。

哈佛学派对产业组织理论的主要贡献是建立了产业组织理论的SCP分析范式。SCP分析范式建立在新古典经济理论基础之上，长期以来都是传统产业组织理论研究的基本框架。哈佛学派的主要代表人物贝恩提出了著名的"市场结构—市场绩效"模式。贝恩强调市场结构对市场行为和市场绩效的决定性作用，指出从市场结构能够推断竞争结果。在贝恩的分析中，SCP分析范式中的市场行为没有得到重视，贝恩主要是从集中度、进入壁垒等结构指标直接对行业绩效进行经验研究的。以贝恩为代表的哈佛学派，十分强调市场结构对绩效的决定性作用，被人们称为结构主义学派。

1970 年，哈佛学派经济学家弗雷德里克·谢勒出版《产业市场结构和市场绩效》，他在贝恩的基础上对 SCP 分析范式进行了完整系统的阐述，将贝恩的 SCP 分析范式扩展为一般化理论框架，将贝恩的"市场结构—市场绩效"两段范式，发展成"市场结构—市场行为—市场绩效"三段范式。谢勒指出所谓的产业基本条件对市场结构和市场行为的影响，同时进一步揭示市场行为对市场结构和产业基本条件的反馈效应；他指出市场结构首先决定市场行为，然后才决定市场绩效（杨公仆等，2005）。在 SCP 分析范式中，产业组织理论由市场结构、市场行为和市场绩效 3 个基本部分和政府产业组织政策组成，其基本分析程序是按"市场结构—市场行为—市场绩效—产业组织政策"展开的；且市场的结构、行为与绩效之间互为因果，并存在反馈效应，即获得理想市场绩效，必须制定相应产业组织政策，以调整改善市场结构（苏东水，2006）。

产业绩效组成包括生产效率、配置效率、技术进步、产品质量、经济发展、充分就业和经济公平等。产业绩效取决于产业中厂商的多方面行为，包括定价战略、产品设计战略、研究与创新、市场营销战略、工厂投资战略、法律策略、合谋行为和兼并行为等。而产业中厂商的行为则依赖厂商所处的市场结构。市场结构的主要决定因素包括卖方和买方的数量及相应的市场份额和集中度、市场进入退出壁垒、产品差异化程度、生产者的纵向一体化程度、生产者的产品多样化程度、企业的成本结构及企业联合等。从更基本的层面上讲，市场结构受产业基本状况影响。在产业供给与需求的诸多因素之间相互关联、相互影响，改变一个因素将会促使其他因素乃至整个市场的结构发生变化。

产业组织政策会影响产业的结构和行为，并最终影响市场绩效。产业组织政策包括政府管制，反垄断政策，税收和补贴，国际贸易惯例，政府对基础研究、信息和教育的支持，投资激励，就业激励和宏观政策等。在 SCP 分析范式里，市场结构—市场行为—市场绩效存在显著的反馈效应。谢勒（2010）指出，S—C—P框架有时被错误地解释为暗示发生链仅仅在一个方向上进行，即从基本的条件到市场结构到行为到绩效。然而事实上，反馈效应同样显著，企业的定价和产品策略对市场结构的形成过程经常有着强烈的影响。企业在科研和技术创新上的投资影响着技术、产品和运输成本的状况、原材料来源的持久性、产品差异的程度和新竞争者的进入壁垒。企业的法律策略可以影响法律和公共政策的结构及竞争者进入市场或在市场中存活下去的能力。

尽管存在很多对 SCP 分析范式的激烈批判，近年来也产生了很多新理论，但迄今为止，SCP 分析范式仍占据了产业经济学的主导地位。

3. 芝加哥学派与"效率—结构"假说

在 20 世纪 60 年代后期，在对哈佛学派 SCP 分析范式的批判中，产业组织理论的芝加哥学派逐渐形成。产业组织理论的芝加哥学派的代表人物包括乔治·约瑟夫·斯蒂格勒、哈罗德·德姆塞茨、布罗曾、理查德·阿伦·波斯纳、萨姆·佩尔兹曼等。芝加哥学派在理论上继承了弗兰克·奈特和亨利·西蒙斯以来的芝加哥传统经济自由主义思想，指出市场竞争就是市场力量的自由发挥作用，强调新古典经济学的价格理论的适用性，并以此研究公共政策与产业组织。该学派的特点主要有二：第一，理论上皈依新古典经济理论，坚信瓦尔拉均衡及标准的自由竞争理论依然有效；第二，既然厂商行为是厂商预期的函数，政府就不需要对市场机制的运行进行干预（臧旭恒等，2007）。其主要学术贡献建立在对哈佛学派SCP分析范式的批判上，但其理论成果没有比哈佛学派更完善。

4. 新奥地利学派的产业组织理论

新奥地利学派的产业组织理论，建立在卡门·门格和弗里德里希·冯·维塞尔创始的奥地利经济学派的传统思想和方法之上，其代表人物有路德维希·冯·米泽斯、弗里德里克·冯·海克等。该学派认为，竞争是企业家和外部环境持续互动的过程。批判哈佛学派反垄断的政策和观点，指出完全竞争模型的基本前提是"信息的完全性"。但现实中重要的经济信息以非常分散的方式掌握在个人手中，强烈反对政府干预的政策主张（安德鲁森和雅各布森，2009）。

5. 新制度学派的产业组织理论

新制度学派的产业组织理论源于 20 世纪早期的制度经济学。1932 年，阿道夫·伯利和加德纳·米恩斯在《现代公司与私有财产》中重新审视了大公司的特征，提出由于公司所有权的扩展，出现了以极大的规模和依靠公开市场的资本为特征的准公共公司，此类大公司因所有权与控制权分离，企业因管理者主导而经营行为异化，难以追求利润最大化经营目标。因此，企业行为的差异，不仅是因为哈佛学派SCP分析范式中市场结构的不同，而且受到企业所有权结构的影响。而产业组织的新制度学派，将企业和市场视为组织生产的可替换方式，深入探讨了企业的本质、存在原因，以及最优企业所有权等问题，颠覆性地改变了人们对企业制度与市场机制的认识，是从企业内部分析产业组织的核心理论。自科斯1937 年发表《企业的性质》以来，产业组织理论的新制度学派沿着交易成本理论和代理理论两条路线获得了巨大的发展（臧旭恒等，2007）。

2.3.2　农村金融产业组织研究

1. 农村金融市场主体构成研究

张红宇（2004）指出，我国农村金融组织由 3 类金融机构构成，即国家金融机构（包括中国农业银行、中国农业发展银行等）、非银行金融机构（包括保险公司、信托投资公司、农村信用社等）、非正规机构（包括农村扶贫社、农民互助储金会、民间私人信贷组织、国内非政府组织等）。张红宇（2004）还对各种金融组织机构的功能和作用进行了区分。蔡四平和岳意定（2007）在张红宇（2004）的基础上，对框架进行了补充和修改。该框架把作为金融监管组织的中国银行业监督管理委员会（以下简称银监会）、中国人民银行和中国保险监督管理委员会（保监会）[①]，以及影响农村金融的各级政府都纳入农村金融组织体系的框架之内。

2. 农村金融市场的 SCP 分析范式

卢宇平和沈志军（2004）运用 SCP 分析范式，对农村信用社市场进行了分析，指出其属于高度寡占型的市场结构，集中度高且退出壁垒高，而进入壁垒与差别化较低，这种结构是典型的行政力量驱使下的非市场行为，导致农村信用社屡遭市场淘汰。而杨菁（2004）同样发现，农村信用社在农村金融市场的高寡占地位并未产生较好的经济绩效，且集中度与利润率呈负相关；完全竞争的市场结构及单一价格竞争行为也无助于农村商业银行经济绩效的提高；农村合作银行可以通过发挥组织合力增强绩效，按农村合作银行模式在农村地区发展合作金融是农村信用社改革的现实选择。

郭树华等（2007）运用 SCP 分析范式分析了农村金融市场的结构，并以云南省为例分析了农村金融市场行为和市场绩效，指出云南省农村金融市场绩效较差，而这一状况的形成主要源于农村金融市场组织结构和产业组织政策的偏误，应采取政策倾斜下的自发演变作为农村金融结构变迁的路径选择。

崔红等（2008）通过分析我国农村金融市场 2003～2005 年集中度指标发现，我国农村金融市场集中度较高，市场垄断程度较高，缺乏竞争性，而且垄断程度有日益提高的趋势。较高的垄断性导致农村金融市场资源配置效率下降，妨碍利率市场化进程，难以满足金融需求主体的多样化需求。克服较高垄断性带来的弊端，需要逐步推进农村金融服务体系的"多元化"建设，对农村金融机构实施有效监管和引导，积极推进农村金融市场的利率市场化改革，加快建立农村金融机构风险救助机制和市场退出机制。值得指出的是，该研究考虑了非正式金融因素，这是一大创新；但由于非正式金融在我国农村金融市场上占有较大份额，考虑非正式金融的市场份额后，我国农村金融市场的集中度将降低。崔红等（2008）还指出，中国农村金融市场属于高、中度寡占型市场或者极高寡占型市场，市场较高集中度形成的原因包括历史因素、农业产业特点和地域限制因素、农村金融企业追求规模经济因素及产业政策因素，但非正式金融的市场规模尚

---

① 2018 年 3 月，根据第十三届全国人民代表大会第一次会议批准的国务院机构改革方案，将中国银行业监督管理委员会和中国保险监督管理委员会的职责整合，组建中国银行保险监督管理委员会（以下简称银保监会）；将中国银行业监督管理委员会和中国保险监督管理委员会拟订银行业、保险业重要法律法规草案和审慎监管基本制度的职责划入中国人民银行，不再保留中国银行业监督管理委员会、中国保险监督管理委员会。

不能准确量化。

3．农村金融组织定价行为研究

农村金融组织定价行为研究多见于农村信用社的贷款定价，并形成了颇多研究成果。周立和林荣华（2005）研究发现，由于农村信用社的市场垄断地位明显，尽管实施了贷款利率浮动区间扩大的利率制度改革，不仅没有达到扩大农村信贷规模的目的，反而加大了融资成本。利率浮动范围扩大后，并没有形成市场定价机制，农村信用社只是简单地将信贷利率一浮到顶，以赚取更高的垄断利润。他们指出，只有真正建立起农村多部门垂直合作型金融组织体系，打破农村金融垄断，才能有效解决农村地区融资困境。

谢玉梅（2006）研究了无锡市农村银行利率定价的寡头垄断模式，发现其利率上限放开至基准利率的 2.3 倍后，实际定价并没有一浮到顶，而是保持了与国有商业银行一致的利率政策。由于无锡市农村地区存在竞争，中国农业银行不是农村地区唯一的资金供给者，同时较高的城乡一体化程度使无锡市不存在城乡金融市场的分割，定价只需要重点考虑市场份额及需求的价格弹性即可。相互依赖的银行业寡头最终按竞争利率定价。他们在研究温州市农村贷款利率市场的垄断竞争定价后发现，利率改革使温州市农村信用社与民间的贷款利率逐步趋于均衡，银行贷款规模不断扩大，挤出了部分民间借贷资本，基本达到新政策的设计目标。与西部农村信用社利率形成不同的是，温州市农村利率是国有商业银行、农村信用社、农民自有资金及民间金融多方博弈、垄断竞争形成的结果。该研究反映了不同竞争环境下，农村金融机构利率定价的区域差异。

陈鹏和孙涌（2007）构建了相关农村金融服务成本测算模型，以贵州省农村金融机构的金融服务成本为研究对象，分别得出了不同类型农村金融机构的单位贷款和存款的服务成本，分析了成本结构变动与影响的重要因素。该研究对农村金融组织规模经济、范围经济和成本结构的分析，对农村金融产业组织问题具有较大价值。

李明贤和李学文（2008）分析了农村信用社贷款定价制度和定价模式及其存在的问题，并根据经营管理特征及对贷款定价的影响，提出了农村信用社贷款定价的目标和原则，运用信贷交易合约模型，分析了农村信用社贷款定价的影响因素，构建了农村信用社贷款定价模型，并从内部体系和外部环境两个方面提出了完善农村信用社贷款定价支持力量的建议。

其他对于农村信用社贷款的定价机制，进行研究的学者还有很多，取得了一系列的成果，在此不一一列举。

4．农村金融组织的市场竞争研究

现有关于农村金融组织之间市场竞争的研究相对较少。王其明等（2008）研究了农村信用社与中国邮政储蓄银行之间的竞争问题，认为中国邮政储蓄银行具有产品开发、业务网络、历史包袱等方面的优势，农村信用社的基层网点、客户积累、信贷能力、基层人员素质等方面具有竞争优势，而在经济环境、服务水平、社会声誉、承压能力等方面又态势均衡。并且，两者将在专业人才领域、中间业务领域、利率价格领域展开激烈的竞争，竞争将体现在管理水平的差异上。

5. 农村金融产业组织效率指标体系研究

蔡则祥（2002）在金融体系完善的适应性、效率性、稳定性三大标准基础之上，考察了我国农村金融组织体系的效率性、稳定性和适应性的现状后，指出其在机构健全、调控货币及防控风险等诸多方面缺陷明显，提高金融运营效率的动能不足，农村金融改革明显滞后于经济发展，金融产业组织也只是部分地适应农村经济的发展需要，在很多方面还存在不适应性。蔡四平（2007）指出，衡量农村金融组织体系的健全和完善性，主要有 4 个标准，即适应性标准、效率性标准、稳定性标准和政策性标准。其中，适应性标准是指经济、政治、金融与文化的适应性，效率性标准包括流动性、竞争性和增值性，稳定性标准包括多样性、安全性和专业性，而政策性标准则体现在功能监管与激励相容两个方面。李一鸣等（2009）则指出，适应性、开放性、竞争性、效率性、稳定性是评价农村金融组织体系是否完善的标准。其中，适应性是前提，开放性是基础，竞争性是手段，效率性是关键，稳定性是保障。

6. 农村金融产业组织创新研究

范恒森（1996）提出了以"双重四元模式"创新农村金融组织，即形成以国有商业金融、政策金融、合作金融和民间金融为主体，以银行、证券、保险和信托租赁为客体的农村金融组织体系。蔡则祥（2002）也做过类似的构想。

王煜宇和温涛（2007）指出，农村金融产业组织创新的目标有两个：一方面，培育多元化的金融产业主体、规范化的市场竞争，通过多元化、多层次的金融服务，满足多样化的金融需求，通过引导优化产业结构，推动农村经济社会的快速发展；另一方面，规范农村金融主体的经营行为，防范化解内部风险，自觉抵御外部风险，确保可持续发展及产业利益的最大化。同时，应当遵循竞争性、多样性与安全性原则，构建农村金融产权新模式，完善管理模式并培育产业制度创新模式。

蔡四平（2007）提出了基于功能视角的农村金融组织体系重构，从正规金融和民间金融两个方面入手：一方面，有效发挥政策性、商业性、合作性三大金融体系的功能，完善其农村分支机构功能；另一方面，引导与规范农村民间金融，形成农村金融两个部门密切合作、相互补充的关系。在完善农村金融功能的基础上，拓展土地金融、资本市场、农业保险、农村信托、农产品期货等金融新领域，以构建功能完善的农村金融组织体系。此外，还对基于"功能视角"下农村金融组织体系产权制度设计、组织形式创新及功能监管进行了研究。

7. 农村金融产业组织政策研究

关于农村金融产业组织政策研究，学术界主要集中在非正规金融管制、降低进入壁垒、放宽市场准入、提高市场竞争力等方面。姜旭朝和丁旭峰（2004）指出，农村非正规金融组织是金融制度变迁在特殊环境下采取的一种特殊形式，其存在能够在一定程度上满足农村部分借贷需求，存在的合理性还是比较客观的。郭沛（2007）指出，国有金融市场退出与非国有金融市场进入壁垒并存，是长期以来农村金融所面临的体制性障碍，降低进入壁垒必将推动农村信贷市场发展，但降低壁垒仍然面临法规冲突、监管效能、人力资本、利率管制、退出机制等挑战，必须采取措施予以积极应对。

综上所述，国内关于农村金融产业组织的研究，要么局限于某一方面，如市场主体、进入壁垒、定价行为，缺乏系统性的研究；要么缺乏对农村金融市场的准确界定，对其地理分割的特点缺乏应有把握，研究结论可靠性不高；要么局限于部分农村金融市场主体，过多关注中国农业银行、中国农业发展银行、农村信用社等几类机构，忽视农村金融市场。此外，还存在其他金融机构及民间金融活动，特别是近年来兴起的新型农村金融机构对农村金融市场的影响，缺乏应有的分析。本书将运用 SCP 分析范式，结合农村金融产业组织研究的成果，对西部金融市场的结构、行为和绩效进行系统的研究。

第3章 西部城镇化进程中金融结构演变的现状分析

3.1 西部金融结构演变分析

考察西部金融结构演变历史，准确把握其演进特殊性与历史背景，是剖析现阶段西部金融结构存在的问题，以及推进西部金融组织创新的基础与必要前提。改革开放以来，我国经济体制不断改革创新，金融业改革步伐不断加快，金融结构也随之不断演进，市场化金融工具与金融机构层出不穷，推动了金融的快速发展，从而有效促进了经济发展。然而，区域金融结构失衡问题突出，东部金融资源丰富，而西部极其匮乏。特别是近20年以来，这种区域金融结构非均衡状况表现得尤为突出，使地区间金融发展水平差距进一步扩大。21世纪初，出于防范风险与金融效率的双重考量，国有金融大幅度紧缩了落后地区的机构网点，关闭了农村合作基金会，使西部金融机构处于严重萎缩状况。考察西部金融结构演变现状，就是要着重分析其历史特征，探索其演进路径，构建符合西部新型城镇化建设需要的金融结构发展模式。

3.1.1 西部金融结构演变的基本情况

1. 我国金融结构的整体状况

（1）经济的货币化程度

经济货币化是指国家经济中全部商品与劳务的交换通过货币进行交易的比重及其变化趋势。可以表示为广义货币 M_2 占 GDP 的比值。麦金农曾使用 M_2/GDP 这一指标，大致分析了发展中国家金融深化程度，以及发展中国家与发达国家的金融发展差距。改革开放以来，我国经济的货币化程度有了明显提高，现已是全球金融深化速度较快的国家，具体如图 3-1 所示。

通过国际比较也可以看出，我国经济的货币化程度较高。有关数据显示，我国的 M_2/GDP 指标比日本、英国等国高，也明显高于美国与韩国。不过美国的 M_2/GDP 水平偏低，主要源于美国的金融结构以市场为主导，社会融资以资本市场为主，较少依赖银行，因此，不可以认为我国金融发达的程度是高于美国的；我国的 M_2 存量仍处于世界前列，是因为银行贷款的数额巨大，甚至高出日本（以银行信贷完成"后发优势"）与英国（世界银团贷款中心）很多。这也说明了我国金融结构属银行主导型，并使银行体系过多地积聚了金融风险。

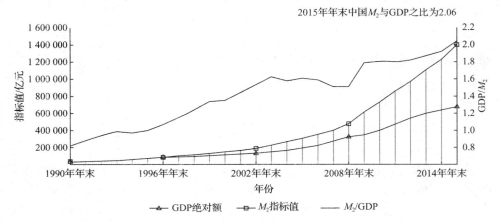

图 3-1　我国 1990～2015 年经济的货币化程度（M_2/GDP）走势图

资料来源：根据 1991～2016 年度《中国统计年鉴》相关数据计算。

（2）金融深化的水平

戈德史密斯曾提出 FIR 这一指标，以用于衡量国家金融深化与金融改革程度，其含义是指国家全部金融资产价值与其国民财富之比。FIR 能够综合反映金融结构的总体状况，以及金融发展水平与阶段。他指出，FIR 可定义为一个国家的全部金融资产价值与同期 GDP 的比率；一般而言，FIR 数值越高，储蓄与投资分离的程度也越高，金融系统规模与资源配置功能就越强；反之亦然。根据我国现阶段金融体系发展的实际状况，本书将金融资产基本划分为货币类、证券类（包括债券、股票）与保险类；其他金融资产因处于发展初期，且规模较小，所占份额较低，暂不做分析。2006～2015 年我国主要金融资产余额统计表如表 3-1 所示。

表 3-1　2006～2015 年我国主要金融资产余额统计表　　　　单位：亿元

年份	M_2	证券类金融资产		保险类金融资产（保费收入）	金融总资产
		债券（托管余额）	股票（流通市值）		
2006	345 578	92 452	25 004	5 640	468 674
2007	403 401	123 339	93 064	7 036	626 840
2008	475 167	151 102	45 214	9 784	681 267
2009	610 225	175 295	151 259	11 137	947 916
2010	725 852	201 748	193 110	14 528	1 135 238
2011	851 592	213 576	164 921	14 339	1 244 428
2012	974 149	259 605	181 658	15 488	1 430 900
2013	1 106 509	294 822	199 580	17 222	1 618 133
2014	1 228 375	356 450	315 624	20 235	1 920 684
2015	1 392 278	447 779	417 881	24 283	2 282 221

资料来源：《中国统计年鉴》、《中国金融年鉴》和中国债券网各年相关数据。

如图 3-2 所示，2006～2015 年我国 FIR 逐步上升，金融系统规模及经济资源配置能力也在不断提升，融资渠道持续扩展，金融结构层次提升很快，金融发展水平有很大提高。

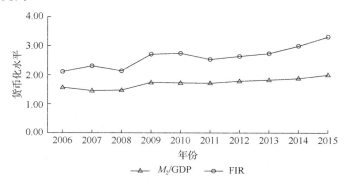

图 3-2　2006～2015 年我国金融深化与经济货币化水平

资料来源：根据《中国统计年鉴》、《中国金融年鉴》和中国债券网相关数据整理计算。

由表 3-2 可以看出，我国与发达国家相比 FIR 指标并不低，而且 FIR 与 M_2/GDP 的差距在逐渐扩大，这表明我国非货币的金融资产增长迅速。非银行金融机构发展较快，金融结构也随着经济的发展，向高层次演进。当然，证券类与保险类的金融资产，在全部金融资产中的占比偏低，金融结构的整体层次还有待提高。

表 3-2　金融深化与金融相关比率国际比较

国家	美国	日本	德国	法国	中国
FIR	3.80	4.46	3.48	3.08	3.31

资料来源：中国为 2015 年数据，根据《中国统计年鉴》、《中国金融年鉴》和中国债券网相关数据整理计算得到。其他国家数据源于：谢平，2012. 中国的金融深化与金融改革[M]. 天津：天津人民出版社.

2．西部金融结构的演化状况

改革开放以来，我国致力于金融结构调整，金融市场（尤其是证券市场）日渐形成并逐步完善，金融结构优化明显。然而，西部金融结构调整优化，严重滞后于东部沿海地区，东西部金融结构演进存在突出的非均衡性。

（1）西部金融总量偏小

本书比较分析东、中、西部各地区商业银行、农村信用社、中国邮政储蓄银行等金融机构的城乡储蓄存款，结果表明，西部金融总体规模，与东中部相比，还存在很大的差距。从表 3-3 可以看出，我国 2011～2015 年东、中、西部城乡储蓄存款在全国存款总额中的占比，西部仅占 20%左右，而东部、中部分别占 60%和 19%左右，且西部上升趋势很不明显，其人均相对占比低于东、中部，只是随着经济的发展，其增长速度有所上升。从商业银行分地区存贷款的统计情况来观察，2006～2015 年东、中、西部各地区分别约占全国银行存款总量的 47.07%、34.59%、18.34%，西部商业银行存款占比仅为东部的 38.96%、中部的为 53.02%。根据分析数据可以发现，商业银行存款活动基本集中在东部，特别是大型国有控股商业银行的分支机构，包括其金融创新活动也基本上倾向东部，而西部存款规模与机构设置，受制于经济因素，其规模明显偏小。

表 3-3　2011～2015 年我国东、中、西部城乡储蓄存款占比统计表/%

地区	2011 年	2012 年	2013 年	2014 年	2015 年
东部	62.94	62.32	61.35	60.27	58.62
中部	18.09	18.50	18.96	19.35	19.61
西部	18.97	19.18	19.69	20.38	21.77
全国	100	100	100	100	100

资料来源：根据 2012～2016 年《中国金融年鉴》相关数据整理。

根据上述两个方面资料的分析与考察，在全国银行存款的结构中，西部仅占总规模的 18%左右，规模较小已是不争的事实。存款规模不大，势必导致西部金融资源匮乏与投资不足，加上资金严重外流，使西部的资金紧张局面不断加剧。

（2）西部金融交易欠活跃

我国金融改革始于东南沿海地区，1978 年改革开放以来，东部已形成完善的金融体系，多家新型股份制商业银行已成为我国商业银行群体的生力军，加上外资银行进入，东部金融交易活动频繁，竞争激烈；并且，上海证券交易所、深圳证券交易所及期货交易所的创设，以及完善的金融系统使东部金融交易量急剧上升。西部金融改革尽管也有所推进，但相对滞后于东部，表现在：第一，存贷款活动的地区差异加大。商业银行存贷款总量，能够反映金融资产的规模与结构，其地区分布也能够反映地区之间的差异情况。有资料显示，我国商业银行存贷款总额呈现明显的上升趋势，而西部占比偏低，金融交易量只占全国 18%左右，约占东部的 1/4，相比之下，西部金融市场活动则萧条许多。第二，有价证券的交易严重滞后。改革开放以来，我国不断创新金融工具，债券、股票及基金等金融工具的普遍推广，使金融资产结构日趋多元化。有价证券的发行、流通转让等交易活动，也主要集中于东部。例如，2012 年企业债券流通转让的占比分别为东部 71%、中部 20%、西部 9%。西部有价证券交易以国库券交易为主，其流通结构呈现明显的单一性。第三，资金拆借活动极不活跃。各地弥补资金头寸不足与满足临时需要，一般进行资金拆借，而资金拆借活动在一定程度上能够体现一个地区金融交易的活跃程度，以及资金的流动性。我国资金拆借活动也主要集中在东部，并且拆借利率较高。以 2014 年 6 月的全国资金拆借情况为例，东、中、西部的资金拆入量在全国资金拆入总额中的占比分别为 86.4%、6.1%和 7.5%，西部资金拆入量极少，仅占东部的 8.7%。通过对全国资金拆借利率的市场分析，西部明显低于东部，西部资金根据逐利性原则而大量向东部流动也就成为必然趋势。

（3）西部缺少非银行金融机构支持

非银行金融机构的经营机制灵活，金融工具创新能力强，能够有效推动地方经济发展，它的出现是我国金融改革的一大成果。然而，由于非银行金融机构的审批、设置、调节，国家政策则更愿意选择东部，西部本就紧缺的金融资源还要被"虹吸"。同时，虽然非银行金融机构能够迫使现有银行机构转变经营机制，增强竞争能力，提高资金集聚功能，但是西部非银行金融机构缺乏，现存的银行机构由于缺乏竞争力，经营效率低下，商业银行的功能发挥乏力，各类经济也就得不到信贷的支持。

3．西部金融结构的演变特征

西部金融结构的演变特征如下。

（1）银行机构的结构变化

一般而言，地区经济发展促使了储蓄水平提高，从而增加了货币资本，充裕的货币资本又会提升经济发展水平；而这有赖于银行体系功能的完善，以及银行机构结构健全。相关研究表明，西部存、贷款总额一直是随地区生产总值增长而不断增长的。例如，2015 年西部存贷款余额，比 2000 年存贷款余额增长348.8%和 277.9%，而同期地区生产总值也增长了 213.5%；如此看来，西部资金总量的增长，要比地区生产总值的增长速度还快一些。然而，如前所述，西部增长水平与东部相比，其存贷款余额在全国总量中的占比，一直是比较低的，并且其占比并没有明显提升，这事实上形成了经济学中所谓的"马太效应"，即发达地区经济发展越快，其资金集聚也就越多；而落后地区因经济滞后，出现存款资金短缺，经济发展十分缓慢。

银行业同业拆借市场，是各家商业银行与其他金融机构进行头寸调剂的场所，市场的资金流向，能够反映各地区之间资金营运的余缺。相关资料显示，我国西部与东部的资金拆借，通常表现为净拆入资金。这就表明：一是东部资金正向西部转移，以寻求低成本的生产要素；二是西部的自我积累不足，居民储蓄能力较弱，城乡的储蓄总量不足，金融业资金的筹集能力不如东部。

（2）资本市场的结构变化

我国资本市场存在的地区差异十分明显。首先，近年来尽管西部企业发行的债券和股票，在全国总额中的占比有了小幅攀升，而我国债券与股票的发行，在实行总量控制的前提下，合理分布发行的行业与区域。由于西部金融观念滞后，资本市场欠发达，因此债券与股票的筹集总量不足。其次，由于我国产业结构调整的需要，资本市场已成为实施产业政策的手段，债券与股票发行也主要倾向于基础设施、高新技术等产业部门。西部自然资源丰富，产业发展注重能源、原材料与农业等基础产业，因此，东部产业发展更容易从资本市场获得较多的资金。

相关资料显示，各地区上市公司募集资金的状况各有不同，东部上市公司所募集资金额，占据了全部股票市场所筹资金的 61.6%，而西部上市公司所能募集的资金额仅占全部股票市场所筹资金的 12%，西部上市公司所能募集的资金仅为东部的 19.48%。从沪深两市上市公司的地域分布状况可以看出，西部上市公司数量远不如东中部。截至 2014 年年底，沪深两市共有上市公司 2 515 家，而东部上市公司数有 1 774 家，占 70.5%，西部上市公司仅为 371 家，占 14.8%，具有 12 个省（自治区、直辖市）的西部所拥有的上市公司，不足具有 13 个省（自治区、直辖市）的东部的 1/5，具体如表 3-4 所示。

表 3-4　2014 年度全国上市公司地域分布情况一览表

东部		中部		西部	
省份	数量/家	省份	数量/家	省份	数量/家
广东省	377	湖北省	82	四川省	93
浙江省	249	安徽省	78	新疆维吾尔自治区	40
江苏省	238	湖南省	76	陕西省	39
北京市	222	河南省	67	重庆市	38
上海市	202	山西省	34	广西壮族自治区	30
山东省	149	江西省	33	云南省	29
福建省	88			甘肃省	25
辽宁省	66			内蒙古自治区	24
吉林省	38			贵州省	21
黑龙江省	32			宁夏回族自治区	12
河北省	49			青海省	10
天津市	39			西藏自治区	10
海南省	25				
合　计	1 774	合　计	370	合　计	371

资料来源：《中国证券数据库》。

（3）金融结构的表现单一

西部金融发展滞后，严重制约了区域经济增长。这种制约直接反映在金融结构上，因金融结构决定着金融功能，所以，这种制约最终会在金融效率上反映出来。综上所述，西部金融总量在全国的占比较低，金融发展严重滞后，表现在金融结构上较为单一。

第一，FIR 较低。经济的货币化水平，是反映其市场化程度的重要指标，也是一个国家或地区金融发展的基本标尺。货币化水平的不同，不仅反映了不同国家或地区吸纳与积累资金的能力存在差异，还能够反映货币与实体经济的联系程度、货币资金的供求状况，以及地区经济受银行信贷活动的影响程度等（吕德宏，2002）。戈德史密斯提出的 FIR 就是一个重要的用来衡量经济货币化程度的指标。本书通过西部 FIR 数值测算，可以观察到西部 FIR 的变化情况（王建，2001）。表 3-5 显示 2006 年以来，无论是西部还是全国，FIR 数值均随着经济的发展而处于上升趋势，经济的货币化程度有所提高。特别是 2015 年全国的 FIR 数值突破3.00，达到 3.312。这一时期由于国家信贷总量的增加，货币不断增发，因为经济的货币化程度与贷款规模之间存在高度相关性。而西部 FIR 一直滞后于全国平均水平，按照戈德史密斯理论，西部金融发展还有很大的上升空间，只不过是西部FIR 数值的变化稍缓慢了些。

表 3-5　2006～2015 年国家与西部的 FIR 一览表

年份	全国 FIR	西部 FIR
2006	2.136	1.937
2007	2.320	1.870
2008	2.132	1.864
2009	2.715	2.176
2010	2.749	2.207
2011	2.543	2.100
2012	2.648	2.178
2013	2.718	2.287
2014	2.983	2.280
2015	3.312	2.485

资料来源：根据《新中国五十年统计资料汇编》《中国金融年鉴》《中国金融统计年鉴》相关资料整理。

第二，资本形成能力不强。开放经济背景下，一个国家或地区储蓄总额由个人、企业、政府及国外 4 个部分储蓄组成。我国改革开放以来，储蓄主体逐步以居民为主，投资者与储蓄者也逐步分离，那么储蓄顺利向投资转化，就与金融结构有着高度相关性。如果金融结构合理，则能够推动储蓄与投资有效转化；反之，金融结构单一，效率缺乏，则储蓄向投资转化也缺乏效率，并影响经济增长。东部属高储蓄地区，其储蓄总额在全国总储蓄中的占比保持一半以上，而西部仅为18%左右，属低储蓄率地区。由于国家宏观政策倾斜，西部有限的资金被吸引到东部经济发达地区，西部建设资金时常捉襟见肘，与低储蓄率相对应的是西部投资规模也小。

第三，金融抑制导致资源配置效率低下。西部经济发展滞后导致金融资产总体规模小，扩张能力不强，在 GDP 总量中的占比也较小；且金融市场不完善，市场化程度偏低，弱化了中介功能，储蓄动员能力也较弱，难以有效引导社会资金进行投资转化。储蓄转化为投资的渠道，主要依赖银行存贷款这种模式，资本市场中诸多的直接融资渠道并不畅通，严重影响金融资源的有效配置。西部不完全金融市场，扭曲了金融资源配置机制，导致大量城乡中小企业受到有组织的金融市场排斥；金融抑制普遍存在使原本稀缺的金融资源难以有效进行动员配置，失去良好的投资机会，产生低效率运作；在资本逐利本性作用下，转移到高回报率的东部。因此，西部这种金融抑制下的金融结构，既抑制了储蓄—投资的转化机制产生效能，形成不了资本，也促使西部稀缺的金融资源不断外流。

第四，地方政府干预影响金融结构变革。中央银行独立行使货币政策与金融政策的管辖权，是宏观经济正常运行的客观需要，并有利于保证国家金融政策的有效性与统一性，各级地方政府既不适宜，更无可能参与经济调控。然而，我国幅员辽阔与不同地区的禀赋，客观上形成了地区差异，导致各地区生产力发展水平不平衡，对货币资金的需求也各不相同。各级地方政府为发展地方经济，需要寻求并掌握一定的金融手段，这一点在西部表现得尤为突出。从西部经济发展的实践来看，区域金融的不平衡发展，使地区间的资金价格存在较大差异；各级地方政府为平抑这种差异，拥有一定实际的金融调节权，主要有以下几个方面的表现：一是各金融机构及其分支机构过分依赖地方政府。例如，商业银行、证券公司、保险公司等地方分支机构的网点建设、业务拓展、员工招收及职工福利等诸多方面，都不得不依赖地方政府的支持，所以地方政府的影响力不可小觑。二是地方政府干预银行间的同业拆借市场，推动银行资金的本辖区交易，促使储蓄—投资的就地转换。三是地方政府运用行政资源，干预金融市场的正常运行。在金融市场中，地方政府更倾向于扶持地方性金融机构。在其他金融机构与地方政府的关系不协调时，地方政府往往会运用行政手段，将其所控制的金融资源转移到所管辖的地方性金融机构。四是地方政府具有超额信贷控制权。一定程度上地方金融机构实际是隶属于地方政府的，但往往地方政府会根据本地经济发展的需要，要求其所属地方性金融机构向本地企事业单位发放超过中央银行信贷控制指标的超额贷款，这实际上是地方政府拥有了部分的货币发行权。五是地方政府采取多种措施吸引资金：其一，想方设法争取国家项目与中央政府的投资；其二，采用诸多措施拓展融资渠道，以吸引域外资金的流入，并阻止域内资金的外流；其三，竞相出台更优惠的政策以吸引外资。

3.1.2　西部金融机构结构演变分析

1. 金融机构结构演变的基本状况

经过数十年的发展，西部金融机构种类已基本齐全，并已经基本形成以商业银行为主体，证券公司、保险公司、信托公司、财务公司、农村信用社等多种形式并存的金融机构体系。西部金融产业的结构体系得到了发展与完善，优化了西部的资源配置，推动了西部社会经济发展。然而，西部金融机构结构的演进过程不尽协调，商业银行类金融机构的占比偏高，而非银行类金融机构发展则不尽如人意。截至 2015 年年底，西部金融机构的整体情况具体如表 3-6 所示。

表 3-6　截至 2015 年年底西部金融机构结构概览

类别	名称		数量/家	金融资产占比/%
管理性金融机构	中国人民银行、证监会、银监会、保监会		4	
政策性金融机构	国家开发银行、中国农业发展银行、中国进出口银行		3	8.76
商业性金融机构	银行类金融机构	大型国有控股商业银行	5	46.89
		全国性股份制商业银行	12	12.06
		区域性股份制商业银行	38	6.19
		农村商业银行	126	2.87
		农村合作银行	267	1.19
		农村信用社	9 056	7.12
		农村新型金融机构	538	0.07
		中国邮政储蓄银行	1	3.77
		合计	10 043	80.16
	非银行类金融机构	证券公司	106	2.67
		保险公司	129	4.54
		金融资产管理公司	4	0.36
		信托公司与财务公司	109	3.05
		其他	2 266	0.46
		合计	2 614	11.08
合计			12 664	100.00

资料来源：根据《中国金融年鉴 2016》相关数据整理。

根据《中国金融年鉴 2016》的统计数据，本书认为，西部基本上形成以银行为主体，多种金融机构形式并存的金融组织体系。并且政策性银行、大型商业银行的金融资产总额增加较快；新型农村金融机构的数量与中国邮政储蓄银行的经营网点数增长速度快，仅从法人金融机构数量看，新型农村金融机构有了很大发展，在一定程度上缓解了西部新型城镇化的资金需求；非银行类金融机构得到稳步发展，西部上市公司在增多，投资者的开户总数在增加，保险业务增长速度较快，其他非银行类金融机构也均取得长足的发展。

但是，西部金融机构演变存在着银行类与非银行类金融机构的非均衡发展，银行类金融机构主导了西部金融发展。尽管近年来非银行类金融机构发展较快，但并没有改变金融机构非均衡发展格局。中小型银行的快速发展，也没有改变银行业金融机构结构，政策性银行与大型商业银行仍处于垄断地位，农村金融服务仍以农村信用社为主。

2. 金融机构结构演变的基本特点

随着社会主义市场经济的发展与西部新型城镇化的推进，西部金融结构得以逐步优化。金融机构作为金融体系主体，其发展状况体现了金融结构的现状及特征（张立强，2012）。如表 3-6 所示，现阶段西部金融机构结构特点表现如下。

1）种类较齐全。现阶段，西部金融机构包括银行、证券、保险及非银行金融机构四大类，机构体系功能完整且门类较完备，具有发展现代金融的产业基础。西部金融机构结构的特色较为鲜明：商业性、政策性的金融机构与金融监管机构兼备，其他各种金融机构并存，形成以银行类为主体、非银行类为辅助的金融机构体系。

2）以银行为主导。西部金融产业结构中，仍以银行业为主导，中介主导型的金融机构结构较为明显。截至 2015 年年底，商业性银行金融机构的资产总额在整个金融资产总量中的占比为 80.16%，这是典型金融中介主导型的金融结构。

3）国有金融寡头垄断。西部金融机构中，国家政策性银行、国家控股的商业银行与保险公司仍占据绝对的垄断地位，其资产结构、机构网点及人员构成均具有绝对优势。近年来，银行类金融机构资产总额的占比有所下降，非银行类金融机构在逐步上升；国有金融的比重有所下降，但国有金融的市场份额仍占较高比例，寡头垄断明显，金融的所有权结构较单一，金融风险还非常集中。

3.1.3 西部金融市场结构演变分析

1. 金融市场结构演变的基本情况

在过去几十年，政府主导了一系列强制性金融制度变迁，西部金融组织体系也几经变化，金融市场结构发生了追随式演进，主要体现在西部融资结构与市场占有结构的变化上。金融市场作为西部金融结构体系组成部分，经过多年发展已基本形成货币、资本、保险、外汇及黄金市场并存的结构体系，金融市场服务于实体经济的能力不断增强，有力推动了西部社会经济发展与新型城镇化建设；只是金融衍生产品市场发展较缓慢，经济金融发展的市场化程度有待提高。截至2014 年年底，西部各个金融市场规模如表 3-7 所示。总的来看，在西部金融市场结构演进中，原生金融市场发展比较健全；但考察其过程的协调性，各个专业市场所占份额缺乏均衡性，市场行为存在不配合性与冲突性，直接影响功能发挥。同时，货币市场发展要明显快于保险、黄金、外汇等市场；融资市场建设上，货币市场要快于资本市场发展，而金融衍生产品发展比较迟缓，市场份额不足。西部金融市场还存在诸多失衡，其发展也任重道远。

表 3-7　截至 2014 年年底西部金融市场规模状况一览表　　　　单位：万亿元

货币市场（交易额）				债券市场		证券市场		保险市场（保费收入）	外汇市场（交易额）	黄金市场（交易额）
同业拆借	银行间债券回购	银行间现券买卖	票据市场	发行额	托管总额	上市公司/家	年末流动市值			
12.38	37.51	28.01	19.83	1.67	9.92	371	9.12	0.58	2.18	0.69

资料来源：根据《2015 中国金融统计年鉴》相关资料整理。

2. 金融市场结构演变的基本特征

由表 3-7 可以看出，西部金融市场结构的特征包括以下几个方面内容。

1）经济发展状况不同导致西部金融市场结构差异明显。一般而言，金融发展程度取决于经济发展水平，西部经济发展的差异，造成该区域金融资源的配置失衡。从我国东、中、西部区域的不同经济发展水平地区的状况可以看出，金融发展水平差距较大。《中国银行业农村金融服务分布图集》的相关数据显示，2013年，在全国 2 169 个零金融机构乡镇中，西部占 1 987 个，占比高达 91.6%。即便是同一省内的不同县域，金融市场结构的差距也很大，如四川省金融机构的营业网点集聚于东部，广西壮族自治区的金融机构则分布在桂东及湘桂铁路沿线地区。同时，近年来国家重点发展的中小股份制商业银行，一般只在经济发达的大中城市设立分支机构，县域内的经营机构很少，因此，经济欠发达的西部金融机构分布存在明显差异。

2）原生性金融市场较为完整，而金融市场创新不足。从金融市场结构角度观察，西部原生性金融市场体系建设是基本完备的，形成了资本、货币、保险、外汇及黄金等较齐全的金融市场。但是，西部经济与金融发展的市场化程度偏低，金融创新动能不足，原生性资本市场与货币市场占据西部金融市场的绝大部分，其规模占西部金融市场总量的95%以上；金融市场创新不足，缺乏金融衍生产品交易市场，资本市场以股票市场为主，货币市场以银行间债券市场为主；尽管债券回购市场与票据市场发展较快，保险、外汇及黄金市场也均有发展，但资产规模均十分有限，都还处于发展初级阶段。

3）金融机构日趋多元化，而市场竞争十分有限。1978 年以来，西部金融体系通过机构多元化金融深化与改革，形成了合作制、商业性和政策性金融等机构共存的格局，其金融组织出现了实质性创新，造就了一大批新型金融机构，金融机构多元化局面已初步形成。特别是近 10 年来，我国针对农村金融机构放宽了市场准入，西部重点发展村镇银行、小额贷款公司及农村资金互助社等各类新型金融机构，有效缓解西部金融供需矛盾。

但是，尽管西部金融机构结构有所改善，并呈现多元化的竞争格局，而县域以下的金融机构严重缺乏，影响西部社会经济的发展与新型城镇化的推进。近年来，由于中国农业发展银行功能退化，大型商业银行职能转化，农村合作金融功能异化，新型农村金融机构功能弱化，邮政储蓄资金投向异地化（杨菁和何广文，2007），西部金融严重缺失，不仅无法推动金融市场竞争，反而加剧了农村合作性金融机构的垄断。《银行家》研究中心课题组曾对四川省、贵州省等地进行调研，其调研的 12 个样本乡镇的资料显示，除农村信用社与业务受限的中国邮政储蓄银行外，只有中国农业银行在 2 个乡镇设置了分支机构（何广文，2007）。西部县域金融机构严重不足，其金融市场难以形成有效竞争；而新型农村金融机构成立时间短，业务发展弱化，市场份额占比很小，无法打破农村信用社的垄断。

　　4）强制性的制度变迁影响西部金融市场结构形成。纵观西部金融发展历程，金融市场经历了"中国人民银行主导下的完全垄断→国有银行垄断下的有限竞争→大中城市有效竞争与县域合作金融高度垄断并存→逐步实现城乡一体化多元化竞争"的发展阶段，而这4个阶段的市场演变，均是在政府主导下的强制性制度变迁。政府推进金融制度变迁，既提高了金融机构效益与金融市场效率，也巩固了政治经济体制与实现自身利益最大化。而与诱致性制度变迁相比，强制性制度变迁具有成本低廉的优势。国家经济转型发展以工业化与城市化为导向，因此不愿在以农村为主的西部消耗太多制度成本。这种政府主导下由上而下的强制性变迁，对西部金融市场结构形成，具有极大的影响。同时，这种政府主导下的金融结构演变，自始至终限制了金融体系自身功能的发挥，无法自下而上地进行自发性金融结构演进；其演变也过于注重形式的多元化，而缺乏对内在规律性的重视。长此以往，扭曲了西部金融结构优化，制约了金融资源配置效率，无法有效服务于实体经济。创新西部金融组织，就是要完善金融体系市场机制，提升市场化程度，增强金融体系服务于经济发展的适应弹性；通过市场机制与金融体系内在动力，优化西部金融市场结构。

3.1.4　西部金融资产结构演变分析

1. 金融资产结构演变的基本情况

　　随着西部金融市场与机构的不断发展，金融工具创新速度也在加快，金融产品与金融资产多元化趋势也较为明显。根据国际货币基金组织界定，金融资产主要由通货、存贷款、非股票证券、股票及其他股权、保险准备金、特别提款权与货币黄金、金融衍生产品及其他应收账款等组成。西部金融资产已呈多重资产形式并存局面，其中，货币类金融资产包括流通中现金、金融机构存款及外币存款等；证券类金融资产包括股票、国债、各类债券、证券投资基金等；保险类金融资产包括人寿、财产保险与政策性保险资产等，还包括黄金、白银及金融衍生产品等。本书根据可获得信息，以资产流动性区分西部金融资产，分类考察其货币类、证券类、保险类金融资产状况，并根据相关数据绘制2015年西部金融资产规模分布状况，如图3-3所示。

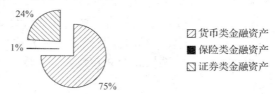

图 3-3　2015 年西部地区金融资产分布图

资料来源：《中国金融年鉴 2016》《2016 中国统计年鉴》。

从图 3-3 可以看出，2015 年度西部金融资产分布是有失均衡的，其中货币类金融资产占有绝大部分，是金融资产的主体，这符合该阶段制度背景与经济环境。金融资产结构体现了西部目前信用形式仍以银行信用为主，而在缺乏良好信用基础的情况下，银行信用存在较大金融风险；而证券信用、国家信用等信用形式，因主体稳定性较强而风险较低。西部货币类金融资产比重太高，使金融风险聚集而影响其金融稳定性，制约了区域金融发展。因此，西部新型城镇化进程中金融资产结构失衡问题亟待解决。

2．金融资产结构演变的基本特征

从总体上来看，西部金融资产在规模快速扩张的同时，内部的构成要素日趋多样化；然而，与各类金融资产相比，其规模与增速是失衡的。尽管西部金融经过数十年的改革发展，改变了金融资产的绝对银行化特征，并逐步使金融资产向相对银行化方向转变，形成以银行资产为主、证券资产为辅的金融资产结构。截至 2015 年年末，货币类与证券类的金融资产，占西部金融资产总量的约 99%，成为绝对的主体；而货币类金融资产以储蓄为主，非货币类金融资产以国债、股票为主，企业债券、金融债券的占比仍偏低；保险类金融资产尽管增速较快，但总体规模小，其占比仅为 1%左右。单一的资产结构，使金融风险在商业银行（特别是大型国有控股商业银行的分支机构）体系集聚，潜在的风险隐患影响西部经济与金融的健康发展。

3.1.5　西部融资结构演变分析

1．融资结构演变的基本状况

融资结构是指不同类型融资活动相互之间的比例关系。随着西部经济发展与金融改革推进，其融资格局已从过去财政主导型向银行主导型转变，银行贷款已成为社会的主要融资渠道；并逐渐出现包括国债、金融债券与企业债券等在内的多种融资工具，证券市场也快速发展，直接融资占融资总额的比例在不断提高；同时间接融资市场形式也在不断创新，目前西部融资结构正处于调整优化进程中。本书根据 2007～2016 年《中国金融年鉴》《中国统计年鉴》的相关数据，分类整理出西部社会融资结构比例一览表（表 3-8）。在西部融资总量快速增长的同时，间接融资占比呈下降趋势，而直接融资占比有了较明显的上升，其原因是证券类金融资产增速较快。纵观西部融资结构演进，其直接融资比例是逐渐提升的，而间接融资在逐渐下降，两者规模结构呈现均衡发展的趋势，但现阶段不均衡现象仍然较严重，仍有高达 80%的社会融资来自间接融资，直接融资仍在 20%左右，且各类融资方式的内部结构也存在严重失衡现象。

表 3-8　2006～2015 年度西部社会融资结构比例一览表/%

项目 年度	人民币贷款	外币贷款	委托贷款	信托贷款	未贴现银行承兑汇票	企业债券	非金融企业境内股票融资	合计
2006	79.82	3.81	8.09	1.86	0.29	4.56	1.57	100
2007	73.51	3.16	7.56	2.09	7.87	2.12	3.69	100
2008	64.36	3.58	7.12	2.35	12.51	3.27	6.81	100
2009	70.13	2.89	6.89	3.11	6.99	4.86	5.13	100
2010	67.56	2.61	5.87	2.56	11.58	6.17	3.65	100
2011	69.10	4.16	4.15	4.12	7.84	7.46	3.17	100
2012	65.08	3.66	3.88	2.86	11.79	9.12	3.61	100
2013	62.14	4.21	5.87	3.21	11.77	8.91	3.89	100
2014	58.71	3.35	6.12	3.08	13.19	10.39	5.16	100
2015	56.79	2.67	8.13	2.11	10.42	11.36	8.52	100

资料来源：根据 2007～2016 年《中国金融年鉴》《中国统计年鉴》相关资料整理。

2. 融资结构演变的基本特征

1）间接融资为主体，直接融资比例低。2015 年，西部直接融资的各类贷款占融资总量的 80.16%，而证券类等其他间接融资额仅占 19.84%。

2）国有经济是资金需求融入的主体。西部的国有经济以外源性融资为主，而银行贷款又是间接融资的主要形式；直接融资中的股权融资比债权融资要高一些。而西部非公有制经济只能以内源性融资为主，很难获得各类外源性融资。就西部实际而言，不同金融结构特征是彼此相关联的。例如，西部金融产业结构的主体是银行业，这必然促使企业主要寻求银行贷款等间接融资，自然而然地，货币类金融资产成为金融资产结构中的主体。

3）城乡居民储蓄是资金供给融出的主渠道。从西部资金供需状况来看，储蓄存款是城乡居民的主要理财方式，也是金融市场资金供给的主要渠道。相比之下，证券、保险、理财的投资规模则要小得多，尽管如此，西部已实现投资与储蓄市场化的互相分离。

3.2　西部金融结构演变存在的问题

现阶段，西部正处于经济转变发展与新型城镇化建设的关键时期，客观上对金融体系提出了全新的要求，因此，西部金融结构演变务必满足实体经济的发展，在提高资源配置效率的前提下，让金融产业更好地引领经济的发展。西部金融结构成形于经济转轨期，实施的是金融抑制策略，曾在特定历史时期发挥积极作用，推动了西部经济的快速增长。但是，随着新型城镇化的推进与社会经济的发展，已有的金融结构越来越难以适应新的形势，其诸多的缺陷与问题，已严重影响西部新型城镇化进程，值得深入剖析以寻找其金融结构调整与优化的最佳路径。其具体表现主要有以下几个方面。

3.2.1　部分融资主体的需求得不到满足：经济结构与金融结构不匹配

金融发展取决于经济发展，并服务于实体经济。而金融结构匹配于经济结构，是金融服务于实体经济的基本前提。否则，金融体系将受制于经济结构而无法发挥应有的作用。40 多年来的社会经济发展，使西部经济结构已发生巨变，并且其金融结构已明显滞后，强制性的变迁已成为金融结构演变的主要方式，使西部经济结构与金融结构难以对称。深究其原因，是政府以行政手段主导着西部金融结构的形成与演变，而各市场的需求无法决定金融结构的变迁。

因此，在西部经济结构有重大调整时，金融结构未能随之演变。以民营经济为例，发展初期以内源性融资为主，但发展到资本密集型阶段，内源性融资无法满足资金需求，拓展融资渠道尤为迫切。这种金融需求来源于市场需要，而西部金融结构演进相对滞后，且国有金融又垄断了金融工具与金融供给；这种金融结构下，金融机构与金融市场只能服务于大中型企业及传统行业，中小企业难以获得金融资源，使民营经济发展受到制约。

1. 金融机构结构演变存在的问题

1）大型国有控股商业银行机构比例偏高。在西部银行类金融机构中，不同类型机构资产所占份额严重失衡，中国工商银行、中国农业银行、中国银行、中国建设银行和中国邮政储蓄银行五大国有控股商业银行资产占比居高不下。尽管近年来西部中小型股份制商业银行及新型农村金融机构得到迅速发展，并呈现不断扩张之势，并且大型国有控股商业银行资产份额呈下降趋势，但截至 2015 年年底，五大国有控股商业银行资产在金融总资产中的占比仍高达 63.2%。现行金融管理体制下，绝大部分信贷资源投向国有经济，在一定程度上弱化了金融中介机构融资功能，影响了银行机构金融资源优化配置功能的发挥，降低了社会资金配置效率。

2）中小型金融机构有待进一步发展。随着西部经济发展，公有制经济在不影响其主导地位的前提下，市场占比有所下降；以中小企业为主体的民营经济发展较快，大量金融需求也由此产生，与之相匹配的中小型金融机构是市场对金融系统的客观要求。而现阶段西部金融机构仍以大型国有控股银行为主，市场集中度明显偏高；中小型金融机构总体规模偏小，与规模庞大的民营经济极不匹配，其融资受到严重影响，同时中小企业融资服务体系缺乏，抵押担保与保险类金融服务机构不足，抑制了中小企业融资渠道拓展与融资能力提升。

3）民间金融规范化发展亟待解决。我国金融业准入限制极为严格，民间资本的金融行业进入壁垒较高；尽管中小企业与民间金融的契合度高，但其经营一直游离在金融监管与国家法律的边缘及灰色地带，时常是"一抓就死，一放就乱"；民间金融运作还有待进一步规范化发展；尽管近期新型农村金融机构有了长足发展，部分地下运营的民间金融，也被纳入法治化轨道，但其数量与规模极为有限，能够提供的资金无异于杯水车薪。

综上所述，西部金融机构结构特别是银行类金融机构的高度集中与垄断，与极为分散的中小企业之间的匹配存在严重失衡。信贷资源分配仍然以国有经济及大型企业为主，民营经济及中小企业所能支配的金融资源，与其贡献度极不相称，中小企业资金匮乏已严重制约西部新型城镇化推进与社会经济健康发展，调整优化西部金融机构结构刻不容缓。

　　2．金融市场结构演变存在的问题

1）股票市场融资主体结构失衡。我国股票市场经历 30 年的发展，现已成为各类经济主体的主要融资场所，该市场曾为国有经济发展与国有企业改革筹措过大量资金；然而，该市场运行具有强烈的行政干预特征，股票发行长期存在配额限制与区域切块管理制度。这一因素导致经济落后且国有企业少的西部难以从其中获得更多融资机会。虽然中小板、创业板与新三板市场的兴起，为西部中小企业提供了较好的融资机会，但其规模极为有限。截至 2015 年年底，主板市值的占比高达 69.7%，而中小板、创业板及新三板的市值占比分别仅为 18%、9.8%和 2.5%。

2）债券市场融资主体倾向国有经济。现阶段国债、政策性金融债券及中央银行票据，占据了我国债券市场的绝大部分，而企业债券与公司债券的占比较低，并且，其发行对象以国有经济为主。以中小企业等民营经济为主体的西部经济，在我国债券市场上难以获取融资。

综上所述，西部金融结构调整严重滞后，难以适应其经济结构与新型城镇化进程的现实，导致金融资源出现结构性错配，使有效经济活动的融资获得性低。特别是中小企业作为西部经济发展的生力军，能够有效创造就业，增加城乡居民收入，推动经济转型及新型城镇化进程；而其融资需求无法充分满足，已严重制约西部经济发展与新型城镇化的进程。

3.2.2　西部金融体系缺乏支持创新动能：金融市场占比偏低

西部经济产业结构的调整与新型城镇化建设，就是要提升产业结构层次，发挥创新技术的比较优势，培育产业链的上游企业，实现外需驱动向内需驱动、投资主导向创新主导的转型。西部经济的发展与新型城镇化建设，需要西部金融体系具备支持创新的能力，能够有效提供金融服务。而现今西部银行主导型金融结构及其金融市场（尤其是资本市场）发展的严重滞后，使整个金融体系难以满足经济发展与新型城镇化的金融需求。

1. 商业银行支持创新的经营模式存在局限

1) 传统大型商业银行缺乏支持企业创新的经营机制。一直以来，我国大型商业银行服务对象以国家基础设施与国有大中型企业为主，其法律文书与财务报表较规范，经营前景与现金流预期较稳定，抵、质押物容易被认可，且融资金额大，信贷成本较低。而支撑西部经济的中小企业，一般经营时间短，财务与内控管理欠规范，可供保证的资产与信用支持不足，资金需求规模小而使银行经营成本高企，因此大型商业银行难以与其进行资金对接。

2) 商业银行信贷资金偏好难以支持企业创新风险。商业银行信贷资金主要来自城乡居民储蓄，这就决定了其资产配置稳健性的风险偏好。西部经济的创新发展具有较大的不确定性，其风险远高于传统产业，以及东部的创新发展，企业用于还贷的现金流难以稳定，商业银行出于信贷资金安全的考虑，很难为企业创新提供信贷支持。

3) 信贷资金配置取向以垄断的国有经济为主。西部国有经济的改革还未完全结束，国有经济的先天优势，使其仍处于垄断地位，并缺乏市场竞争动能，企业创新意识不强。而同样处于垄断地位的国有控股商业银行，与其有千丝万缕的联系，因此，大量信贷资源配置于垄断的国有企业就不足为奇了。而市场垄断是难以产生创新的，这就制约了商业银行对企业创新、经济转型及新型城镇化的支持。

2. 西部金融市场支持创新的运行机制存在不足

1) 金融结构失衡，金融市场化程度较低。西部银行主导型的金融结构体系，使金融市场发展远逊于金融机构发展，直接融资规模远不如间接融资规模。近年来，尽管直接融资与间接融资的增量已趋于均衡，但是，政府债券与金融机构资金仍是直接融资的主体，银行信贷仍是多数企业的主要融资渠道。同时，金融市场与金融机构发展失衡，使商业银行（特别是国有大型控股商业银行）集聚了大量的金融风险，西部金融体系脆弱性也被强化，既无法发挥资本市场的资源优化配置功能，也使金融体系出现功能弱化，无法满足西部经济发展与新型城镇化的需要。

2) 资本市场对经济结构优化的支持功能不强。在产业结构优化中，资本市场能够在传统产业的并购重组、建立完善资金与科技的对接机制、培育与推动战略性新兴产业发展等方面发挥有效作用。与西方发达国家相比，西部资本市场不成熟，上市公司行业结构不合理。尽管近年来资本市场也支持了一大批创新企业，但大批初创型、新业态、新商业模式创新型企业，还未能得到资本市场支持，科技创新、产业优化还未能与其实现有效对接。

3) 风险投资行业亟待发展。西部风险投资行业的发展，始于 20 世纪 80 年代，创立之初以服务高新企业为主，提供贷款、投资、租赁及信用担保等方面的支持。

经过数十年发展，目前已出现了高速增长，政府与民间资本都进入该领域，合伙制企业形式是其主流。贝恩公司的相关研究表明，私募股权投资基金为西部企业带来了历史性的发展机遇。但是，西部风险投资发展过程中也存在不少问题，目前该行业发展还处于初级阶段，尚不能像发达国家一样，成为高科技企业发展的主要融资渠道。总体来看，西部风险投资规模发展空间较大，近年来，创业板、中小板及新三板的巨额财富效应，使市盈率（price earning ratio，PE）投资产业发展迅猛，PE 机构数量与管理规模，呈现的增长态势良好。但是，PE 管理机构的业务水平难以适应其规模的高速扩张，PE 私募股权投资产业迅猛发展所伴随的不规范经营行为，影响技术创新、经济与产业结构优化及新型城镇化的支持作用的发挥。

3.2.3　西部金融体系缺乏资源配置效率：价格形成机制不健全

1. 利率市场化有待全面完成

1）利率市场化改革基本状况。自 1993 年启动利率市场化改革以来，围绕"先外币、后本币；先贷款、后存款；先长期大额，后短期小额"的总体思路，积极推进利率市场化，现阶段已取得了阶段性成果（张立强，2012）。但在人民币存贷款领域，仍实行存款上限与贷款下限的利率管制。而非金融企业的债务工具、银行理财产品发展迅猛，直接推进企业筹资利率与个人投资收益率的市场化。同时，受基准利率上调的影响，民间借贷利率也呈上升趋势，这表明非银行体系资金价格已基本实现市场化，为利率并轨奠定基础。但是，西部明显的银行主导型金融结构，使货币类金融资产与银行贷款比重居高不下，如果存贷款利率不能完全市场化，那么西部大部分金融资源就不能够按照市场化原则进行价格配置，即资金难以得到有效配置，进而难以引领与推动经济发展。

2）利率管制带来的负面影响。管制利率是指一般低于市场的均衡利率水平，西部利率管制也使区域利率较低，并产生了一系列负面影响，损害了社会经济发展的公平与效率。首先，低利率直接导致投资回报扭曲与资源配置效率下降。保持利率扭曲，在短期内可以抵消一些经济增长的负面影响，但中长期会导致经济下滑。资源价格过低容易形成投资与经济的粗放式发展，导致实体经济发展的基础被削弱。其次，利率管制容易造成社会财富的分配不公。利率管制促使以储蓄资金为主的社会财富，由资金所有者流向资金使用者，并通过商业银行渠道，形成由农村向城镇地区的逆向流动，这种资金上的农村补贴城市，会加剧社会财富的分配不公。再次，管制利率影响货币政策的实施效果。利率管制制度下形成了与非管制利率并存的双轨制利率，它使金融市场的内在统一性被割裂，使利率作为货币政策工具，难以覆盖整个市场。中央银行只能通过调整存贷款利率来调控商业银行，而市场利率水平只对中央银行票据等公开市场操作间接地发挥作用。

2．价格形成机制有待健全完善

1）价格形成的制度安排不到位。一直以来，西部金融市场是一个只有现货交易的市场，期货交易市场尚未形成，缺乏应有的做空机制，这使金融价格形成机制不健全，市场交易无法反映多空双方力量。而发挥市场价格有效配置资源作用机制的前提，就是价格形成要能够反映市场各方的预期及所有相关信息。金融市场交易必须做出兼具做多与做空的制度安排，且具有相应的操作工具，否则，经济信号可能失真，无法发挥金融市场配置资源的功能与效率。现阶段，尽管股票市场已推出股指期货，金融市场做空机制得到完善，金融价格形成的精确度已有所提升，但现有包括证券市场与银行同业在内的所有债券市场，都是做多而难以做空，收益率曲线难以趋于合理。因而债券市场的做空机制有利于收益率曲线趋于合理，能够有效提升西部金融市场的资源配置效率。

2）大宗商品资源的定价权缺失。贵金属、原油及农产品等诸多大宗商品资源，是西部经济发展、产业转型及新型城镇化建设基础与物质保障。其供应价格与数量的稳定合理，特别是大宗商品的定价权，直接影响西部经济、产业安全。而期货市场因其价格发现、风险转移及增加流动性的功能，也发挥着重要作用。大宗商品既具有政治与资源属性，也具有金融属性，很多国家极为看重其定价权。而西部尽管大宗商品交易需求较大，但在价格领域影响力较小，多数时候是被动地接受外来价格，经济利益严重受损，极大地影响西部经济的稳定性与可持续性。究其原因，其大宗商品资源定价权的缺失主要在于期货市场的缺失，即没有建立起具有影响力的大宗商品定价中心。金融衍生品交易市场发展迟缓，期货市场建设问题颇多，如交易品种少、市场规模小、规则不完善、开放程度低。因此，需要发展西部商品期货市场，增加和创新商品期货、金融期货品种，为企业提供多样化的避险工具，在大宗商品定价上拥有一定的话语权，以奠定经济发展的坚实基础。

3.2.4　西部金融风险隐患凸显：金融结构失衡

作为西部金融主体的银行业，一直以来是西部经济发展的主导力量，银行业的价值取向基本上决定整个金融业的行为取向与发展基调。现阶段，西部银行业的金融资产占全部金融资产比例高达88.92%，其影响实体经济的程度，是金融市场与非银行金融机构所不能比拟的，其风险程度基本上决定西部整体的金融体系风险状况。

40余年来，通过国家的一系列金融改革，西部商业银行的财务状况得到了彻底改善，特别是大型国有控股商业银行的抗风险能力及综合实力有了明显提升。但尽管银行业的发展速度较快，发展过程中的问题依然不可忽视。我们必须看到西部金融安全还没有经过一个完整的经济周期检验。银行业风险指标的改善，主要得益于国家不良贷款剥离、改制重组注资等政策性因素。目前，西部金融发展仍处在初级水平，过分集中于大型国有控股商业银行的金融结构是十分脆弱的，控制金融风险仍需不断完善治理机制，优化金融结构，强化金融监管。否则，失衡的金融结构使金融系统风险隐患凸显，不但无法支持经济发展与产业结构优化，反而会导致金融风险的集聚，引发经济的系统性风险。金融结构失衡所带来的潜在风险隐患具体有以下几个方面。

1．金融体系风险过度集中

西部金融结构属于典型的银行主导型，而国有控股商业银行又占据银行业主导地位，其控制的金融业务占金融市场份额的绝大部分，地方性中小金融机构市场占比缓慢上升，非银行金融机构发展更是刚刚起步。西部国家政策性银行与国有控股商业银行的金融资产占全部金融资产总额的 55.65%，其占比之高充分说明了西部金融市场是一个高度垄断的市场，而市场垄断也提高了金融系统的风险程度。

2．商业银行风险过于集中

相关数据分析表明，西部金融体系（特别是银行体系）具有较高的集中度，与竞争型金融结构存在较大的差距。金融体系中国有控股商业银行的垄断地位明显，这就决定其金融风险将集中于商业银行系统，而其他金融机构与金融市场所占比重较小，实际分散金融风险的能力也相对较弱。这种失衡的金融结构将会导致西部金融体系的系统性风险加大，并加剧其脆弱性。西部经济发展与新型城镇化进程中，金融体系起着资源配置的中枢作用，其影响是系统性的、全局性的，而金融结构失衡将会影响金融体系的功能与资源配置的效率，并产生金融风险。因此，必须高度重视商业银行风险集中所诱致的金融风险，充分优化西部的金融结构。

3．金融风险的财政化趋势明显

西部的金融资源集中在银行业及国有控股商业银行，并使其形成垄断，导致金融风险极易向经济体系扩散，因此具有较高的公共风险性。并且，各类金融风险的化解，都倾向于由各级政府的财政付费，应该说，这种现象具有客观的必然性。我国在经济转型的特殊历史背景下，曾实施金融约束与信贷资金的财政化策略。一是通过金融行业的准入限制、存贷款利率控制等措施，确保国有商业银行的社会资金吸纳能力与垄断（主导）地位的形成；二是国有商业银行听从各级政府安排，将信贷资金投向政府指定的对象与领域，在一定程度上使其充当了公共资金，承担了一部分财政资金的职能，而这部分贷款因投资效率与偿还率低，成为不良资产。

这种金融功能与信贷资金的财政化，导致商业银行的大量坏账，并集聚了巨大的金融风险；而各级财政为了稳定经济，又不得不介入并处置金融不良资产，以及救援问题金融机构，并实际承担商业银行经营风险的最终责任，而使财政体系的脆弱性加剧。由于政府与市场各自的职能边界区分不清，商业银行会因风险职责模糊、预算软约束、逆向选择等问题，而产生微观主体的金融风险，从而不得不通过财政介入来化解。

金融风险的财政化，强化了财政体系的风险与脆弱性。各级政府潜在的债务是一种客观存在，因此其内生的脆弱性是必然的。西部金融资源的过度集中，使国有商业银行处于垄断地位，容易导致金融风险向财政转移，并使政府财政预算失衡，出现财政状况恶化。同时，容易使国有商业银行工作人员出现道德风险，滋生败德行为，并诱发金融风险的产生。

3.2.5　问题根源：金融改革滞后于经济发展

综上所述，近年来西部金融业已取得前所未有的发展，这在一定程度上改善了区域金融结构。但相对于西部产业结构调整与新型城镇化的要求，现阶段的金融结构状况仍存在不少问题。西部商业银行（特别是国有商业银行）的主导型金融结构，是金融约束条件下的特殊制度安排，而现阶段金融结构问题的本质及其真正根源是金融改革与实体经济发展的不同步，金融系统市场化改革的进程滞后于实体经济发展，而且无法满足实体经济发展的需要，而由此所产生的一系列结构性问题，影响金融体系资源配置的功能与效率。

目前，西部正处于新型城镇化与经济发展的关键时期，急需通过金融结构优化，提升资源配置效率，发挥经济资源配置的中枢作用，引领并推动经济发展。因此，西部金融体系应以服务实体经济为导向、以金融结构优化为重点，加快推进金融体制改革，提升金融市场化水平，增强金融结构适应经济发展的弹性，最大限度地满足实体经济的发展需要。

3.3　西部城镇化进程中异质性金融需求分析

西部新型城镇化，作为一种经济结构的变化与调整过程，以及城乡统筹发展的模式创新，势必伴随着西部要素禀赋的转变及其经济资源的重新配置。而金融体系在引导其要素禀赋的转换、动员其经济资源的配置过程中，势必伴随其自身结构的变迁。本书基于西部新型城镇化所导致异质性的金融需求及其同现有金融供给的不对称状态，寻求金融制度创新，逻辑演绎有利于推进西部新型城镇化进程的金融制度设计，借此为构建有利于西部新型城镇化的金融机制，提供有益的政策思路。

3.3.1　新型城镇化所引致的西部异质性金融需求

何谓异质性金融需求？其基本内涵是指新型城镇化进程中所引致的有效金融

需求，既不能够与以大企业、大城市为信贷配置导向的现有商业金融体系相对应，也不能够与以农户生产（或消费）为服务对象的传统政策性农业信贷制度相匹配。而金融需求主体需要承担制度成本，以及其金融风险可控程度存在的异化特征明显，不但有悖于现有商业金融体系存在逻辑，而且与传统的政策性农业信贷体系存在逻辑也大相径庭。新型城镇化进程中金融的需求曲线，同现有金融服务体系的供给曲线之间的可交区间不存在，要解决供需矛盾，有必要通过金融体系的组织创新，形成有利于新型城镇化的政策引导性金融体系，以推动需求曲线的上移，或者供给曲线的下移，从而达到新型城镇化进程中的金融供求均衡。

1. 西部异质性金融需求的前提描述

实现农村土地等要素禀赋的转变，优化农村劳动力的就地就业结构，重新优化配置农村经济资源，是西部新型城镇化的核心内容；而西部新型城镇化所要达到的目标，就是要实现农业产业化、农村工业化、农民收入的结构多元化，并使公共资源的配置在空间结构上实现均衡化。金融具有引领其他经济要素资源进行优化配置的功能，在推动新型城镇化进程中势必寻求制度的创新。

西部新型城镇化进程中，制造业由城市中心区向农村社区转移，农村居民的创新创业，城乡基础设施与公共服务产品的供给，区域产业结构调整优化及其升级等，无不伴随土地、劳动及其他农村经济要素的重组，特别是农村人力资本化的转换，而这一系列的变化，都需要金融体系的引领与调节。农村的剩余劳动力持续且大规模的转移，城乡居民的收入结构，由单一劳动收入向包括资本要素在内的多元化收入结构转变，这就要求新型城镇化进程中，金融体系实现服务主体的转变，以顺应城乡居民有别于以往的多元化的金融服务需求，逐步由政策性的农业贷款融资模式，转变为以包括农村集体土地、农村居民宅基地及自建住房、自有知识产权及其他资产在内的各类资产作为财产抵押的全新融资模式。因此，西部新型城镇化进程中农村土地的资本化、农村劳动力的结构转换、城乡居民的收入增长及其结构多元化等一系列的动态调整，都为西部的金融发展提供了良好的机遇，形成了广泛而持续的全新金融需求，构成了为西部新型城镇化提供服务的各类金融机构极为重要的决策变量，其中蕴含的金融机会前所未有，使现行的金融体系出现机制、体制及业务经营的巨大空白，形成高额收益与巨大风险共存的发展机会。

2. 西部城镇化所引致金融需求的微观分析

城镇化进程中城市产业链条势必向农村社区延伸，并由此推动农业产业化进程，并引致城乡经济发展异质性金融需求，而且这种异质性金融需求很难通过现有金融体系得到满足，其微观经济表现有以下几个方面。

1）城乡小微型企业小额信贷需求快速增长。西部城镇化进程中，大量城乡的中小企业、农村居民的创业企业，以及其他涉农企业都聚集于农村社区的工业园区，是农村经济的增长主体，并形成具有以小额信贷为典型特征的小（微）企业的金融需求，为此，有待于与之相对应的各类金融机构，为其提供如担保、融资、理财及结算等各类金融服务。

2）农业产业化为商业金融发展奠定了基础。西部城镇化进程中，城市工业产业向农村地区的转移，既带来了农村农业产业的结构调整与优化，也推进了农业产业化的发展进程。农业公司化的运作所引致的金融服务需求，与传统的政策性农业贷款大不相同，它奠定了商业金融嵌入现代农业的产业基础。

3）农业规模产业风险控制激发了保险需求。西部城镇化所带来的农业产业化发展，使城乡企业经营者对农业产业的经营风险问题尤为关注，形成了农业自然灾害风险保障的保险需求，而农业保险的经营成本过大，导致该领域出现了较大的金融服务空白。

4）创新创业引致自有资本转化的金融需求。西部城镇化进程中，农村居民以集体土地经营承包权、个人宅基地与自建住房及其小微企业股权等，作为原始资本积累展开创新创业，自然而然会使自有资产转变为资本要素，并由此产生一系列的金融需求，这一过程需要金融系统的引领，各类金融机构理应秉承农村经济的要素禀赋变化，适时灵活地创新金融产品，以满足农村居民各种创新创业的需求。

5）城乡居民收入增长诱发便利性金融需求。西部城镇化所带来城乡经济的快速发展，使城乡居民收入的水平有了很大提高，与此同时，也就满足了城乡居民的便利性金融需求。西部城镇化进程中金融需求的规模扩大及其结构调整与优化，为各类金融机构的发展奠定了良好的业务基础，使其业务拓展具有更为广阔的风险与收益空间，这就需要各类金融机构顺势而为，大胆创新，紧抓发展机遇，构建有利于推动西部城镇化进程的金融长效机制。

3.3.2　新型城镇化进程中的西部金融需求结构演变

西部新型城镇化进程中，金融需求的异质性将是金融体系首要的特殊性质，这是农村劳动力的就业结构演进所必须坚持的根本出发点，同时是农业产业结构演变与农村工业化发展的必然要求。首先，新型城镇化作为经济结构一个不断演进的过程，主要体现在劳动力、土地资源及资本等经济要素的重新调整与优化组合；而这一优化重组的演进过程，迫切需要金融体系发挥其资源配置的预调节作用，甚至是经济结构调整优化的引领作用。其次，农业产业结构演进是一个收益与风险共存的变化过程。纵观国内外经济结构的调整，能够观察到较为成功的范例，但受到自然条件与要素禀赋的约束而艰难转型也不在少数，产业转型诸多风险都有可能最终被转变为金融风险，为此，西部城镇化进程中的金融需求，更应该对金融资源进行准确配置，而不仅仅只是强调数量增长。再次，西部城镇化势必带来农村劳动力持续不断且规模庞大的转移，这一转移过程所蕴含的金融发展的巨大潜力是前所未有的，使现行金融体系存在着机制、体制及业务发展等诸多方面的空白。综合观察西部金融体系可以看出，金融体制最主要的问题，并不是业务规模大小与覆盖面空白与否，而是在既有金融发展逻辑下形成的服务于新型城镇化发展的、现有西部金融服务体系与功能的严重缺失，并由此所造成的金融发展缺陷。

1. 新型城镇化推动金融资源倾向性的自发配置

通过深入观察西部经济发展及其内在的演变规律，发现金融业务覆盖面不足，并不是西部金融发展的主要障碍因素。据我国银保监会的相关数据分析，西部金融机构营业网点数、各项存贷款余额数在全国总数中的占比并不是很低的，增长速度也比较快。但通过其结构特征可以看出，西部的金融发展存在较为严重的城乡失衡：首先，县域农村区域金融资源的占有率较低，金融营业网点的人均拥有量不足；其次，村镇及其以下农村地区难以获得金融资源和金融服务的延伸；最后，县域以下村镇金融市场的竞争，难以形成有效市场机制。

然而，上述西部金融发展的一系列失衡现象，并不是一个完全不良的经济现象，与此相反的是，这是无论哪个市场经济国家（或新兴市场）都会面临城乡金融资源配置失衡的客观而必然的现象。如果进行更深入的观察，金融资源配置过程就是对其他经济要素流动的引导过程，并存在明显的预调节作用。而西部城乡金融资源的配置失衡，就是新型城镇化进程中重要的金融推动力。随着西部社会经济发展，在新型城镇化与城乡一体化已成为经济发展主流的历史背景下，我们没有必要为西部城乡金融资源的这种配置失衡过于担忧：首先，金融资源配置失衡较充分地体现了金融行为的预调节性，金融资源集中于城镇的趋势是西部经济社会发展的必然方向，也是新型城镇化的客观需要。其次，西部农村由传统农业区过渡到新型城镇，并最终实现城乡一体化，是西部经济社会发展的目标，而在实现这一目标的过程中，各类金融机构会遵循商业化与市场化的原则，由原有的农村金融模式向新型的城镇金融模式演进。现阶段西部金融业务的覆盖面问题，也是市场的必然选择。

2. 新型城镇化促进金融需求结构的有效演变

一直以来，我们过于关注西部经济发展与新型城镇化进程，因此对于西部金融发展的考查，往往拘泥于信贷资金投入总量，以其增长的速度与规模作为主要衡量指标。尽管相关研究人员与各级政府的政策制定者，在思考西部金融发展问题时，均涉及信贷投入、资本市场、保险服务等广义金融服务问题，但是，实际上在衡量西部金融发展水平时，会有意无意地倾向采用贷款投入总额、金融机构数量等指标。这种评价模式与金融发展思路，产生了3个不可回避的问题：第一，如果信贷投入被作为评价支持西部新型城镇化与经济发展的政策绩效的量化指标，那么，配置于西部新型城镇化的金融资源，则极可能被视为"公共产品"而滥用，导致金融资源的低效配置。第二，西部金融资源配置的非公平性。与全球的扶贫开发性资源往往面临着被支配者使用的困境相似，西部金融机构体系在法人治理方面，则存在内部人控制的状况。因此，金融资源的配置过程中，即便是追求了某种所谓的效率，也可能会存在较大的不公平。例如，支持重点企业、重要设施建设等，也未能体现市场配置金融资源的公平性。第三，信贷机构高速发展的同时，却不能有效持续地培育起风险管理型的金融组织。对于西部以传统商业银行为主的金融系统，极少有学者对农村金融与城市金融两种金融模式的基本风险特征进行比较分析，研究两者之间存在的差异性，寻求城镇化进程中金融需求结构演变下的金融组织创新。信贷机构的高速发展极大推动了西部新型城镇化发展，并发挥着十分有效的支撑作用。然而，西部大量传统农户在城镇化进程中，由于产业结构调整、金融结构演变而难以获得金融支持。为此，本书基于西部城镇化进程中金融需求结构动态演变，探索面向新型城镇化的金融组织体系。

1）农村居民收入总量及其结构变化，构成了各类金融机构决策的重要变量。从广西壮族自治区统计局发布的 2015 年农民收入情况统计数据（图 3-4）可以看出，2015 年广西壮族自治区农村居民的人均可支配收入为 9 467 元，同比名义增长 9%，扣除物价波动因素，实际增长 7.4%。农村居民人均可支配收入的四大项收入，均实现不同程度增长。其中，人均工资性收入为 2 549 元，人均家庭经营净收入为 4 360 元，人均转移净收入为 2 442 元，人均财产净收入为 116 元。并且，农村居民收入已呈结构性的增长态势：第一，工资性的收入呈现较快的增长，较为典型的是，农民务工收入是各种收入来源中增速最快的，特别是新型城镇化的提速，促进了工资性的收入增加。第二，农产品的销售收入出现较大的波动，市场因素对农户的经营性收入影响较为明显。第三，新型城镇化带动了城乡居民创新创业，第二产业和第三产业的收入呈现稳步增长态势。第四，随着新型城镇化的推进，加大了农村土地产权制度的改革力度，农村土地的流转规模在扩大，速度在加快，这使土地租金价格一路上扬，农村居民的财产性净收入有了较快增长。

由上所述，本书做出这样的一个基本结论：西部新型城镇化、农业产业化及农村工业化的进程中，农村居民将是收益的主体，各类金融机构理应紧紧抓住这一历史性的发展机遇，围绕农户的收入增长及其收入结构的变化所带来的金融需求结构的动态演变，合理配置金融资源，有效实施风险管理，构建适宜于新型城镇化的西部金融组织体系。

2）在西部新型城镇化进程中，农户收入结构变化的可持续性意味着金融机构的信贷风险。如前所述，广西壮族自治区的农户收入已呈结构性的增长态势，但是其农户的收入结构已发生了一些较突出的变化：其一，农村居民工资性收入的增速有所回落；其二，非生产性的现金收入还保持着一定的增长速度。

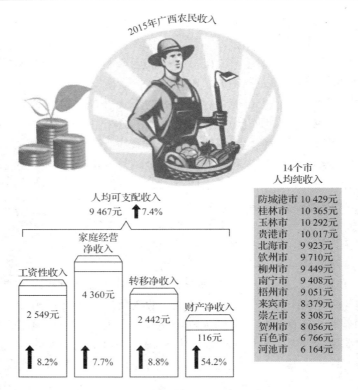

图 3-4 2015 年广西壮族自治区农民收入状况

资料来源：《广西统计年鉴 2016》、广西省农业信息网。

这些农户收入结构的变化，恰好说明了一个十分重要的经济事实，即新型城镇化进程中，农村居民必然面临着一个体制性的收入方式的转变过程，由原有单一的劳动力收入，过渡到可以依靠资本、土地及劳动力等多元化的手段获取收入。农户这一收入方式的转变，客观上要求金融体系务必转变信贷模式，即从原来以劳动力收入为基础的农户小额信用贷款模式，过渡到以土地和资本为基础的抵押贷款模式。新型城镇化所带来的城乡居民收入方式与金融机构信贷模式的演变，必然蕴含巨大的金融风险，与此同时，也存在颇多的金融创新机会，以及获取巨大超额利润的可能性。

3. 新型城镇化进程中金融服务链条延伸的障碍因素

本书通过综合考察发现，在西部新型城镇化进程中，城市制造业产业链逐步向农村地区伸展，引致了金融需求结构的动态演变。然而，金融服务没有适时跟进，金融供给结构也不能做出有效应对，缺乏应对金融需求结构动态演变的举措，使金融体系难以服务于新型城镇化，更无法有效发挥引领农村要素禀赋转变的经济功能，顺应新型城镇化的金融制度供给也严重匮乏。换言之，西部金融服务链条向农村延伸的渠道不畅，并存在诸多障碍因素，其二元金融状态还较为典型，通过新型城镇化来实现城乡居民金融服务均衡化，其差距还较大。

本书通过调研可以做出这样的判断，从金融供给视角来观察，西部城乡二元金融状态其内含的矛盾与障碍因素主要体现在以下 4 个方面：第一，西部新型城镇化及经济社会发展对金融服务日趋增长的内在要求，与其金融资源严重外流之间的矛盾；第二，西部县域单一的金融机构结构所形成的金融高度垄断，与新型城镇化进程中各类企业及城乡居民基于便利性需求所要求的金融有效竞争之间的矛盾；第三，西部金融资源的体外循环（或向发达地区外流），与新型城镇化要求金融资源进行优化配置之间的矛盾；第四，金融服务产品的单一性，与新型城镇化进程中西部中小微企业及城乡居民创新创业对适合性金融服务产品的需求之间的矛盾。

值得进一步探究的问题是，在新型城镇化进程中，西部经济要素禀赋转化所引致的异质性金融需求，其性质与现行的城市商业金融、传统的政策性农业信贷都不能匹配，这就决定了要满足这种异质性金融需求的金融体制构建，不应该在原有二元金融体系中，通过改造现有金融机构来实现，而应该通过金融组织创新来确立。为此，从国家层面来看，理应转变金融资源的优先配置战略，拓展新型金融机构发展空间，降低市场准入门槛，实施政策倾斜与改革创新，构建能够适宜西部新型城镇化异质性金融需求的，并且结构合理、层次递进的金融组织体系。

不过，我国一直以来的金融改革有一个基本前提，即以大工业、大城市为导向的金融资源配置的战略选择不能变。过去大城市金融机构的商业化改革，以及农村政策性农业贷款的制度创新，都未能超越这个基本前提。有了这个基本前提，任何金融改革都不可能有效协调西部新型城镇化进程中，异质性金融需求的"草根"性与国家宏观经济目标及各类金融机构经营效率性之间的关系。正因为如此，西部金融服务链条向县域及其以下伸展的渠道阻塞，归结起来有两个不可忽视的因素：一是国家大工业、大城市导向性金融资源优先配置战略，促成西部金融约束的制度形成，抬高了金融市场的准入门槛，提升了各类金融机构经营的边际收益曲线，并反向激励了西部现存各类金融机构，通过有限的金融资源集中向中心城市优先配置，以获取超额的高收益，这种逆向选择直接影响西部金融服务新型城镇化的效果。二是西部金融服务向县域以下延伸，信贷业务经营以小额信贷为主，因此增加金融机构经营成本，凸显高风险性，使金融经营风险可控性大大降低。然而，现行西部金融体系风险分担转移机制的缺失，已成为各类金融机构增加金融服务供给的制度瓶颈。

本课题组的调研结果较清楚地显示，传统金融机构存在较普遍的风险厌恶倾向，出于经营绩效与风险规避的考量，各类金融机构在县域及其以下区域进行金融业务拓展极为审慎；各类全国性的大型金融机构都在撤并县域及其以下的经营机构网点，收缩管理半径，上收县域经营网点机构的信贷审批权限，以最大限度地控制经营风险为其目标。而商业类农业保险在县域特别是农村地区更是举步维艰，遭遇的保险产品推介初期所面临的风险瓶颈极为明显，其业务规模与经济临界点之间所存在的风险，未能构成有效的分担、转移及分散机制。而在西部农村地区构建小额信贷风险管理机制，有效化解金融风险，在一定程度上可以减少与消除金融机构对经营风险的过多顾虑。

3.3.3　新型城镇化进程中西部的金融制度供给分析

为西部新型城镇化提供金融服务，并与之相对应的金融制度安排，在我国现行的金融体系中，主要体现在以下两个方面：一方面是指金融资源配置倾向于大工业、大城市发展的商业性的金融制度安排；另一方面是指把扶持传统农户的生产、消费作为目的的政策性农业贷款制度安排。政策性金融制度所秉承的理念，与西部新型城镇化的商业性金融需求多有背离，而长期沉浸于大城市、大工业所形成的商业性金融制度安排，亦难以延伸至新型城镇化并为其提供金融服务，这导致了西部新型城镇化进程中，出现金融制度严重缺位现象。下面就各类金融机构服务于西部新型城镇化的金融制度供给做一个基本分析。

1. 大型金融服务于新型城镇的现实困境

我国现行大型金融机构源自原有的各大国有专业银行，通过长期的商业化改造与转型，逐渐形成现在的商业银行模式。然而，我国大型金融机构这种金融服务模式，在服务于新型城镇化时，却遭遇了现行金融制度与金融市场两个方面的困境，导致其难以顺利地进入新型中小城镇这个广阔市场。

1) 制度导向。20 世纪末以来，我国专业银行商业化的制度改革形成以下结果：金融机构的经营目标已逐步转向利润的最大化，并淡化了计划经济时期所赋予金融系统的社会责任，但并未改变我国的金融约束制度，以至经过商业化改革的各大商业银行机构，在其机构设置、业务及网点布局上，并不能够根据其自身的经营条件与状况来确定。现行国家金融监管制度的首要目标就是金融稳定，而这一制度导向的结果，既强化了各类大型金融机构对风险规避的偏好，也使商业金融在制度变迁的过程中，以大工业、大城市为导向的金融资源配置的制度安排得到进一步的强化。

由于金融机构被视为短缺资源，那么，各大金融机构出于风险规避的偏好，就会被激励着将分支机构及经营网点向具有金融资源优势的中心城区配置。同时，在我国资金仍属紧缺的经济要素并处于相对垄断的格局下，资金配置也存在一定的刚性成本，这就成为各大型商业银行机构在金融资源配置过程中决策的重要变量，激励各大型商业银行机构，优先向大工业项目集中配置紧缺的资金资源与金融制度资源。

2) 市场导向。如何应对西部新型城镇化所引致的异质性金融需求，需要金融制度创新，使市场能够解决两个问题：一是要解决小工业资本与金融资本在收益上的合理分割，实现工业资本与金融资本的共同生存与协调发展；二是要实现小额融资风险的可控。

首要问题是金融资本与工业资本的共存共生与协调发展。然而，在我国现实金融垄断格局中，要解决这个问题，还缺乏应有的市场基础。西部金融市场中，既能够获得高收益又具有较高风险控制程度的各级政府项目，以及各类大型项目，已使各大型商业银行机构应接不暇。因此，对于新型城镇化进程中普遍存在的中小微企业的融资需求而言，大型商业银行机构已无暇顾及，更何况中小微企业融资项目均存在高信息不对称与高刚性成本的风险，即使其资本收益率高于金融的资本利息率，甚至能够支付的回报率更高一些，都改变不了各大型商业银行机构的这种价值判断与市场行为。

本课题组通过调研得知，在广西壮族自治区百色市，各大型商业银行的分支机构均在其市县区域，专门设置了中小微企业（或者"三农"）融资服务部门，但是，其信贷业务的开展受到最小规模成本的限制。也就是说，零边际收益的融资规模（或者说最小成本化的融资规模）约束了各大型商业银行机构的分支机构开展小额信贷业务，因为其给出的小额信贷规模的最低标准为 200 万元，然而，在西部大多数市县，能够符合这一贷款条件的只有为数不多的部分行业或产业的龙头企业，大多数中小微企业达不到该贷款规模。2015 年，百色市辖区内各大型商业银行分支机构中，提供给企业的单笔最小融资额度为 35 万元，由中国农业银行百色市分行所属分支机构贷出，而中国银行所属机构的贷款规模下限则为 350 万元。这样的贷款规模限定，无疑抬高了信贷市场准入门槛，将小微企业排斥在大型商业银行机构的信贷投放范围，加大了小微企业的融资难度。

综上所述，我们将大型商业银行机构的资金供给曲线、西部新型城镇化进程中中小微企业的资金需求曲线绘制成图，从其变化规律可以发现，当利率达到 $(r_2, -R^2)$ 极限时，大型商业银行机构资金供给的最大量为 Q_2，难以与中小微企业的资金需求曲线 DD 相交，两者之间未能出现交叉点（图 3-5）。由此可见，愿意与中小微企业进行资本收益分割的金融机构，应该也不太可能是现有的大型商业银行机构。

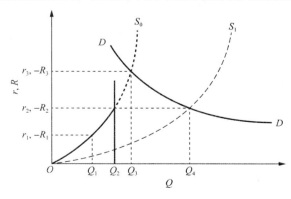

图 3-5　大型商业银行机构资金供给曲线与中小微企业融资需求曲线

2. 小型金融机构小额信贷供给的比较优势

在西部新型城镇化进程中，不少地区已积累的一些适宜于推动新型城镇化的金融创新经验值得探究。广西壮族自治区百色市田东县在推进新型城镇化过程中，所实施的金融制度创新的成功做法，就具有较为典型的意义。

该县较早地成立了政策性的小额信贷担保机构，大力发展村镇银行、小额贷款公司等小规模新型金融机构，并在此基础上，构建并完善了由新型金融机构、政策性小额信贷担保公司、产权交易机构及保险公司等组成的全方位、多元化、高效便捷的新型金融服务体系。这个新型金融体系的核心机制，就是能够为各类小额贷款提供有效的风险甄别功能，降低小额信贷的风险程度，增强新型金融机构的抗风险能力与增加经营绩效。田东县创新金融制度的尝试已表明，新型金融机构已在新型城镇化进程中，为城乡居民创新创业企业、各类中小微企业，特别是涉农企业的融资增量，发挥了举足轻重的作用，充分体现了各类小规模新型金融机构在小额信贷供给上的比较优势。

成立于 2009 年 3 月 30 日的田东北部湾村镇银行，在历经 6 年多与城镇化相伴而生的发展过程中，已取得了不俗的经营成就。截至 2015 年 9 月底，累计发放各项贷款 19.57 亿元，其中，涉农贷款 16.03 亿元，农户贷款 8.74 亿元，中小微企业贷款 14.78 亿元，个体工商户贷款 4.19 亿元；曾荣获"全国百强村镇银行""服务三农与小微企业先进单位"等称号。该银行以灵活的抵押方式及富有弹性的利率，为城乡居民创新创业、中小微企业及涉农企业，及时提供融资服务，极大推动了新型城镇化进程。与小额信贷机构相比，村镇银行在其小额信贷业务以外，还增加了如居民储蓄业务、公司业务、结算汇兑业务及各类理财业务等，村镇银行的高速发展，创新了西部新型城镇化的政策导引性金融制度的实现路径。田东北部湾村镇银行的成功经验取得了西部金融创新的两个突破。

首先，突破现行小额信贷机构"只贷不存"的法律与政策限制，让被称为"瘸腿金融机构"的小额贷款公司经营得以完善，并成为农村地区除中国邮政储蓄银行与农村信用社以外，能够经营小额储蓄与贷款业务的金融机构，增强了西部金融市场的竞争活力。

其次，开启小额信贷机构的"去穷人银行化定位"的金融制度创新历程，逐步摒弃单一的扶贫功能，面向新型镇域经济进行全方位的辐射。田东北部湾村镇银行自 2009 年 3 月开业以来，经营状况良好，整体运行健康，使所在地城乡居民创新创业企业、中小微企业及涉农企业的金融需求得到了有效满足，金融服务的覆盖程度也得到了较大的提高，并成为推进新型城镇化与统筹城乡经济发展，加强金融体制创新与改革的成功典范。

村镇银行、小额贷款公司等小规模新型金融机构，在推动新型城镇化的进程中，为城乡居民创新创业企业、中小微企业及涉农企业提供小额融资服务。与此同时，通过各级政府主导的政策性小额贷款担保机构为其提供风险防控，并构建良好的金融外部环境，充分发挥风险分担、转嫁及分散功能。在广西壮族自治区田东县，由政府各相关部门、金融机构及各金融市场参与者等共同构建的小额信贷风险控制体系，使村镇银行等新型金融机构、政策性小额信贷担保机构与贷款者之间存在的信息不对称问题得到有效缓解，使小额信贷风险的可控度有了很大提高。这种富有特色意义的金融制度安排，构成了西部新型城镇化进程中金融制度的创新，在一定程度上推动了金融机构的资金供给曲线趋于平缓，使图 3-5 中金融机构的资金供给曲线，由 S_0 向 S_1 演变，并能够在利率水平处于一个相对高位时，使其与中小微企业的融资需求曲线 DD 进行交叉，这样的曲线变化也使中小微企业的融资成为一种可能。而大型商业银行机构因管理半径过长，很难与小额信贷风险控制体系相匹配，其资金供给曲线具有刚性，难以平滑演变趋向中小微企业的融资需求曲线 DD，不具备小规模新型金融机构的优势。

　　3. 新型金融机构确立能够通过民间金融的合理整合

　　西部新型城镇化进程中，我们不但可以通过估算城乡经济发展所需资金缺口，而且能够通过中小微企业经营状况的调研结果，发现经济发展中有着相当规模民间资金存在。民间资本在补充中小微企业金融需求方面，发挥着极其独特的优势。本书在与中小微企业、金融部门及政府职能部门直接问询式的调研中发现，西部新型城镇化进程中县域民间借贷活动极为活跃。

　　本书在现场调研中发现了一个普遍现象，那就是各类金融机构及金融监管部门都多次提出这样一个问题，即各地新型城镇化发展蕴藏大量的民间资金，其中，有部分资金运行在金融虚拟领域之中，而大部分游离于国家正规的金融体系之外，尽管其资金规模已无法统计，但对西部新型城镇化与经济发展的影响不容小觑。中国人民银行南宁中心支行的一项课题调研报告中指出，广西壮族自治区民间资本的现有存量将达 8 000 余亿元，已被动用的商业、产业及金融资本为 5 200 余亿元，还未被动用的民间资本，包括诸如投资性的储蓄资金，以及城乡居民的保险资产、手持现金、境外证券资产及民间借贷等各类正规金融机构体外循环的资金，计 2 800 余亿元。这些游离于正规金融机构体系之外的民间资金，足以形成西部新型城镇化进程中，体制性的中小微企业融资的资金供给。因此，通过西部的金融组织创新，建立不同于以往的金融制度与金融机构，有效引导民间资金及其融资活动进入国家规范的金融体制之内，这样既可以拓展与稳定新型城镇化的资金供给渠道，同时可以防范与控制民间融资活动的非理性风险；特别是通过金融制度的有效安排，将城镇资金根植于西部新型城镇化的建设领域，而不是通过民间渠道转移至经济发达的中心城市及发达地区。这是我们在新型城镇化进程中，需要进行的西部金融制度创新极为重要的目标。

3.3.4 西部新型城镇的金融机构容纳能力测度

1. 金融组织创新的实现路径分析

构建适应于推进西部新型城镇化进程的全新金融制度体系，其主要目的是要有效缓解新型城镇化所引致的异质性金融需求，与现阶段金融供给体系之间结构失衡所存在的矛盾。本书认为，有效缓解新型城镇化进程中金融供需矛盾，是可以通过金融制度创新实现的，而具体金融组织创新路径包含两个方面。

1）延伸现有全国性金融机构的经营链条以增加金融供给。在西部新型城镇化进程中，积极引进各类全国性股份制商业银行、证券公司、保险公司、外资银行，以及其他金融机构，通过分支机构增设，经营网点再布局，使其经营链条向新型城镇化的农村核心区域延伸。然而，通过这一途径增加西部新型城镇化金融供给，需要解决一个极为关键性的问题，那就是大型国有控股商业银行必须对分支机构给予足够的信贷审批权限，提高小额质押贷款信贷额度，改变其基层机构网点"只能吸收存款，缺乏放贷权限"的尴尬经营局面。

2）增设新型农村金融机构以提高区域金融市场有效竞争。依据西部各地经济发展状况，合理测算各地经济对金融机构的需求程度与容纳能力。通过在西部各地增加设置新型村镇银行及其分支机构、小额贷款担保公司、小额贷款公司、新型农村合作金融组织，以及其他中小型区域性的新型金融机构与金融中介机构等，创造简便灵活的金融工具，增加品种多样的金融产品与融资手段，有效激活西部金融市场，为新型城镇化进程中的中小微企业、城乡居民创新创业，提供具有多样性的高品质金融服务。这一举措不但有效弥补了全国性大型金融机构的金融服务供给缺口，而且能够产生极大的"鲶鱼效应"，使西部的金融市场竞争程度得以提高，并能够有效提升区域内的金融服务质量。针对西部新型城镇化，新设金融机构具有一个很大的竞争优势，即能够最大限度地对大型金融机构"虹吸"西部金融资源的现象进行有效规避。

2. 金融机构设置的容纳能力分析

本书以具有典型意义的新型金融机构——村镇银行为例，对新型城镇化进程中新兴城镇的金融机构容纳能力进行测算。村镇银行作为一种典型的小型储蓄贷款金融机构，首先进行成本核算，测算其经营保本点。假定一家村镇银行的注册资本为 2 000 万元，若股东要求每年的分红目标为 10%，日常经营管理成本每年为 200 万元，那么，这家村镇银行要实现盈亏平衡，就必须每年至少创造 400 万元以上的毛利润。如果存贷利差按照 4%～5%的水平进行测算，同时考虑提取一部分坏账的准备基金，那么，达到盈亏平衡点所要求的贷款规模则不得少于 1 亿元；如果存贷比例按照 75%进行测算，则实现盈亏平衡点所要求的存款规模为 1.5 亿元左右。根据以上的基本匡算，如果一个新兴城镇的经济中，其贷款能够达到 10亿元的余额，而存款也能够达到 15 亿元的余额，并且只要货币乘数不低于 5。理论上来看，这个新兴城镇就能够具有容纳近 50 个新型金融机构的能力，并且这些具有贷款资质的法人储蓄贷款机构，以及能够为中小微企业服务的相当数量的小额信贷担保机构，均能够实现其盈亏平衡，而不会导致金融机构过于稠密。如果充分考虑具有信用资质的中小微企业及城乡居民创新创业的融资需求能够得到更好的满足，西部各新型城镇经济对金融机构的容纳能力，理论上会更强一些。

综上所述，根据西部各新兴城镇经济总量及存贷规模，可以测算其新型金融机构的基本容纳能力。就广西壮族自治区田东县而言，即便是拥有 5 个社区、10.3万城乡居民、经济总量达 40 余亿元的平马镇，如果要充分满足所辖中小微企业及城乡居民创新创业的金融需求，足以具有 60 余个法人储蓄贷款金融机构的容纳能力。而现实的情况是，平马镇只有农村信用社（农村合作银行、农村商业银行）12 个网点、中国邮政储蓄银行 8 个网点、大型商业银行分支机构 7 个网点、村镇银行等新型金融机构 5 个网点，共计 32 个金融机构网点为该辖区中小（微）企业及城乡居民提供金融服务。截至 2014 年年末，存款余额达 28.9 亿元，贷款余额达 16.8 亿元，存贷款比例为 58.1%。由于国家金融行业特许权价值的存在，以及因此决定而上移的行业边际收益曲线，西部金融行业发展的市场竞争机制遭到破坏，这无疑为新型城镇化进程中后续发展的新兴城镇经济留下一定的金融供给缺口。

3.3.5 构建适应新型城镇化的西部金融制度选择

新型城镇化进程引致了西部异质性金融需求，然而，观察其金融供给的状况可以看出，西部新型城镇化的金融支持绩效并不尽如人意，各地城市中心区域、发达城镇区域及后续发展城镇之间，存在较为典型的金融区域差别格局。这就表明西部新型城镇化进程中，金融产业发展还没能够与制造业同步由中心城区向村镇社区转移，在产业转移与承接过程中，金融业发展并没有及时跟进，一定程度上影响后续发展城镇对产业转移的承接力度。本书调研结果表明，西部金融资源配置导向错位的金融约束政策，以及小额信贷风险的可控性等一系列金融问题，已成为影响金融业向新兴城镇发展的障碍因素。

在西部新型城镇化进程中，推动金融服务链条向新兴城镇延伸，必须加快金融组织体系的创新，寻求与新型城镇化进程相匹配的金融改革路径及突破口。首先，创新既有西部金融约束制度。金融监管部门应根据西部新型城镇化进程，逐步放宽金融市场管制，特别是降低地方新兴中小型法人金融机构的准入门槛，使金融机构布局的密度，交由西部金融市场决定。其次，构建小额信贷风险管理机制，建立起健全完善的信贷风险分担、分控、分散及转移机制，从制度建设与体制机制构建上，解决新型城镇化进程中金融风险的可控性问题，从而能够给予各个金融机构稳定的经营预期。

　　由于西部新型城镇化进程中的金融需求具有明显的异质性特征，已有的信贷资源配置以大工业、大城市为导向的城市商业金融和以扶持传统农户生产消费为主的政策性农业贷款，这两种金融供给制度都不能与之相匹配。我们难以在现行金融制度体系下，通过单独改造传统金融机构来确立其金融供给，只能另辟蹊径，实施金融制度创新。构建有别于现行城市商业金融与政策性农业贷款制度，并能够适用于新型城镇化进程中异质性金融需求的全新金融制度。这种全新金融制度的核心要件，就是要建立起小额信贷风险的甄别机制。然而，本书只是在广西壮族自治区百色市的新型城镇化案例的基础上，对新型城镇化进程中的异质性金融需求及其金融创新，提供一种基本合理的经济解释。那么，该问题还有可能产生新的学术性问题，有待于进一步探究。例如，是否可以在新型城镇化建设初期，就建立起符合新型城镇化要求的属于供给导引型的金融供给模式？是否可以在政府推进制造业产业链条由中心城区向新兴城镇社区延伸的同时，同步推动金融产业链条的同向延伸？这一系列理论问题都有待于深入研究。

第4章 西部金融产业组织的绩效评价

随着西部新型城镇化的不断推进，金融结构也在不断演化，由此产生的异质性金融需求，要求其必须建立一个有效率的金融产业组织体系。基于此，本书从产业组织的视角，运用产业组织理论框架，系统地研究西部金融市场；分析金融市场结构，解析竞争者数量、金融机构市场份额、金融市场集中度及金融市场进入壁垒等方面问题，在市场结构分析的基础上，探讨西部金融组织的产品定价与产品差异化行为；以市场结构与市场行为的研究结果为基础，从微观与宏观两个角度，探究金融机构的人力资源运营绩效、盈利能力和资产质量，以评价西部金融机构的运营绩效，从而判断西部金融服务的可获得性。通过西部金融产业组织绩效分析，为西部金融产业组织创新与金融结构优化，以及推动新型城镇化提供政策创新的依据。

4.1 西部的金融市场结构

4.1.1 市场结构概述

1. 市场结构的基本概念

市场结构是指企业市场关系的特征和形式。其主要市场关系包括卖方、买方、买卖双方及市场内现有交易者与正在进入（或可能进入）该市场的交易者之间的关系（励莉，2009）。作为市场组织形式，市场结构是市场中的个人和各类活动的组织及相互作用的结果（安德鲁索和雅各布森，2009）。从根本上说，市场结构是反映市场竞争和垄断关系的概念（苏东水，2006），对市场结构的描述也是对市场垄断程度和竞争程度的分析。通常根据竞争企业的数量和规模分布定义市场结构。在产业组织理论中，市场结构是一个基本的核心概念。

2. 市场结构基本类型

（1）完全竞争市场结构

完全竞争市场结构是指在一个竞争市场上，存在大量的买方和卖方，没有任何一个单独买方或卖方能够影响商品价格，价格完全由市场供求力量决定，每一个买方和卖方都是价格的接受者；每一个厂商生产的产品都是同质的，单个厂商面对的是完全水平需求曲线；市场是信息完全的，不存在交易成本，也不存在任何进入和退出壁垒。完全竞争市场结构的中心假设是原子性假设、产品同质性假设、充分信息假设、机会均等假设和自由进出假设（臧旭恒等，2007）。完全竞争市场实现的均衡具有理想效率和福利特性，既是生产有效的也是消费有效的，同时能够实现消费者剩余和生产者剩余之和的最大化。但从现实来看，完全竞争市场结构的假设条件是难以满足的，因此也是不现实的。

（2）完全垄断市场结构

与完全竞争市场结构相对应的另一极端市场状态是完全垄断市场结构。完全垄断市场结构是指在市场中只有唯一的买者或卖者。如果只有一个卖方，而有多个买方，则形成卖方垄断；如果只有一个买方，而有多个卖方，则形成买方垄断；如果卖方和买方都是唯一的，则形成双边垄断。我们通常讨论的是卖方垄断。在一个完全垄断市场上，生产者具有独占性，市场存在极高的进入壁垒（因此新进入几乎不可能），生产者拥有市场势力。一般认为，与完全竞争市场上的产量和价格相比，完全垄断市场生产较低的产量而价格较高，对社会来说存在净损失。作为一个极端，完全垄断市场也是极为少见的。

（3）寡头垄断市场结构

寡头垄断市场结构是介于完全竞争市场结构和完全垄断市场结构，以垄断因素为主又具有竞争因素的市场结构（卢显云，2007）。在寡头垄断市场上，少数企业独立运营，却关心彼此的存在，寡头企业之间的行为互相影响、互相制约，在做出自己的最佳决策前必须考虑竞争对手的行为。尽管完全竞争模型和完全垄断模型只有一种，但是寡头垄断模型有多种。寡头垄断市场的均衡价格在竞争与垄断的均衡价格之间，在所有的寡头垄断模型中，每个企业依据它对其他企业行为的信念来判断最大化利润：每个企业在边际收益等于边际成本时达到预期利润最大化。企业边际收益取决于该企业面对的剩余需求曲线（市场需求减去其他竞争企业产出），因此，事实上寡头垄断模型差异体现在企业面对的剩余需求曲线差异上（卡尔顿和佩洛夫，2009）。

（4）垄断竞争市场结构

如果市场存在自由进入，且每个企业都面临向下的需求曲线，那么这个市场即为垄断竞争市场。自由进入使垄断竞争市场与完全竞争市场有相似之处。在自由进入情况下，如果市场存在正经济利润，那么就将引起新企业进入。即使企业在正经济利润的情况下进入市场，但从长期来看，竞争将使市场中每一个企业获得与完全竞争市场中一样的零经济利润。与完全竞争市场的同质化假设不同的是，垄断竞争市场上产品是有差异的，异质性产品之间不能完全替代，企业成为价格的制定者。而在完全竞争市场上，企业只是价格的接受者，企业制定的价格只要略微高于市场价格，就会失去全部消费者。这种异质性使企业面临向下的需求曲线，给企业带来市场势力。垄断竞争市场结合垄断（市场势力）和竞争（零经济利润）特点，企业也拥有将价格定在高于边际成本的能力的市场势力，但它们得到的经济利润为零。垄断竞争模型主要有代表性消费者模型和空间（选址）模型两种，它们的差异就在于每个企业面对的需求类型。异质性带来的产品多样化也具有成本——虽然产品多样化增加了消费者的选择范围，但也会提高消费者支付的价格。

3．市场结构的决定因素

（1）竞争者数量

从对市场结构的分类中可以看出，不同市场结构中竞争者数量存在很大的差别。在完全竞争市场和垄断竞争市场中，假设有众多的厂商[①]；在寡头垄断市场中，由少数几个厂商控制市场；在完全垄断市场中，只有一个厂商控制市场。厂商数量，决定消费者在市场上的可选择范围，也影响市场中厂商的行为。一个简单的办法是对市场中的所有厂商进行计数。但是，由于大多数产业包含众多非常小的"边缘"厂商，每一个"边缘"厂商不会对产业的绩效产生任何影响（谢勒，2010）。这就导致：第一，对众多的"边缘"厂商计数可能是不现实的；第二，对众多的"边缘"厂商计数可能是没必要的。因此，更常用的办法就是将对市场中全部厂商数量的考查简化为对市场中主要厂商数量的考查。

（2）市场份额

在谢泼德·W 和谢泼德·J（2007）看来，市场份额特别是大公司的市场份额，是决定市场结构首要的独立因素。市场份额可以用厂商销售收入、资产、利润、员工数量等衡量，但最常用的是销售收入。当用销售收入来衡量厂商的市场份额时，市场份额是指厂商销售收入在市场总销售收入中所占的比例。市场份额的比例范围为 0～100%。市场份额是代表厂商垄断力量最重要的指标。更大的市场份额会带来更大的市场势力，而较低市场份额可能代表很小的甚至没有市场势力。在一个市场内，厂商垄断力量常常随市场份额的变化而变化。一家占有 15%市场份额的厂商，可能开始拥有市场势力；而当拥有 25%～30%的市场份额时，市场势力开始变得很明显；一旦厂商市场份额上升到 40%甚至50%及以上时，这就意味着厂商取得市场支配地位，市场势力很强，对市场影响很大。任何情况下在对市场结构的各个决定因素中，市场份额是获得更高利润的主要因素。因此，在评价一个公司时，人们通常会考虑其市场份额。不管是为了获取更高的利润、更好的资本市场表现还是获得职业荣耀，市场份额都体现出极度重要性。这也就可以理解，为什么现实中许多公司不遗余力地提高市场份额。

---

① 在垄断竞争市场中，由于可以自由进入，不论当前市场中实际有多少厂商，从长期来看，市场中都具有众多的厂商。

（3）市场集中度

市场集中度与市场中厂商的市场份额，特别是与大厂商的市场份额紧密联系。它是衡量市场中厂商之间市场份额分布的指标，其测度指标很多，总体上可以分为绝对集中度和相对集中度指标。绝对集中度指标主要有集中度系数（concentration ratio，CR）、HHI、海纳-凯指数、因托比指数（又称熵指数）等；相对集中度指标主要有洛伦兹曲线、基尼系数和厂商规模的对数方差（臧旭恒等，2007）。以上各种指标各有千秋，从理论上看，尚无最合适指标（植草益，1988）。而实际工作之中，则常用 CR 和 HHI。

CR 以寡头垄断理论为基础，测定最大的主要厂商在市场上的市场支配程度，通常用市场份额最大的几个厂商的市场份额之和来表示，记为 CR_n。以 S_i 表示市场中第 i 家厂商的市场份额，n 表示市场中前 n 家大厂商的数目，则计算公式为

$$CR_n = \sum_{i=1}^{n} S_i$$

常用的 CR_n 为 CR_4 或 CR_8，也可以根据需要取不同的 n 值。通常认为，CR_n 越大，市场支配势力越大，市场竞争程度越低。CR_n 指标计算简单、直观明了，能够形象地反映市场的集中情况。但是，CR_n 指标存在两个方面的不足：一方面是 CR_n 不能反映厂商数量和规模分布对市场集中度的影响程度；另一方面是同一市场的 CR_n 随着 n 的选择不同，可能显示不同的集中水平。

为了反映厂商规模分布对市场集中度的影响，可以考虑采用 HHI。HHI 由市场中所有厂商的市场份额的平方和表示。令 S_i 表示市场中厂商 i 的市场份额，n 表示市场中的厂商数量，则计算公式为

$$HHI = \sum_{i=1}^{n} S_i^2$$

HHI 对市场中厂商之间市场份额的非均等分布非常敏感，给予市场份额大的厂商更高的权重，能够较好地反映市场中厂商的规模分布，但缺点是不够直观。直观性可以通过 N 指数解决。N 指数是 HHI 的另一种表达，计算方式是取 HHI 的倒数，即 N 指数 $= 1/HHI$。N 指数的含义是要获得同样的 HHI，需要多少规模相同厂商来进行生产，从而使 HHI 更易于直观理解，HHI 取值范围为（0，1）。则若 HHI $= 0.01$，$N = 1\,000$，这就反映了市场中需要有 1 000 家规模相等的厂商竞争。在通常的运用中，会将计算出的 HHI 乘以 10 000 表示。

在实际运用中，依据市场集中度指标，不同垄断和竞争程度的市场结构，将进一步具体化为实用性更强的不同等级的竞争型市场结构和寡占型市场结构，具体如表 4-1 和表 4-2 所示。

表 4-1 贝恩 (Bain) 的市场结构分类/%

市场结构 ＼ 集中度	CR₄	CR₈
寡占 I 型	75≤CR₄	—
寡占 II 型	65≤CR₄<75	85≤CR₈
寡占III型	50≤CR₄<65	75≤CR₈<85
寡占IV型	35≤CR₄<50	45≤CR₈<75
寡占 V 型	30≤CR₄<35	40≤CR₈<45
竞争型	CR₄<30	CR₈<40

表 4-2 日本公正交易委员会根据 HHI 分类的市场形态

市场形态	HHI
高位寡头垄断型 （ I ）	HHI≥3 000
高位寡头垄断型 （ II ）	1 800≤HHI<3 000
低位寡头垄断型 （ I ）	1 400≤HHI<1 800
低位寡头垄断型 （ II ）	1 000≤HHI<1 400
竞争型 （ I ）	500≤HHI<1 000
竞争型 （ II ）	HHI<500

市场集中度与厂商利润率之间存在不确定的关系，既可能非常松散，也可能非常紧密；可能是一条连续的曲线，也可能呈阶梯状变化（臧旭恒等，2007）。

（4）市场进入壁垒

1）进入壁垒的概念。效率学派的施蒂格勒（2006）指出，进入壁垒是指一种生产成本（在某个或每个产出水平上），这一成本由试图进入产业的企业承担，而那些已经在产业中的企业则不必承担。Von Weizsacker（1980）则在进入壁垒的定义中引入了福利效应，扩展了施蒂格勒的方法。杨公朴等（2005）和臧旭恒等（2007）则偏向于结构学派的定义，强调超额利润的存在。简单地讲，可以将进入壁垒视为各种各样让进入变得困难的因素。这样的理解虽然略显宽泛，但更为简洁。

2）进入壁垒的来源。进入壁垒按照产生原因，可分为外生性壁垒和内生性壁垒（谢泼德·W 和谢泼德·J，2007）。外生性壁垒根植于外部市场条件，如技术、产品性质、对大规模资本的需求及垂直一体化等，并不是被市场主体改变的根本性因素。内生性壁垒在主导企业的自主控制范围之内，并严格自主进行。通过选择对进入者采取行动（或者仅仅威胁进入者将要采取行动），企业就能够创造出内生性壁垒。内生性壁垒反映了市场固有的不完全程度，而主导企业正是利用这一点来对抗现存的竞争对手及任何可能的进入者。最终是进入壁垒和市场的不完全性混合，巩固了主导企业的支配地位。谢泼德·W 和谢泼德·J（2007）列举了常见的资本要求、规模经济等 13 类外生性壁垒，以及在位者的报复、市场分割等 9

类内生性壁垒。从本质上而言，各类壁垒之间存在的界限是相对的，也互相影响。

3）进入壁垒的度量。市场进入壁垒的存在性毋庸置疑，而且非常重要。作为影响市场结构的重要因素之一，进入壁垒被认为是行使市场势力的一个必要条件（有效的进入壁垒正是垄断和寡占不可缺少的必要条件）。对进入壁垒的测度可以采用描述性指标，也可以通过对各类进入壁垒的来源进行描述来反映。例如，经济规模与市场总规模的比例、必要资本量、产品差别化程度、交易和批准等方面的制度规定；或者采用阻止进入价格指标来衡量进入壁垒，其理论依据是限制性定价理论。

但实际上，对进入壁垒的准确测度是一个难以解决的问题。谢泼德·W 和谢泼德·J（2007）指出，进入壁垒没有得到可靠测度。不管是内生性因素还是外生性因素，人们对测度它们的方法都没有达成一致的看法。即使某些因素能够被准确地测度出来，但将这些测度组合对壁垒高度进行总体估计是更加困难和不现实的。进入壁垒的测度通常只考虑市场现状，而没有考虑潜在进入者的情况。潜在进入是和利润与壁垒联系在一起的，利润形成进入的吸引力，而壁垒形成排斥力。只有存在明显获利机会（或者说超额利润较高）的行业，才会对别的投资者形成巨大的吸引力；壁垒并不能完全决定潜在进入者的数量，潜在进入者并不能被清晰地辨认出来。因此，了解潜在进入者集合的情况很重要，因为他们通过潜在进入向在位者施加竞争压力。如果潜在进入者较少，那么进入壁垒的意义也就不再重大。

4.1.2　西部金融市场竞争者数量概况

西部经过 40 多年的改革和发展，特别是西部大开发与新型城镇化的推进，已经形成包括商业性、合作性、政策性金融及新型金融机构在内的金融组织体系。截至 2015 年 6 月，西部共有银行业金融类法人机构 2 116 家，包括中国工商银行等 5 家大型商业银行、国家开发银行等 3 家政策性银行、62 家股份制商业银行、956 家农村信用社、286 家农村合作银行、163 家农村商业银行、1 家中国邮政储蓄银行、441 家村镇银行、113 家贷款公司、86 家农村资金互助社。具体情况如表 4-3 所示。

表 4-3　西部银行业法人金融机构和从业人员情况表（截至 2015 年年末）

机构/项目	法人机构/家	西部从业人员/人
政策性银行	3	20 673
大型商业银行	5	416 424
股份制商业银行	62	167 657
农村信用社	956	191 366

续表

机构/项目	法人机构/家	西部从业人员/人
农村商业银行	163	51 317
农村合作银行	286	42 776
村镇银行	441	5 586
贷款公司	113	1 213
农村资金互助社	86	285
中国邮政储蓄银行	1	51 536
银行业金融机构合计	2 116	948 833

数据来源:《中国银行业监督管理委员会 2015 年报》、西部各省（自治区、直辖市）2016 年金融年鉴。

　　为了更好地为西部提供各类金融服务，目前，我国鼓励银行类金融机构积极进入西部特别是农村金融市场。根据银保监会发布的信息，各类金融机构在西部金融市场提供基本的金融服务。但具体到各个县域市场，由于不同银行类金融机构涉入金融市场的范围和程度有所不同，各个县域市场的竞争者数量有较大的区别。在一些经济较为发达的西部县域金融市场，存在更多的竞争主体；而在经济欠发达县域金融市场，则主要是中国农业银行、农村合作金融机构（农村信用社、农村合作银行、农村商业银行）和中国邮政储蓄银行提供金融服务，甚至部分县域金融市场只有一家农村金融机构①。根据银行业务的进一步细分，在西部农村存款市场存在更多竞争主体，而贷款市场主体少，特别是农户贷款市场，基本上只有中国农业银行、农村合作金融机构和中国邮政储蓄银行。而新型农村金融机构还为数不多，提供金融服务也非常有限。本书在后续金融机构市场份额的分析中，还将进一步观察各类金融机构在西部具体县域市场的参与情况。

4.1.3　西部各类金融机构市场份额分布

　　市场份额是决定市场结构首要的独立因素，并且是能够获得更高利润的主要因素（谢泼德·W 和谢泼德·J，2007）。因此，在对西部金融市场结构的分析中，必须首先关注各家金融机构的市场份额与分布。市场份额不仅反映了金融机构在西部各县域金融市场的市场势力，还可以反映各金融机构的参与深度。各个具体的西部县域金融市场的竞争者数量，可以反映金融机构在整体西部金融市场中的参与广度。本书将分别从县域存款、贷款两类主要业务及中小企业贷款细分业务3 个角度，考察 2015 年金融机构的市场份额与分布。所有数据来源于《中国银行业农村金融服务分布图集》《中国银行业监督管理委员会 2015 年报》，按照县域划分西部金融市场，只包含非市辖区的数据，并根据数据可获得性剔除了数据残

---

　　① 目前西部已经实现县域金融市场机构的全覆盖，没有县域无银行业金融机构。也就是说，西部县域金融市场，至少存在一家市场主体。

缺的县域金融市场。基于数据的可获得性，本书将中国工商银行、中国建设银行、中国银行和交通银行的数据合并计算（表 4-4 和表 4-5 中简称工中建交），将所有股份制商业银行的数据进行合并计算，城市商业银行和城市信用社的数据合并为股份制商业银行。因中国工商银行、中国建设银行、中国银行、交通银行、各个股份制商业银行及区域性商业银行，在西部县域金融市场的市场份额相对较小，而我们关注的是在各项业务中占据较大市场份额的金融机构，所以这种合并不会影响整体判断分析。由于各项业务选取的样本市场总数接近 500 个，表 4-4 和表 4-5 中只列出整体的主要统计数据，样本总数为所选取的西部县域金融市场的数量，为 493 个。由于数据的可获得性，各年所选取的样本总数存在一定的差别，但通过总体描述性的统计指标，可以反映西部金融市场的基本情况。本书对存款市场、贷款市场、中小企业贷款集中度的计算，也基于同样的样本选取和计算方式。

表 4-4　2015 年西部地区县域金融市场存款市场份额分布

项目 机构	观测值 个数	最大值 /%	最小值 /%	平均值 /%	中位数 /%	极差 /%	标准差
中国农业银行	483	100.000 0	0.011 3	27.670 9	22.282 5	99.988 7	0.188 3
工中建交	421	100.000 0	0.001 1	31.531 3	30.802 4	99.998 9	0.135 9
中国农业发展银行	410	59.340 1	0.004 9	1.527 5	0.848 1	59.335 1	0.024 5
国家开发银行	11	2.478 6	0.254 3	1.145 2	1.090 1	2.224 3	0.006 1
股份制商业银行	37	38.574 9	0.014 3	8.338 5	6.289 3	38.560 6	0.073 7
农村信用社	490	100.000 0	1.493 8	32.976 7	31.811 9	98.506 2	0.137 8
农村合作银行	130	100.000 0	5.248 5	32.415 0	30.516 4	94.751 5	0.133 6
农村商业银行	76	51.547 3	0.004 5	22.248 7	26.348 2	51.542 8	0.152 8
中国邮政储蓄银行	471	55.409 6	0.173 1	12.665 2	11.678 2	55.236 5	0.071 8
村镇银行	217	13.515 7	0.001 8	1.938 1	1.262 6	13.513 8	0.022 8
贷款公司	87	——	——	——	——	——	——
农村资金互助社	23	1.700 8	0.000 4	0.212	0.048 2	1.700 4	0.005

注：①数据来源：根据《中国银行业农村金融服务分布图集》《中国银行业监督管理委员会 2015 年报》数据计算得出。②样本总数为 493 个。③观测值个数反映的是在 493 个样本中，该金融机构有业务发生的市场个数（也就是该机构实际参与的市场个数），该数值反映该金融机构的子样本情况。④为了反映个别市场份额极小但确实参与了该市场竞争的金融机构，市场份额保留了 4 位小数。⑤由于在各个具体的县域市场，并非所有金融机构都在该项业务上实际进行了参与，各个指标反映的是各金融机构实际参与的市场（子样本）的统计数据，应被视为金融机构在具体市场的实际参与程度，而不是在总体样本（493 个）中的情况。

1. 存款市场份额分布

表 4-4 反映了 2015 年西部县域金融市场存款市场份额分布情况，在分析中本书主要关注市场占有率靠前的金融机构市场份额情况。2015 年在 493 个观测样本

中,除贷款公司①外,其他金融机构都在存款市场展开竞争。综合各家金融机构参与广度和市场份额分析,县域存款市场竞争主要发生在合作金融机构、五大商业银行和中国邮政储蓄银行之间,存款市场竞争较为激烈,没有任何一家金融机构占绝对优势地位。

从西部实际金融市场竞争来看,竞争主要发生在农村合作金融机构、中国农业银行及中国邮政储蓄银行三者之间,其他商业银行也表现出了较大的竞争力。农村合作金融机构和中国农业银行的市场平均值相当,表明二者在农村存款市场处于势均力敌的双寡头竞争态势,而中国邮政储蓄银行正在崛起。

国有商业银行和股份制商业银行在西部县域存款市场的积极竞争与其在县域贷款市场的疲软表现形成鲜明对比,这充分印证了商业银行在西部县域金融市场的主要任务是吸收储蓄存款而不是发放贷款,农村资金流出的现象仍然非常严重。大型国有控股商业银行和股份制商业银行在西部县域存款市场的竞争,对农村商业银行的影响可能是最大的,因为农村商业银行涉足的县域市场经济相对更发达,更容易吸引大型国有控股商业银行和股份制商业银行设立机构吸收存款,这从农村商业银行市场份额的最大值仅为51.547 3%,甚至低于城市商业银行和中国邮政储蓄银行在各自参与市场中的最大值,更远远低于农村信用社和农村合作银行在各自参与的市场中100.000 0%的最大值可以看出。贷款公司由于业务限制,不得吸收公众存款,而村镇银行和农村资金互助社却因为业务限制和品牌认知度等,吸收存款较为困难,因此,新型农村金融机构在存款竞争中基本上没有影响力。

2. 贷款市场份额分布

表 4-5 反映了 2015 年西部县域金融市场各金融机构的贷款市场份额分布情况,本书重点关注市场占有率靠前的金融机构市场份额的情况。2015 年度各类金融机构在农村贷款市场都有一定程度地参与。从各金融机构市场份额的平均值来看,最高的是农村信用社,其市场份额平均值为50.991 5%;第二是农村合作银行,其市场份额的平均值为40.589 7%;第三是农村商业银行,其市场份额的平均值为24.937 7%。排名前三位的都是农村合作金融机构,这充分反映了现阶段农村合作金融机构在西部县域金融市场中的主力军作用。在 493 个样本中,农村合作金融机构基本上参与西部县域市场,占样本总数的100.000 0%。就市场结构而言,农村信用社和农村合作银行基本拥有垄断地位。从农村信用社改制而来的农村商业银行,其平均市场份额较农村信用社和农村合作银行下降不少。其主要的原因在于,将农村信用社改制为农村商业银行的区域,经济相对更为发达,其他金融机构的参与程度更高,竞争更激烈。这从农村商业银行市场份额的最高值也可以看出,农村商业银行在其实际参与的县域市场,最高市场份额只能达到70.920 9%,

---

① 贷款公司不允许吸收公众存款。在所观测的493个样本中,没有发现贷款公司吸收非公众存款的样本。

只能算是一个高位垄断寡头；而农村信用社和农村合作银行，在其参与的县域市场，最高值都是 100%，也就是它们在个别市场属于完全垄断。

表 4-5　2015 年西部地区县域金融市场贷款市场份额分布

项目 机构	观测值 个数	最大值/%	最小值/%	平均值/%	中位数/%	极差/%	标准差
中国农业银行	483	100.000 0	0.001 1	16.942 8	11.222 3	100.000 0	2.204 0
工中建交	421	100.000 0	0.004 0	24.769 6	21.002 3	99.996 0	0.190 3
中国农业发展银行	410	100.000 0	0.061 2	16.472 3	12.625 2	99.938 8	0.138 0
国家开发银行	11	51.425 3	3.407 3	23.579 8	26.886 8	48.017 9	0.177 2
股份制商业银行	37	46.744 2	0.004 7	8.519 4	7.725 5	46.739 5	0.070 4
农村信用社	490	100.000 0	0.934 8	50.991 5	49.201 6	99.065 2	0.225 3
农村合作银行	130	100.000 0	7.605 8	40.589 7	37.155 3	92.394 2	0.209 8
农村商业银行	76	70.920 9	0.050 2	24.937 7	27.828 8	70.870 7	0.173 8
中国邮政储蓄银行	471	61.455 4	0.000 2	1.549 7	1.018 4	61.455 3	0.024 4
村镇银行	217	11.889 1	0.008 6	2.449 8	1.753 5	11.880 5	0.023 3
贷款公司	87	11.585 2	0.045 0	2.431 5	0.806 5	11.585 2	0.033 9
农村资金互助社	23	0.000 2	0.000 1	0.000 1	0.000 1	0.000 1	0

说明：①数据来源：根据《中国银行业农村金融服务分布图集》《中国银行业监督管理委员会 2015 年报》数据计算得出。②样本总数为 493 个。③观测值个数反映的是在 493 个样本中，该金融机构有业务发生的市场个数（也就是该机构实际参与的市场个数），该数值反映该金融机构的子样本情况。④为了反映个别市场份额极小但确实参与了该市场竞争的金融机构，市场份额保留了 4 位小数。⑤由于在各个具体的县域市场，并非所有金融机构都在该项业务上实际进行了参与，各个指标反映的是各个金融机构实际参与的市场（子样本）的统计数据，应该被视为金融机构在具体市场的实际参与程度，而不是在总体样本（493 个）中的情况。

中国农业银行作为西部县域商业性金融的主角，在其参与的市场中的市场份额平均值为 16.942 8%，这与其"面向三农、面向基层"的市场定位并不相符。但在 493 个样本中，中国农业银行参与了 483 个县域金融市场，近 100%的参与广度是各类金融机构中最高的。中国农业银行市场份额的最高值也是 100%，这其中主要原因是在西藏自治区、新疆维吾尔自治区的绝大部分县域市场，只有中国农业银行一家金融机构，从这个角度而言，中国农业银行履行社会责任、支持民族地区发展的积极作用不容抹杀。

中国工商银行、中国银行、中国建设银行和交通银行合计市场份额的平均值为 24.769 6%，最大值也为 100.000 0%。在 493 个样本市场中，4 家金融机构共参与 421 个市场，参与广度为 85.395 5%。这似乎与 2000 年前后大型国有控股商业银行大举撤离西部农村地区的事实不符。但县域金融市场贷款统计口径较宽，商业银行发放贷款选的是项目质量，而不是城市或农村的地理区域，4 家金融机构对于西部县域市场的优质贷款项目同样愿意发放。近年来，国家要求各金融机构大力支持西部大开发与新型城镇化，视其为金融机构履行社会责任，以及迎合政策层面意图的重要表现。如果再考虑这 4 家金融机构的合计值，这样的数据有一定的合理性，总体来看，这 4 家金融机构在西部县域金融市场的参与选择性是很强的。

作为政策性金融机构的中国农业发展银行，所参与的西部县域金融市场中的贷款份额平均值为 16.472 3%，最大值为 100.000 0%，基本体现了政策性银行的作用。同时，反映西部个别县域金融市场，既没有商业性金融机构的参与，也没有合作性金融机构，只有政策性金融机构发挥有限的作用，这就体现了政策性金融的特殊性和在弥补局部金融市场失灵中的作用。但因业务范围限制，其作用也是很有限的。同为政策性金融机构的国家开发银行，近年来也开展了支持西部大开发、新农村建设与新型城镇化的信贷业务，参与的市场份额平均值为 23.579 8%，最大值也达到 51.425 3%，但考虑其市场参与广度很低，只计算其在 11 个县域市场的情况，不具有代表性，其在农村金融市场的作用非常有限。

中国邮政储蓄银行作为一家成立 10 余年的全国性商业银行，分支网络遍布城乡，这在其市场参与广度上可以得到体现，它在 493 个样本市场中参与了 471 个，参与广度为 95.537 5%，仅次于农村合作金融机构和中国农业银行。但中国邮政储蓄银行在西部县域贷款市场的市场份额平均值仅为 1.549 7%，这与其成立时间较短有较大关系。而其市场份额的最大值为 61.455 4%，说明在个别市场，中国邮政储蓄银行已经发挥了非常重要的作用，并获得了垄断地位。

股份制商业银行在西部县域金融市场的参与广度较低，市场份额非常小。这与它们的业务重心、整体规模、分支机构设置等特征相符。而作为西部县域金融市场的新生力量，村镇银行、贷款公司和农村资金互助社等新型金融机构的市场份额非常小，机构数目也很少，目前发挥的作用还很有限，但未来的发展还有待进一步观察。

3. 中小企业贷款市场份额分布

由于大部分村镇企业属于中小企业，本书采用中小企业贷款近似反映村镇企业获得正规金融机构贷款情况。表 4-6 反映了 2015 年西部金融市场上各金融机构发放的中小企业贷款的市场份额分布情况。同样，本书主要关注市场占有率靠前的金融机构的市场份额情况。2015 年，在 493 个观测样本中，各类金融机构都对中小企业发放了贷款。从各金融机构市场份额的平均值来看，仍然是农村合作金融机构排在前三位，农村信用社市场份额的平均值为 62.444 1%，农村合作银行市场份额的平均值为 54.103 3%，农村商业银行市场份额的平均值为 44.348 2%。农村合作金融机构在小企业贷款市场的参与广度最高，在 493 个样本中，参与了 490 个县域市场，参与广度高达 99.391 4%。这充分说明了农村合作金融机构所给予中小企业的大力支持。

表4-6　2015年西部地区金融市场中小企业贷款市场份额分布

项目 / 机构	观测值个数	最大值/%	最小值/%	平均值/%	中位数/%	极差/%	标准差
中国农业银行	493	100.000 0	0.003 1	14.461 2	6.431 1	99.997 2	0.211 3
工中建交	421	100.000 0	0.002 3	19.912 2	12.324 2	99.998 1	0.208 2
中国农业发展银行	410	100.000 0	0.010 3	20.202 3	8.651 1	99.990 2	0.249 1
国家开发银行	11	90.553	0.112 1	32.946 1	26.696 3	90.441 3	0.344 3
股份制商业银行	37	60.645	0.130 3	11.299 3	7.609 1	60.515 2	0.118 2
农村信用社	490	100.000 0	0.046 1	62.444 1	67.890 2	99.954 1	0.298 1
农村合作银行	130	100.000 0	4.348 2	54.103 3	51.683 1	95.652 2	0.273 2
农村商业银行	76	96.174 1	0.164 3	44.348 2	46.302 3	96.010 2	0.291 2
中国邮政储蓄银行	471	100.000 0	0.001 2	7.089 1	2.920 2	99.999 1	0.127 3
村镇银行	217	50.274 2	0.062 1	7.272 1	3.991 1	50.212 3	0.088 1
贷款公司	87	71.100 1	0.008 2	12.438 2	1.647 2	71.092 1	0.226 2
农村资金互助社	23	0.007 3	0.007 1	0.007 1	0.007 1	—	—

注：①数据来源：根据《中国银行业农村金融服务分布图集》《中国银行业监督管理委员会2015年报》数据计算得出。②样本总数为493个。③观测值个数反映的是在493个样本中，该金融机构有业务发生的市场个数（也就是该机构实际参与的市场个数），该数值反映该金融机构的子样本情况。

五大商业银行在中小企业贷款市场的表现也不错。中国工商银行、中国银行、中国建设银行和交通银行4家机构合计的市场参与度和市场份额，较以往有所提升，中国农业银行的整体表现变化不大。中国农业发展银行拓展业务范围后，在中小企业贷款市场上的表现也值得关注，其在493个样本县域市场中，参与了410个市场，市场份额平均值为20.202 3%。虽然其参与广度不如中国农业银行，但市场份额的平均值已经超过了中国农业银行。

国家开发银行、股份制商业银行和城市商业银行虽然在各自参与市场的表现不错，但由于在总体样本中参与的市场数目不多，代表性有限。

中国邮政储蓄银行在中小企业贷款市场的参与度有所提高。在493个观测样本中，参与了471个县域市场，参与广度为95.537 5%。这可能与中国邮政储蓄银行尽管成立时间较短，但在农村金融市场大力发展小额信贷业务有关，然而，其市场份额的平均值只有7.089 1%。

新型农村金融机构在其参与的县域金融市场上同样表现抢眼。由于机构数量较少，在总体样本中的参与广度不大。但在参与深度上，贷款公司平均市场份额达到12.438 2%，最大值达到了71.092 1%，显示出其在解决小企业贷款难问题上的作用。村镇银行的平均市场份额也达到了7.272 1%，最大值达到50.212 3% 。

总体上，针对西部中小企业贷款业务，农村合作金融机构仍然是主要的供给主体，市场份额遥遥领先于其他机构，寡头垄断地位明显，但垄断地位低于其他类型的贷款市场；商业银行和政策性银行在中小企业贷款业务上的市场份额高于其他贷款，对农村合作金融机构形成一定竞争；中国邮政储蓄银行在中小企业贷款市场的参与力度不大；新型农村金融虽然规模较小，但对小微企业发展体现一定的支持作用。

在西部县域金融市场上，存款竞争高于贷款竞争；农村合作金融机构的市场份额处于领先地位，尤其是在贷款市场地位非常稳固，在中小企业贷款市场基本处于绝对垄断地位。在整体存款市场、贷款市场、中小企业贷款市场的比较中，市场份额最大的机构都是农村合作金融机构。这些市场总体上都属于寡头垄断市场，只是作为领先寡头的农村合作金融机构优势不同，其他寡头对市场份额领先的农村合作金融机构的影响力不同。

4.1.4　西部金融市场集中度

西部金融市场集中度，反映了金融市场各个金融机构之间市场份额的分布情况。HHI 既反映市场中金融机构的数量，也反映金融机构的相对规模，因此本书采用 HHI 度量西部金融市场的集中度。在具体产品细分上，分别考察存款集中度、贷款集中度与中小企业贷款集中度。

通常的研究大多关注农村信用社、中国农业银行、中国农业发展银行及中国邮政储蓄银行，但通过《中国银行业农村金融服务分布图集》及历年《中国银行业监督管理委员会年报》可以发现，在西部各个具体县域市场，其他银行类金融机构也在一定程度上参与了服务供给。同时，村镇银行、贷款公司和农民资金互助社作为西部金融市场的增量开始发挥其应有的作用。因此，本书对西部金融市场集中度的考查，涵盖西部金融市场的所有银行类金融机构。基于数据的可获得性与研究需要，本书将中国工商银行、中国建设银行、中国银行和交通银行的数据合并计算，将所有股份制商业银行的数据合并计算，由于 HHI 对市场份额大的金融机构给予了更高的权重，将几家机构视为一家机构，可能高估 HHI。理论上计算 HHI 需要市场上每一个企业的数据，由于中国工商银行、中国建设银行、中国银行、交通银行及股份制商业银行市场份额相对较小，这种合并得到的近似值不会与真实值形成大的偏差。

表 4-7～表 4-9 分别反映了 2012～2015 年西部金融市场存款集中度、贷款集中度和中小企业贷款集中度的情况。所有数据来源于《中国银行业农村金融服务分布图集》与 2012～2015 年《中国银行业监督管理委员会年报》，并据此整理而成。本书按照县域划分西部金融市场，并根据数据可得性剔除了数据残缺的县域金融市场。并且，表 4-7～表 4-9 中只列出整体的主要统计数据。

1. 存款集中度

表 4-7 反映了 2012～2015 年西部金融市场存款集中度的情况。由表 4-7 可知，2012～2015 年，西部金融市场存款集中度的平均值分别为 3 491、3 506、3 518、

3 520，属于高位寡头垄断型（Ⅰ）市场。样本市场中没有任何一个县域市场的HHI 低于 1 800，不存在低位寡头垄断型市场。与贷款市场相比，存款集中度相对较低，平均值高于高位寡头垄断型（Ⅰ）市场范围内。在各年考察样本中，有一半市场属于高位寡头垄断型（Ⅱ）。在所考察的样本中，高位寡头垄断型（Ⅱ）市场的比例分别为 49.40%、50.61%、50.18% 和 50.90%。HHI 位于 3 000～4 000 的市场比例分别为 32.98%、31.67%、31.60% 和 30.21%。HHI 位于 3 000～4 000 的市场，虽然目前属于高位寡头垄断型（Ⅰ）市场，但其未来发展为高位寡头垄断型（Ⅱ）市场可能性很大。这两个区段的市场在各年样本中占比合计达到 80% 以上，因此西部存款市场的竞争已经比较激烈。从各年度样本中 HHI 最小值来看，4 年分别为 1 950、1 942、1 949 和 1 970，已经非常接近高位寡头垄断型（Ⅱ）市场和低位寡头垄断型（Ⅰ）市场的分界线，说明部分市场已经接近低位寡头垄断型市场。完全垄断型存款市场的比例非常小，4 年中的占比分别为 2.84%、3.05%、3.10% 和 3.28%。2012～2015 年存款市场 HHI 平均值变化不大，基本维持在 3 500左右。

表 4-7　2012～2015 年西部县域金融市场存款集中度（HHI）

年份	2012		2013		2014		2015	
样本总数	483		490		486		493	
最大值	10 000		10 000		10 000		10 000	
最小值	1 950		1 942		1 949		1 970	
平均值	3 491		3 506		3 518		3 520	
中位数	3 006		2 992		2 999		2 983	
极差	8 050		8 058		8 051		8 030	
标准差	1 506		1 555		1 574		1 608	
HHI 区间分布	数量	百分比	数量	百分比	数量	百分比	数量	百分比
HHI<1 800 低位寡头垄断型（Ⅰ）	0	0	0	0	0	0	0	0
1 800≤HHI<3 000 高位寡头垄断型（Ⅱ）	80	49.40	53	50.61	63	50.18	79	50.90
3 000≤HHI<4 000 高位寡头垄断型（Ⅰ）	384	32.98	326	31.67	254	31.60	289	30.21
4 000≤HHI<5 000 高位寡头垄断型（Ⅰ）	404	8.98	395	8.81	297	9.36	317	9.83
5 000≤HHI<6 000 高位寡头垄断型（Ⅰ）	354	2.69	420	2.44	285	2.09	307	2.30
6 000≤HHI<7 000 高位寡头垄断型（Ⅰ）	206	1.05	203	1.12	195	1.48	183	1.54

续表

HHI 区间分布	数量	百分比	数量	百分比	数量	百分比	数量	百分比
7 000≤HHI<8 000 高位寡头垄断型（Ⅰ）	144	1.15	138	1.17	179	1.02	173	0.61
8 000≤HHI<9 000 高位寡头垄断型（Ⅰ）	118	0.75	116	0.92	198	0.92	184	0.97
9 000≤HHI<10 000 高位寡头垄断型（Ⅰ）	109	0.15	113	0.20	189	0.25	156	0.36
HHI=10 000 完全垄断型	177	2.84	154	3.05	212	3.10	194	3.28

数据来源：根据《中国银行业农村金融服务分布图集》数据计算，市场结构的判断可参考表 4-2 中日本公正交易委员会根据 HHI 分类的市场形态。

2．贷款集中度

表 4-8 反映了 2012～2015 年西部金融市场贷款集中度的总体情况。如表 4-8 所示，2012～2015 年西部金融市场贷款集中度的平均值分别为 4 391、4 400、4 976、4 710，整体看来属于高位寡头垄断型（Ⅰ）。但各个具体县域市场集中度水平有较大差异，部分县域市场 HHI 相对较低，已经步入高位寡头垄断型（Ⅱ）阶段，但大部分位于高位寡头垄断型（Ⅰ）。样本标准差也反映了这种差异。没有市场的 HHI 位于 1 800 以下，也就是说没有一个县域市场属于低位寡头垄断型。样本市场中，垄断程度最高的市场（HHI 最大值）和垄断程度最低的市场（HHI 最小值）之间差异很大，这可以通过各年观测值的极差反映出来。

表 4-8　2012～2015 年西部县域金融市场贷款集中度（HHI）

年份	2012		2013		2014		2015	
样本总数	473		481		481		493	
最大值	10 000		10 000		10 000		10 000	
最小值	2 111		2 152		2 083		2 143	
平均值	4 391		4 400		4 976		4 710	
中位数	3 894		3 852		4 340		4 069	
极差	7 889		7 848		7 917		7 857	
标准差	1 694		1 719		2 005		1 972	
HHI 区间分布	数量	百分比	数量	百分比	数量	百分比	数量	百分比
HHI <1 800 低位寡头垄断型（Ⅰ）	0	0	0	0	0	0	0	0
1 800≤HHI<3 000 高位寡头垄断型（Ⅱ）	80	12.77	53	14.16	63	9.88	79	14.66
3 000≤HHI<4 000 高位寡头垄断型（Ⅰ）	384	40.67	326	40.04	254	31.06	289	33.32

HHI 区间分布	数量	百分比	数量	百分比	数量	百分比	数量	百分比
4 000≤HHI＜5 000 高位寡头垄断型（Ⅰ）	404	21.36	395	19.92	297	21.59	317	20.09
5 000≤HHI＜6 000 高位寡头垄断型（Ⅰ）	354	13.37	420	13.40	285	13.80	307	11.64
6 000≤HHI＜7 000 高位寡头垄断型（Ⅰ）	206	4.39	203	4.79	195	7.43	183	6.46
7 000≤HHI＜8 000 高位寡头垄断型（Ⅰ）	144	1.80	138	1.78	179	5.09	173	4.46
8 000≤HHI＜9 000 高位寡头垄断型（Ⅰ）	118	0.80	116	0.92	198	3.51	184	2.82
9 000≤HHI＜10 000 高位寡头垄断型（Ⅰ）	109	0.60	113	0.97	189	3.41	156	2.15
HHI＝10 000 完全垄断型	85	4.24	79	4.02	73	4.23	86	4.41

数据来源：根据《中国银行业农村金融服务分布图集》数据计算。市场结构的判断可参考表 4-2 中日本公正交易委员会根据 HHI 分类的市场形态。

应该注意到，在各年所考察的样本中 HHI 最大值为 10 000，这是完全垄断市场的标志。2012 年所观测的 473 个样本市场中，有 85 个属于完全垄断；2013 年所观测的 481 个样本市场中，有 79 个属于完全垄断；2014 年所观测的 481 个样本中，有 73 个属于完全垄断；2015 年所观测的 493 个样本中，有 86 个属于完全垄断。虽然各年度观测样本数存在差异，具体的完全垄断市场并不完全一样，但从完全垄断市场数量来看，要在西部金融市场中引入竞争还任重道远。

在各年所考察的样本中，HHI 最小值分别为 2 111、2 152、2 083、2 143，逐步接近低位寡头垄断型（Ⅰ）市场与高位寡头垄断型（Ⅱ）市场的分界线（1 800），这说明在部分市场的竞争相对较为激烈。这些市场没有任何一家机构的市场份额能大于 50%。例如，2015 年贷款市场 HHI 为 2 143，开平方后得到 46.29，意味着 2015 年贷款市场单一机构市场份额的上限是 46.29%。这样的市场可能属于多寡头垄断，也可能属于寡头领导、大中小共生的市场结构。

3. 中小企业贷款集中度

表 4-9 反映了西部县域金融市场中小企业贷款集中度。如表 4-9 所示，2012～2015 年，西部县域金融市场中小企业贷款集中度的平均值分别为 5 833、5 877、6 490、6 281，市场集中度非常高，属于高位寡头垄断型（Ⅰ）。样本市场中没有任何一个县域市场的 HHI 低于 1 800，不存在低位寡头垄断型。属于高位寡头垄断型（Ⅰ）市场的也非常少。在当年所考察样本中，高位寡头垄断型（Ⅱ）市场的比例分别为 4.05%、2.76%、3.37% 和 4.20%，变化不大。

2012～2015 年，中小企业贷款市场 HHI 平均值总的来看高于整体贷款市场，说明其垄断程度高于整体贷款市场。从中小企业贷款市场的 HHI 分布来看，2015 年仍然有近 40% 的市场在 7 000 以上，有 1 家金融机构的市场份额远远超过其他金融机构，其垄断地位无法撼动，甚至都没有双寡头竞争的可能。

表 4-9　2012～2015 年西部县域金融市场中小企业贷款集中度（HHI）

年份	2012		2013		2014		2015	
样本总数	490		485		489		493	
最大值	10 000		10 000		10 000		10 000	
最小值	2 151		2 402		2 009		2 009	
平均值	5 833		5 877		6 490		6 281	
中位数	5 190		5 275		6 173		5 760	
极差	7 849		7 598		7 991		7 991	
标准差	2 190		2 111		2 315		2 304	
HHI 指数区间分布	数量	百分比	数量	百分比	数量	百分比	数量	百分比
HHI ＜1 800 低位寡头垄断型（Ⅰ）	0	0	0	0	0	0	0	0
1 800≤HHI＜3 000 高位寡头垄断型（Ⅱ）	80	4.05	53	2.76	63	3.37	79	4.20
3 000≤HHI＜4 000 高位寡头垄断型（Ⅰ）	384	19.43	326	17.00	254	13.57	289	15.36
4 000≤HHI＜5 000 高位寡头垄断型（Ⅰ）	404	20.45	395	20.59	297	15.87	317	16.84
5 000≤HHI＜6 000 高位寡头垄断型（Ⅰ）	354	17.91	420	21.90	285	15.22	307	16.31
6 000≤HHI＜7 000 高位寡头垄断型（Ⅰ）	206	10.43	203	10.58	195	10.42	183	9.72
7 000≤HHI＜8 000 高位寡头垄断型（Ⅰ）	144	7.29	138	7.19	179	9.56	173	9.19
8 000≤HHI＜9 000 高位寡头垄断型（Ⅰ）	118	5.97	116	6.05	198	10.58	184	9.78
9 000≤HHI＜10 000 高位寡头垄断型（Ⅰ）	109	5.52	113	5.89	189	10.10	156	8.29
HHI＝10 000 完全垄断型	177	8.96	154	8.03	212	11.32	194	10.31

数据来源：根据《中国银行业农村金融服务分布图集》数据计算。市场结构的判断可参考表 4-2 中日本公正交易委员会根据 HHI 分类的市场形态。

4. 西部金融市场集中度的总体判断

综合表 4-7～表 4-9 所反映的 2012～2015 年西部县域金融市场存款集中度、

贷款集中度和中小企业贷款集中度分析，存款市场竞争最为激烈，中小企业贷款市场垄断程度最高。依照垄断程度排序，分别是中小企业贷款市场高于整体贷款市场，整体贷款市场高于存款市场。在各类市场内部，不同县域市场之间的区域差异很大，部分市场处于完全垄断状态，而部分市场已经步入高位寡头垄断型（Ⅱ）状态，少部分已经接近低位寡头垄断型（Ⅰ）市场状态。2012～2015年，各类市场的HHI平均值变化不大，变化区间都在10%以内。表4-10是根据表4-7～表4-9对2012～2015年西部各类市场HHI平均值和变化情况的汇总。

表4-10   2012～2015年西部各类市场HHI平均值和变化情况汇总

年份	2012	2013	2014	2015	2015年较2012年HHI
存款市场	3 491	3 506	3 518	3 520	0.83
贷款市场	4 391	4 400	4 976	4 710	7.26
小企业贷款市场	5 833	5 877	6 490	6 281	7.68

注：数据来源与计算方式参见表4-7～表4-9。2015年较2012年HHI＝（2015年HHI平均值－2012年HHI平均值）/2012年HHI平均值×100%。若值是负数，则HHI平均值下降；若值是正数，则HHI平均值上升。

4.1.5   西部金融市场的进入壁垒

1. 政策法规壁垒

由于金融企业具有重要的经济意义、极大的外部性及宏观调控作用（杨德勇，2004），各国政府普遍对金融市场进行严格管制。政府的政策法规限制，对金融市场的进入形成政策法规壁垒。很多国家，尤其是对发展中国家来说，金融市场的政策法规壁垒对金融市场发展具有很大影响，远远超过其他壁垒的影响。金融市场的政策法规壁垒，主要表现为金融监管部门对金融市场的准入限制。金融市场准入主要是指允许某一市场主体可以进入金融市场并从事金融活动的一系列制度或规则。它一般是由金融监管部门规定的，影响金融业的市场进入和市场结构。一般包括以下几个方面。

1）现阶段西部主要金融机构注册资本金的基本要求，如表4-11所示。

表4-11   金融机构注册资本金的基本要求

机构	注册资本金
全国性商业银行	≥10亿元
城市商业银行	≥1亿元
农村商业银行	≥5 000万元
农村合作银行	≥2 000万元
农村信用合作社	≥100万元
县（市、区）农村信用合作联社	≥300万元

续表

机构	注册资本金
村镇银行	地（市）≥5 000 万元
	县（市）≥300 万元
	乡（镇）≥100 万元
贷款公司	≥50 万元
农村资金互助社	乡（镇）≥30 万元
	村≥10 万元

资料来源：根据相关政策法规整理。

2）资本投入的主体限制。目前，金融机构准入的资本范围已经基本放开，但股东资格和股权结构还受到限制。国家积极支持和引导境内外的银行资本、产业资本和民间资本到西部投资、收购及新设村镇银行、贷款公司和农村资金互助社，支持各类资本参股、收购、重组现有西部银行业金融机构。但考虑到股东资格和股权设置上的要求，西部金融市场的实际准入壁垒仍然较高。必须指出的是，我国对民营银行的进入设置了更为严格的壁垒。具体到新型农村金融机构，除了农村资金互助社外，村镇银行必须以现有银行业金融机构为主导，贷款公司必须由商业银行和农村合作银行全资设立。民营资本的放宽准入，放宽的只是民营资本的参与，而不是独立组建的民营银行（杜兴端和杨少垒，2011）。这也是目前小额贷款公司不愿意改组为村镇银行的一个非常重要的原因，因为一旦转为村镇银行，小额贷款公司的股东就将失去控制权[①]。资本进入与金融机构进入是两个概念，西部金融市场的放宽准入只是对既有银行类金融机构降低进入壁垒，而对民营金融机构实际上还存在一扇"玻璃门"。从这个角度而言，行政性进入壁垒仍然很高。

3）业务范围限制。从业务范围上看，我国目前实行银行业与证券业、保险业、信托业的分业经营；具体到银行类金融机构内部，各商业银行、农村合作银行、村镇银行的业务范围除在个别项目上有一定区别，主要的业务范围并无大的区别（杜兴端和杨少垒，2011）。我国商业银行实行的总分行制，对分支机构跨地理边界没有严格限制，但对区域性中小金融机构有一定的要求，具体地域范围限制如表 4-12 所示。国家鼓励和支持专业经验丰富、经营业绩良好、内控管理能力强的各类商业银行和农村合作银行到农村地区设立分支机构。

表 4-12　主要金融机构经营地域限制

机构	经营地域范围
全国性商业银行	全国经营
城市商业银行	以本地经营为主，符合条件的允许跨区域经营

---

① 2008 年 5 月 4 日发布的《中国银行业监督管理委员会中国人民银行关于小额贷款公司试点的指导意见》中的规定。

机构	经营地域范围
农村商业银行	以本地经营为主，符合条件的允许跨区域经营
农村合作银行	以本地经营为主，符合条件的允许跨区域经营
农村信用合作社	不得跨区域经营
县（市、区）农村信用合作联社	不得跨区域经营
村镇银行	不得异地经营
贷款公司	不得异地经营
农村资金互助社	为社员提供存贷款服务

资料来源：根据相关政策法规整理。

4）高管从业资格限制。我国对金融机构的高管人员准入资格进行较为严格的限制。但是考虑到农村地区的实际情况，对新型农村金融机构的高管人员准入资格有相对较低的限制。例如，村镇银行、信用合作组织、贷款公司董事及高管任职资格就要低一些。

2. 规模经济壁垒

规模经济壁垒的高低，主要取决于市场容量的大小、最小有效规模产量相对于市场容量的大小、产量小于最小有效规模产量时平均成本曲线斜率的大小 3 个方面。在现实市场环境中，规模经济往往是重要的进入壁垒之一。金融服务具有规模经济效益，在不降低服务质量的前提下，存在更多的客户和业务意味着更低服务能力的闲置，也意味成本更低及效益更高。陈鹏和孙涌（2007）发现，就县域一级比较而言，中国农业银行贷款服务成本比县级农村信用联社略低，主要是因为中国农业银行经营管理较为集中，单笔业务规模也比农村信用社大，存在规模经济效益；非政府组织发放小额贷款成本较高，其中一个重要原因是没有规模经济效益。但整体而言，西部金融市场客户与业务较为分散，难以充分发挥金融机构的服务能力。因此，规模经济对西部金融机构既重要又难以实现。

1）考虑最小有效规模问题。如果最小有效规模很大，那么低于最小规模经营就会形成竞争劣势。过大的最小有效规模会形成进入壁垒。对西部金融最小有效规模测度是一个难题，通常采用工程法、成本法和生存法来估计最小有效规模（臧旭恒等，2007）。陈鹏和孙涌（2007）在对贵州省农村地区金融机构的金融服务成本研究中指出，1 000 万元的贷款规模可以近似认为是农村金融机构的最小有效规模。郭晓鸣（2015）则指出，据村镇银行内部测算，按照 8.5%左右贷款加权年利率，5%左右资金成本，年均 50 万元左右费用总支出，村镇银行只有达到日均 2 500 万～3 000 万元的存款规模，日均 1 500 万元左右的贷款规模，才能达到盈亏平衡。曾庆芬（2009）根据生存法估计最小有效规模，建立了一个估算自负盈亏的商业性金融机构在西部乡镇运营至少需要的存款规模模型。假设一个乡镇的商业性金融机构相关业务指标：存款为 A 万元，存贷比为 X，贷款为 A×X，日均现金库存 B 万元，营业税及附加税率为 t，贷款一般利率为（1 年期）r_1，存款一般利率为（1 年期）r_2，呆账准备金率为 c，存款准备金率为 d。该机构至少需要 4 名员工，年人均费用为 Y 万元，提足呆账准备金、留足存款准备金、缴足营业税及附加，则该金融机构盈亏平衡点所需存款规模为

$$A^k = \frac{4Y + Bd}{X(r_1 - d - r_1 t - c) + d - r_2}$$

由于各金融机构经营管理水平、成本结构均不同，对各类金融机构最小有效规模估计非常困难。但不容置疑的是，各类金融机构需要一个能维持正常经营的最小有效规模。

2）考虑西部金融市场容量问题。西部金融机构要实现最小有效规模，不仅取决于金融机构自身的努力，还取决于市场容量。如果市场容量很大，那么就能容纳更多的机构在最小有效规模之上经营。如果市场容量非常小，那么一家机构就能使市场饱和。如果市场容量小到低于最小有效规模，那么就没有机构愿意提供服务。

从总体业务量来看，西部金融市场容量有限，在金融机构存在最小有效规模的情况下，较小的市场容量意味着更激烈的竞争和更艰难的生存机会，从而形成更高的进入壁垒。西部县域经济实力相对于经济发达地区存在较大差距，特别是西部农村，经济规模与市场容量都难以支撑多家金融机构的生存。一旦存在一个具有较高市场份额的在位者，新机构的进入将变得非常困难。如果剩余市场容量不足，即使放开准入，各类金融机构也不愿意进入西部金融市场（杜兴端和杨少垒，2011）。根据前述西部金融市场各家金融机构市场份额的分析可以看出，在现阶段已经完全消灭县一级金融机构空白的情况下，基本上每一个县域市场存在具有极高市场份额的在位者，主要是中国农业银行和农村合作金融机构。郭晓鸣（2015）对四川仪陇惠民村镇银行的研究发现，由于市场份额小，村镇银行营利困难，可持续发展面临挑战。尽管 2015 年仪陇县的存款总规模达到 231 500 万元，贷款总规模达到 88 200 万元，但由于当地农村金融市场的在位者——农村信用社、中国农业银行和其他金融机构占据 99% 的市场份额，四川仪陇惠民村镇银行只占据 1% 的市场份额，不能达到日均 2 500 万～3 000 万元的存款规模及日均 1 500 万元左右贷款规模的盈亏平衡要求。尽管仪陇县的市场容量超过了村镇银行盈亏平衡的基本要求，但新进入者在仪陇县金融市场总体规模不能迅速扩大的情况下，其每一市场份额的增加都来自对其他在位机构市场份额的争夺。

尽管西部金融市场普遍存在贷款难问题，大量贷款需求不能被满足，但这并不意味着金融市场规模经济壁垒很低；相反，贷款难现象在一定程度上是西部金融市场高规模经济壁垒的结果。其可能存在的原因：第一，虽然西部金融市场存在高于金融机构最小有效规模的市场容量，但由于现存机构已经在金融机构"合

意"的业务①范围内占有巨大的市场份额，优质客户资源已经被占据，新的进入者能获取的市场份额很小。即使存在剩余市场容量，也都是质量较为低下的业务。郭晓鸣（2015）反映的四川仪陇惠民村镇银行的案例符合这种情况。第二，进入者面临的剩余贷款需求较高，剩余存款需求很低。尽管贷款市场存在的大量剩余需求可能满足金融机构的规模经济要求，但是西部金融市场激烈的存款竞争使存款市场留下的市场份额太小，不能满足新进入者的规模经济要求。存款业务与贷款业务相对规模的不匹配也形成进入壁垒，阻碍新机构的进入。第三，西部金融市场大量贷款需求不能被满足，这个所谓的"大量"低于金融机构最小有效规模同样不能满足金融机构规模经济的要求。这属于典型的由市场容量造成的规模经济壁垒。江乾坤（2014）研究发现，以贵州省江口华地小额贷款股份公司所在的江口县为例，江口县的人口为20多万人，大概有4万个家庭，若30%的家庭贷款，每笔贷款金额为2 000元，大概会有2 400万元的贷款，远远低于亚洲开发银行研究结果所要求的2 000万美元贷款额的小额贷款机构盈亏平衡点。

3. 转换成本壁垒

作为一种进入壁垒，转换成本是指购买者放弃购买在位厂商产品，转而购买新厂商产品所面临的一次性成本。转换成本是普遍存在的，消费者在不同金融机构之间的转换，也受到转换成本的影响。亚当斯和布罗克（2003）指出，当客户从一家银行转到另一家时，他们会面临大量的转换成本。像开户销户、安排直接存款和自动票据支付等业务可能很烦琐并耗时。即使别的银行会提供更好的价格与服务，许多客户也可能会保持与现存银行的关系。

在西部金融市场，客户在不同金融机构之间转换，同样面临大量的转换成本。在一定条件下，这种转换成本很高，可能使新机构很难进入该市场（杜兴端和杨少垒，2011）。客户通过在一家金融机构的重复交易，可以建立信用记录；如果各个机构之间的信用记录不能共享（这是当前西部金融市场的普遍情况），那么转换服务机构将不得不重新建立信用记录。即使信用记录可以共享，消费者的信用信息还有部分信息是不能在机构之间传递的，这也会造成一定的损失。大量研究显示，在西部金融市场，由于贷款难问题的普遍存在，消费者需要在利息之外支付一定的"关系投资"；当消费者转换金融机构时，过去的关系投资将成为沉没成本，需要对新机构的相关人员重新进行投资。

西部金融市场的转换成本壁垒对消费者选择行为和金融机构市场进入存在很大影响。由于存在转换成本，客户不会轻易在金融机构之间转换，除非这种转换收益足够高。如果考虑到西部金融市场单次交易金额小，难以形成足够大的净效用差，就会形成高转换成本壁垒。高转换成本壁垒使新机构难以从在位机构手中

---

① "合意"的业务，是指金融机构主观上愿意发放贷款的业务。

争夺老客户。老客户都是经过在位机构"检验"的优质消费者，而新机构对老客户（优质消费者）的争夺非常困难，潜在进入者就不会选择进入这样的市场。在位机构的市场份额和地位将得到进一步巩固。

4．网络效应壁垒

网络效应或网络外部性是指消费的外部性，即购买某种商品的消费者数量的增加将提高消费者的效用水平，从而增加消费者对该商品的需求（杨公朴等，2005）。西部金融市场也同样具有这种网络效应。金融机构客户越多，单位服务成本越低且收益越高，区域重要性就越上升，其越容易受到重视。因此，该机构的稳定性和服务质量越有保证，预期越可靠，而这会增加其客户数量和提高市场份额。一个更大的金融机构可能具有更高的品牌知名度和美誉度，就更容易取得消费者的信任，更容易吸收存款，更容易抵御危机。而一个业务范围与业务量有限且预期不稳定的金融机构，是难以获得更多客户的。拥有更多客户的金融机构会获得更多的客户，并形成马太效应。

在西部金融市场中，中国邮政储蓄银行和农村合作金融机构已占据大量的市场份额，而村镇银行等新型金融机构，作为新进入者将面临经营困难。与前者相比，存款上无法与之竞争，缺乏存款人的新型金融机构，难以获得更多存款人的信任。贷款业务上，如果前者的分支行发展得非常好，就可能获得更大的经营权限。面对愿意竞争的农村合作金融机构或者中国邮政储蓄银行，村镇银行等新型金融机构的竞争实力就非常有限。

5．产品差异化壁垒

产品差异化是一种重要的非价格壁垒，产品差异化程度越高的市场，进入壁垒越高，其核心是在位厂商在市场中拥有进入厂商所没有的消费者偏好优势。现阶段，西部金融机构之间存在的主观差异是比较大的，其品牌认知也大不相同。例如，农村客户认为中国农业银行是国有大银行，具有最高品牌知名度和信任度，特别是存款客户更偏爱国有大银行。在同等条件甚至利率略有差异下，他们也会更钟情于国有大银行。农村信用社虽然拥有较高知名度（因接近农村客户），但品牌信任度较中国农业银行要差很多，而村镇银行等新型金融机构更是遭遇不信任，特别是在当前各家金融机构都通过营销推广，竭力构建良好产品差异化形象的情况下，市场新进入者必将遭遇定位难题和产品差异化壁垒（杜兴端和杨少垒，2011）。

6．绝对成本优势壁垒

1）资金成本优势。金融机构发放贷款的资金，要么来源于自有资本，要么来源于吸收存款，或者来源于中央银行再贷款及同业拆借资金。银行类金融机构属于高杠杆经营企业，自有资本有限。因此，其典型经营模式是负债经营，主要依靠吸收存款资金。资金来源是决定其生存和发展的关键，吸收存款的能力很大程度上决定其资金成本。吸收存款能力更强的金融机构具有更低的资金成本，在位金融机构拥有先入优势，已经赢得了一定的信誉，更容易吸收存款。因此，在位金融机构拥有较大的绝对成本优势。现阶段西部金融市场的主要在位金融机构，如中国邮政储蓄银行、农村信用社和中国农业银行，都具有相对较高的吸收储蓄能力，因此具有较低的资金成本。由于存款客户的信任问题，村镇银行普遍出现吸收储蓄困难的情况，并难以获得较低成本的资金来源，而形成绝对成本优势壁垒。

2）信贷技术优势。在位金融机构经过长期经营，一般有比较成熟的信贷技术，而新进入金融机构要掌握适应当地市场的信贷技术，就需要支付学习成本和时间成本。在西部农村金融市场，农村信用社和中国农业银行长期从事农村信贷，积累了一套成熟的服务经验和技术，从而更能够控制农业信贷的风险和成本。新进入金融机构对该领域信贷技术的学习和掌握需要一定时间（即面临更高成本）。因此，在位金融机构拥有绝对成本优势，使新进入者面临绝对成本优势壁垒。

7. 总体判断

总体而言，西部金融市场存在较高的进入壁垒。其形成原因不仅是政策法规限制，更多的是来自其他经济性因素的影响。当前市场准入得到了调整和放宽，而经济性壁垒的影响更为重要。各类经济性壁垒将影响市场投资者对西部金融市场的进入预期与行为。进入壁垒是影响金融市场结构重要的因素之一，是金融机构垄断和寡占的必要条件，因此西部金融市场的寡占结构具有客观性。若寄希望于降低市场准入门槛而引发大规模的市场进入，进而增强市场竞争活力，在短期内无疑是不现实的。

4.2　西部金融组织的市场行为

4.2.1　西部金融组织的定价行为

1. 存款市场的定价行为

（1）完全垄断市场的存款定价行为

从西部金融市场结构的分析中可以看到，2015 年统计的 493 个样本县域市场中，有 64 个市场属于完全垄断市场结构。我国利率市场化改革对存款利率实行的是上限管理，即存款利率不得高于中国人民银行基准利率，下限放开，由各金融机构自行确定。既然存在完全垄断的市场结构，因此有必要分析在完全垄断条件下垄断金融机构的存款定价行为。图 4-1 反映了买方垄断条件下金融机构的存款定价行为。在买方垄断市场上，垄断买主有关购买量的决策将影响其支付的价格。

垄断买主通过选择市场供给曲线上的价格—产量组合来决定购买的数量。图 4-1 定义了一条向下倾斜的金融机构存款需求曲线，一条向上倾斜的储户存款供给曲线。此外，还定义了一条金融机构的边际支出曲线。边际支出曲线位于向上倾斜的存款供给曲线的上方，因为垄断的金融机构必须为多吸收一单位的存款而提高所有存款的利率。垄断金融机构利润最大化的利率—存款量组合取决于其存款需求曲线和其边际支出曲线的交点。在这一点，存款需求曲线决定的边际收益等于其边际支出。图 4-1 中的这一组合是垄断吸储量 D_m 和垄断利率 r_m。可以看到，由存款需求曲线和存款供给曲线决定的竞争条件下的吸储量为 D_e 和 r_e，D_e 大于 D_m，r_e 高于 r_m。在这样一个市场上，垄断金融机构支付的利息率 r_m 低于竞争性水平下的利息率 r_e，垄断的金融机构获得了市场势力。其市场势力表现为其将垄断利息率定在竞争性利息率之下的能力，在图 4-1 中表现为金融机构垄断解（D_m, r_m）之处存款需求曲线和存款供给曲线之间的距离。

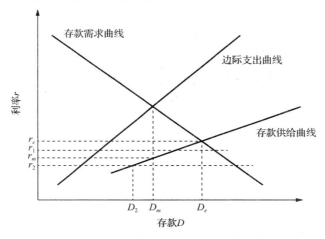

图 4-1　买方垄断条件下金融机构的存款定价行为规律图

图 4-1 中还考虑了农村金融市场的利率上限管理。在"放开下限，管理上限"的政策下，如果利率上限为 r_1，r_1 高于 r_m，那么对农村金融机构没有任何影响，它仍然按照垄断利率 r_m 吸收 D_m 的垄断储蓄量。如果利率上限为 r_2，r_2 低于 r_m，那么，按照管制利率上限 r_2 吸收 D_2 的储蓄量，该储蓄量低于理想吸储量 D_m。在这种情况下，农村金融机构可能暗中绕开利率上限 r_2，通过变相利率支付①，将实际利率水平提升到 r_m，从而实现理想的吸储量 D_m。管制利率只是名义利率，实际利率取决于金融机构的利润最大化行为。

我们在西部金融市场通常观测到金融机构对储户执行基准存款利率（上限利率），较少发现以低于利率上限的方式吸收存款。那么该存款利率是否为垄断金融

———————————
① 如向储户赠送礼品等其他非利息形式支付。

机构的理想利率（垄断存款利率 r_m）呢？本书作者认为，在一个完全垄断的存款市场中，该利率不一定等于垄断金融机构的垄断存款利率，但不可能高于它。一是该上限利率恰好等于垄断金融机构的垄断存款利率，金融机构按照该利率吸收垄断储蓄量 D_m（也是利润最大化的储蓄量）；二是该上限利率低于垄断金融机构的垄断存款利率，但垄断金融机构严格执行国家的存款利率上限管制，金融机构按照管制上限利率吸收低于垄断储蓄量 D_m 的储蓄量 D_2（但这不会是一个均衡）；三是该管制上限利率低于垄断金融机构的垄断存款利率，垄断金融机构为了吸收理想的存款量 D_m，直接突破管制利率上限，或者通过变相利率支付间接地突破管制利率上限，将实际利率水平提升到垄断利率 r_m，从而实现利润最大化。

（2）寡头垄断市场的存款定价行为

西部多数县域存款市场属于寡头垄断市场，几家金融机构共同分享市场份额。而在负债经营管理理念的主导下，各家金融机构都尽可能多地吸收存款。当几个寡头之间展开价格竞争（提高利率吸收存款）时，其彼此行为将互相影响。伯川德（Bertrand）模型可以较好地分析寡头之间的价格竞争行为。为了简化，我们假定某一寡头垄断的存款市场是双寡头竞争，如农村信用社 A 和中国邮政储蓄银行 B，两家机构都同时定价，农村信用社 A 提供的存款利率是 r_A，中国邮政储蓄银行 B 提供的存款利率是 r_B。暂不考虑两者产品差异化，即两家机构提供的存款服务是同质的，可以完全替代；两家机构的吸收储蓄愿望强烈，能够完全吸纳所有存款。农村信用社 A 吸收的存款数量 D_A 不仅取决于自身的存款利率 r_A，而且受中国邮政储蓄银行 B 提供的存款利率 r_B 的影响，也就是说，农村信用社 A 吸收的存款数量 D_A 是自身存款利率 r_A 和中国邮政储蓄银行 B 提供的存款利率 r_B 的函数，即 $D_A = D_A(r_A, r_B)$；同理，$D_B = D_B(r_A, r_B)$。若两者均能够将其吸收的存款以相同的回报率 R 投资于无风险工具（或资产），两者边际管理成本相等，都为 c，则：

农村信用社 A 的预期利润：$\pi_A = (R - r_A - c) D_A(r_A, r_B)$；

中国邮政储蓄银行 B 的预期利润：$\pi_B = (R - r_B - c) D_B(r_A, r_B)$。

如果两者存款服务是同质的，可以完全替代，那么可以预期两家机构中提供更高存款利率的机构将获得所有储户的青睐，吸收所有存款，而提供更低利率的机构吸收到的存款数量为零。如果两家机构提供相同的价格，则双方将各自获得市场存款量的一半。伯川德模型的结果是两家机构均会制定相同的尽可能高的存款利率，即均衡利率 $r^* = r_A = r_B = R - c$，最大限度地吸收存款，并且各自所获得的经济利润为零，以达到完全竞争的结果。

2. 贷款市场的定价行为

（1）完全垄断市场的贷款定价行为

贷款业务是金融机构的主要业务，也是研究西部金融市场的主要方面。关注新型城镇化进程中的贷款难问题，其实质，一是金融机构愿不愿意放贷的问题，二是西部资金需求者能不能以合理的价格获得贷款的问题。在完全竞争条件下，市场能够自动出清，借款人能以均衡价格获得其需要的充足的贷款，金融机构也能够以均衡价格无风险地贷出充足的款项，并获得零经济利润[①]。但本书发现，各个具体的县域贷款市场都处于高位寡头垄断甚至完全垄断的市场结构之中。考虑到西部金融市场主要金融机构有不同的市场定位，进一步进行市场细分，在小微企业贷款市场，垄断特征更为明显。按照市场结构决定市场行为的观点，在高位寡头垄断和完全垄断市场中，金融机构贷款定价极具特点。

1）分析完全垄断条件下的贷款定价行为。图 4-2 反映了卖方垄断条件下的金融机构贷款定价行为，假设市场上只存在一家金融机构，即完全垄断当地的贷款市场。其面对一条向下倾斜的需求曲线 DD，边际成本曲线 MC，边际收益曲线 MR。按照一般的垄断厂商定价理论，追求利润最大化的垄断金融机构将在边际收益 MR ＝边际成本 MC 处决定均衡贷款供给量 L_m，该供给量对应的垄断贷款利率为 r_m。可以看到，由贷款需求曲线 DD 和边际成本曲线 MC（如果市场是竞争的，我们假设它是市场供给曲线）决定的竞争性利率水平为 r_c，竞争性贷款供给量为 L_c，r_c 低于 r_m，L_c 大于 L_m。在金融机构垄断条件下，其收取的贷款利率 r_m 高于竞争条件下的贷款利率 r_c，垄断的西部金融机构获得了市场势力。其市场势力表现为其将垄断利息率定在竞争性水平利息率之上的能力，在图 4-2 中表现为 r_m 与 r_c 之间的差距。同时，在垄断条件下，贷款供给量 L_m 小于社会理想供给量 L_c（竞争性条件供给量），造成社会福利损失。这只是最简单的情况。

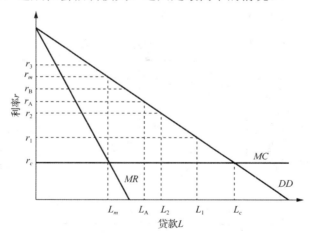

图 4-2　卖方垄断条件下金融机构的贷款定价行为规律图

斯蒂格利茨（2009）指出，由于信息不完美，贷款市场存在一个最优利率。超过这个最优利率，金融机构的期望收益会随着利率的上升而下降。最优利率是

_____

① 即使在完全竞争条件下，贷款人也必须获得正常利润（资金的正常回报），只是不能获得超额利润。

金融机构利润最大化的利率。在没有利率管制的情况下，金融机构将收取最优利率。最优利率不可能高于垄断条件下的垄断利率，如图 4-2 所示，最优利率 $r_B \leqslant r_m$（垄断利率），这时的垄断金融机构收取的利率为最优利率 r_B。

2）考虑西部金融市场的利率管制问题。现阶段，根据我国利率市场化改革进程，西部贷款市场实施了"管住下限，放开上限"的政策，而实际运作中的农村合作金融机构，实行的是中央银行基准利率 0.9～2.3 倍的贷款利率浮动区间，其他金融机构实行的是中央银行基准利率 0.9～4.0 倍的贷款利率浮动区间。因此，西部金融市场存在一个基于中央银行基准利率的利率管制问题。在某个具体的区域市场，不论垄断的金融机构是农村信用社、中国农业银行还是中国邮政储蓄银行，其制定贷款价格不仅要考虑最优利率，还要考虑面临的管制利率。实际利率水平取决于管制利率和最优利率，垄断金融机构实际收取两者之间的低者。如图 4-2 所示，3 个不同的管制利率 r_1、r_2 和 r_3，与最优利率 r_B 的关系是 $r_1 < r_2 < r_B < r_3$。当管制利率为 r_3 时，垄断金融机构将按最优利率 r_B 定价。当管制利率是 r_1 时，垄断金融机构将不得不按低于最优利率 r_B 的管制利率 r_1 定价。由此可见，西部金融市场上农村信用社贷款利率管制上限扩大后必将一浮到顶。并且，只要管制利率浮动上限低于最优利率 r_B，农村信用社就必然选择一浮到顶的涨价模式。

3）横向比较。表 4-13 反映了 2015 年第一季度不同类型金融机构的贷款利率浮动期间占比情况。农村信用社的利率上浮幅度明显大于其他各类金融机构。而农村信用社在西部县域金融市场的事实垄断地位，其实行利率上浮的市场势力要比其他各类金融机构大得多，这才能够实行更大的利率上浮幅度。

表 4-13　2015 年第一季度不同类型金融机构的贷款利率浮动区间占比/%

机构	下浮	基准	上浮				
	[0.9，1)	1	(1，1.3]	(1.3，1.5]	(1.5，2]	2 以上	合 计
合计	23.63	30.51	29.89	7.53	7.37		45.86
四大国有商业银行	31.12	32.41	34.06	1.97	0.42	0.01	36.47
股份制商业银行	28.01	36.42	34.48	0.80	0.16	0.13	35.57
外资商业银行	43.52	27.15	28.49	0.83		0.01	29.33
城市商业银行	15.17	26.47	38.63	12.8	5.96	0.97	58.36
农村信用社	2.36	8.55	22.32	27.86	34.10	4.82	89.09
政策性银行	28.82	69.4	1.33				1.34

数据来源：中国人民银行货币政策分析小组：《中国货币政策执行报告》，2015 年第一季度。

注：城乡信用社浮动区间为[0.9，2.3]。

如果进一步考虑西部金融市场的民间借贷，那么处于完全垄断地位的西部县域金融机构事实上只是体制内金融市场的完全垄断。如果民间借贷和体制内金融借贷可以互相替代，民间借贷利率应当理解为当地实际市场利率。

本书作者认为，西部金融机构贷款定价的顶部是多重的：一是国家政策规定的利率浮动上限,二是实际市场利率(如果确实能被观测到),三是金融机构的最优利率。最优利率是一个"硬顶"或"实顶",理性金融机构绝不会突破;而国家政策规定的利率管制上限,是一个"软顶"或"虚顶",是最容易突破的。实际市场利率的影响取决于正规金融机构借贷和民间借贷之间的关系。如果民间借贷和正规金融机构借贷存在较高的替代性,那么农村金融机构面临的顶部即为实际市场利率;否则,为最优利率。垄断的金融市场上,垄断金融机构有可能利用其市场势力变相收取隐性利率,借款人实际承担的利率将会突破国家规定的上限,并达到实际市场利率或最优利率的顶部。其收取方式有很多,包括其他贷款限制条件、额外费用及金融权力寻租。谢平和陆磊(2013)研究发现,有 73.7%的小微企业及个体经营者认为,为了获得贷款,平均需要多支出大约 6%利率水平的申请费用,以及相当于 3%利率水平的关系维持费用,两项费用之和比名义利率高出9%。这实际上证明了金融机构收取的实际利率突破了国家利率管制上限,达到了实际市场利率的顶部。

(2)寡头垄断市场的贷款定价行为

西部金融市场中,尽管金融机构之间存在一定的产品差异,但还是有一定的交集。西部大部分县域市场一直处于农村合作金融机构、中国农业银行、中国邮政储蓄银行等机构所共同形成的寡头垄断市场结构。寡头之间的竞争行为复杂,既可能存在竞争,也可能存在合谋。这里先分析竞争定价。

1)寡头垄断条件下的竞争定价行为。同对贷款市场的分析类似,为了简化,我们假定某一寡头垄断的农村贷款市场是双寡头竞争,如农村合作银行 A 和中国邮政储蓄银行 B,两家机构同时定价,农村合作银行 A 提供的贷款利率是 r_A,中国邮政储蓄银行 B 提供的贷款利率为 r_B。暂时不考虑两者之间的产品差异化,两家机构提供的贷款服务是同质的,可以完全替代;两家机构的贷款供给能力充足,能够满足整个市场的贷款需求。农村合作银行 A 发放的贷款数量 L_A 不仅取决于自身的贷款利率 r_A,而且受中国邮政储蓄银行 B 提供的贷款利率 r_B 的影响,也就是说农村合作银行 A 发放的贷款数量 L_A 是自身贷款利率 r_A 和中国邮政储蓄银行 B 提供的贷款利率 r_B 的函数,即 $L_A = L_A(r_A, r_B)$;同理,中国邮政储蓄银行 B 发放的贷款数量 L_B 不仅取决于自身的贷款利率 r_B,而且受农村合作银行 A 提供的贷款利率 r_A 的影响,也就是说中国邮政储蓄银行 B 发放的贷款数量 L_B 是自身贷款利率 r_B 和农村合作银行 A 提供的贷款利率 r_A 的函数,即 $L_B = L_B(r_A, r_B)$。如果两家机构资金成本都为 R_D,两家机构边际管理成本都为 c,则:

农村合作银行 A 的预期利润:$\pi_A = (r_A - R_D - c) L_A(r_A, r_B)$;

中国邮政储蓄银行 B 的预期利润:$\pi_B = (r_B - R_D - c) L_B(r_A, r_B)$。

由于两家机构的贷款服务是同质的,可以完全替代,那么可以预期两家机构中的低利率贷款机构将获得所有的贷款业务,占有全部市场份额,而利率高的贷款机构发放数量为零。如果两家机构贷款利率相同,则双方均分市场贷款量。伯川德模型的结果是两家机构均会制定相同的尽可能低的贷款利率，即均衡利率 $r^* = r_A = r_B = R_D + c$，最大限度地发放贷款，并且各自所获得的经济利润为零，以达到完全竞争的结果。

本书对百色市农村金融机构贷款定价的研究发现，近年来农村信用社利率上限放开至基准利率的 2.3 倍后，实际定价并没有一浮到顶，而是基本保持了与其他商业银行大致相同的利率政策，贷款利率与民间贷款利率逐步趋于均衡。由于该地区金融改革后存在竞争，农村信用社不是该地区唯一的资金供给者，农村信用社在定价时，主要考虑其在金融市场中的份额和需求价格弹性，相互依赖的银行业寡头最终按竞争利率定价，其均衡利率是商业银行、信用合作金融机构、自有资金及民间金融等多方博弈和垄断竞争形成的结果。

2）寡头垄断条件下的合谋定价行为。前述寡头垄断市场金融机构的定价行为，都以金融机构之间会相互竞争，各自独立地追求利润最大化为前提。而某些情况下，金融机构可能联合起来作为一个整体，像完全垄断的金融机构一样决定其价格，这样就可以提高整个产业的利润水平，然后通过各个机构之间的协商来分享垄断利润。这种行为在产业组织理论中称为合谋。西部金融市场存在的默契合谋定价行为包括两个方面：一是价格领导。在西部金融市场，发现了金融机构之间价格领导形式的默契合谋的情况。本书作者在考察广西壮族自治区县域金融市场时发现，由于农村信用社所占的市场份额最大，垄断优势地位明显，其他金融机构定价更多的是跟从其定价。二是价格平行调整。没有明显的率先调价企业，但各企业会根据各种信号（包括舆论），自动按某种价格体系调整；在金融市场这种价格体系通常表现为中国人民银行的基准利率和管制价格。西部金融机构之间的合谋定价行为的发生，取决于以下几种影响因素。

① 市场结构。市场集中度越高，金融机构越少，越容易形成协调，合谋也越容易维持；反之，协调成本就越高，合谋也就越难形成。一旦市场出现合谋垄断定价，新机构就会发现获利机会并进入市场；这样就增加了金融机构数量，形成新的竞争主体，有利于减少西部金融市场的合谋。但当新机构能力较弱时，它可能采取跟随定价策略进入市场。

② 多重市场接触。当金融机构在多个市场中同时竞争时，更容易形成合谋。因为金融机构在多个市场中展开竞争时，担心在一个市场中的价格竞争行为或者背叛行为，招致竞争对手在其他市场上进行报复，所以它们在所有市场上都保持不进行激烈的竞争。因为大银行在许多市场上有广泛的经营业务，并且更可能彼此经常碰面，所以它们更可能受到市场接触的影响。多重市场接触，既可能是因为产品（同时经营存款、贷款、中间业务），也可能是因为地域（同时在多个地理市场从事相同的业务）。从这个意义上而言，跨区域经营的大型商业银行之间更容易形成合谋。对西部金融市场而言，因为信用合作机构和新型农村金融机构有明确的地理范围限制，所以它们不会在地理上形成多重市场接触，不用担心在其他

地理市场的报复,不易参与合谋;而其他跨区域经营的金融机构,既可能在业务上,也可能在地理上发生多重市场接触,更容易参与合谋。中小型金融机构不容易形成合谋,这使农村信用社改革过程中出现的合作金融机构大型化趋势备受关注,一些地方热衷于成立跨县域、地市级甚至省级商业银行、农村合作银行,这会增加合作金融机构的多重市场接触机会,从而增加合谋的可能。同时,放松区域性商业银行和农村合作银行跨区域设立分支机构的限制,会增加西部金融机构之间的多重市场接触机会。鉴于五大商业银行和 12 家股份制商业银行及 3 家政策性银行已经形成全国经营格局,必须在西部县域市场中,保留至少一家有一定竞争实力的、不与其他金融机构发生多重市场接触的竞争者,而农村信用社是最好的选择。对于新型农村金融机构来说,它们没有与其他机构形成多重市场接触,无法对其他机构形成大的竞争压力,对合谋格局难以形成实质性的影响。

③ 交易次数与交易规模。如果金融机构与客户不是经常发生大规模的交易,金融机构之间竞争就更容易产生。首先,大规模的交易,能够形成规模效应而薄利多销。其次,交易次数越少,被报复的机会也就越小,背叛合谋的成本就更低;反之,会因为较低回报遭遇竞争对手的报复而得不偿失。大部分西部农村的金融业务,交易金额较小且次数频繁,金融机构之间更容易对小客户形成合谋定价,如城乡个体经营者贷款、小微企业贷款、小额储蓄存款等。对于优质大客户,金融机构更容易展开价格竞争,如县域内的大项目贷款、大企业贷款、大额储蓄存款等。

4.2.2　西部金融组织的产品差异化行为

1. 产品差异化概述

产品差异化是指市场中的不同厂商生产的同类产品,由于质量、款式、性能、品牌、地理位置、销售服务等方面存在差异,产品间替代的不完全性的状况。它既是一种市场结构特征,也是企业的一种竞争战略。可以将其划分为客观差异与主观差异两大类:客观差异是指产品之间真实存在的差异,主要包括产品质量上的差异和服务上的差异,既包括产品的耐用性、性能上的差异,也包括地理位置、运输成本、售后服务等方面存在差异;主观差异是指消费者感觉上的差异,这种差异可能源自消费者的习惯、偏好不同。厂商在宣传、广告等方面的活动能促进产品主观差异的产生,主观差异有时能够产生安慰剂效应。

在市场运行中,产品差异化与市场结构、市场行为和市场绩效之间存在着较为密切的关系,它们相互影响、互相作用,共同推进市场发展。产品差异化是决定市场结构的重要因素,是一种重要的非价格壁垒;它影响厂商价格形成,是企业重要竞争战略;它通过影响市场结构和市场行为,最终影响市场绩效。产品差异化不仅直接影响价格,还通过市场集中度、进入壁垒、非价格行为等因素间接影响价格,导致市场利润率分布受到影响。

2. 西部金融产品差异化原理

金融业属于服务业，金融机构提供服务产品。在西部金融市场，金融机构主要提供存款、贷款服务及中间业务。金融服务产品的特征包括金融机构服务网点的数量和位置、金融机构服务人员的数量与服务态度、服务的便捷性、服务等待时间、交易成本、服务产品的具体条件、金融机构的信誉度等。各项特征都能够被消费者感知，如果消费者对金融机构服务的这种感知被赋值，则根据各项特征值，具体的金融服务产品被定位在其特征空间中。金融服务的不同表现为其特征值的不同，进而表现为由特征值定位的特征空间坐标不同。

从消费者获得效用的角度来看，西部金融市场的产品存在差异化。金融机构的网点数量与分布、网点距离某一消费者的位置、服务人员数量、服务人员的服务态度和工作效率、消费者在网点的等待时间、服务产品的具体条件、隐性价格成本、机构信誉度等不同特征值的组合，给消费者带来不同的效用。消费者总是选择使其效益最大化的金融服务产品。

在市场结构意义上，产品差异化是指西部金融市场中，由于服务网点的数量和位置、金融机构服务人员的数量与服务态度、服务的便捷性、服务等待时间、交易成本、服务产品的具体条件、金融机构的信誉度等方面的不同，各金融机构之间提供的同类金融服务之间替代的不完全性的状况。

在市场行为意义上，产品差异化是指西部各金融机构为了使自身提供的金融服务产品区别于其他金融机构提供的同类金融服务产品，获得更好的竞争地位和更高的市场回报，而改变自身金融服务产品各项特征值的竞争行为。

3. 西部金融产品客观差异的差异化行为

(1) 金融机构产品的客观差异

西部金融机构产品客观差异，是指不同金融机构提供具体服务的技术能力和水平不同。金融机构市场定位和战略选择能够影响客观差异的形成，如有的金融机构专注公司业务，有的专注某一特定行业，有的专注小额信贷。政府规制等因素所带来的外部限制，也可能造成金融机构服务能力的客观差异，如有的金融机构可以全国经营，有的只能在本地从事业务；有的金融机构被允许从事多元化金融服务，而有的只被允许有限的业务种类等。地理位置差异也是形成客观差异的原因。金融服务可分为公司业务和零售业务。公司业务主要为大企业提供金融服务，包括商业存款和贷款业务及资金结算、外汇交易等。公司业务对金融机构的要求更高，只有少量的大银行有能力从事公司业务。大型公司主要分布于城市，农村金融市场的公司业务相对较少。农村金融市场的主要金融服务是零售业务，为家庭和小企业提供金融服务。零售业务的消费者更多受到地域限制，地理位置对零售业务影响很大，是出现零售业务客观差异的重要原因（殷伟，2004）。

　　由于西部金融机构营业网点所处的地理位置不同，从而形成对客户购买时间、运输成本等的差异，客户为了节约时间，会对某些机构和网点产生偏好。技术进步能缩小地理位置产生的差异，如网络银行、电话银行、自动取款机（automatic teller machine，ATM）等，但只要银行实体网点存在，这种差异就不会消失。考虑到西部交通条件、网络应用状况、交易手段等现实问题，这种地域限制在一定时期内还将持续存在。城乡居民的知识水平和对现代交易手段的接受能力有限，可能更偏爱到银行实体网点办理业务，那么这种地理位置造成的客观差异更大。

　　（2）金融机构塑造客观差异的差异化行为

　　中国农业银行的市场定位是面向"三农"，着力支持县域经济发展，发挥支持新型城镇化建设的优势。作为西部金融市场主要的金融服务提供商和领导者，其拥有庞大资产规模、广泛分销渠道、完善服务网络、全面产品服务体系，以及长期服务西部贫困地区，特别是农村金融市场所积累的经验，能够为客户提供存贷款、结算、理财、银行卡等全方位服务，在为西部农村金融市场大型客户服务方面极具优势。因此，中国农业银行在西部县域市场的具体定位是针对企业、规模经营农户等相对大型客户。中国农业银行并不在乎网点竞争，其营业网点和业务分布主要集中于县级市所在地、县城和中心集镇，一般乡镇的营业网点基本被撤并，从而在地理位置上离一般农户较远，不利于其针对农户的零售业务的开展。中国农业银行"三农金融部"的设立，将提高其农村金融市场的服务水平。

　　城乡信用合作金融机构与区域性股份制商业银行是目前西部县域金融市场的主力军，也是新型城镇化建设的生力军，在西部新型城镇化的金融零售业务上具有垄断地位。城乡信用合作金融机构与区域性股份制商业银行的优势，在于最接近和最了解客户，基层营业网点一般设置于乡镇，特别是农村信用社在一些行政村还设置了代办点，与新型城镇居民的距离最近，地理限制最小。此类金融机构长期服务于本地城乡客户，具备信息优势，熟悉其金融服务的特点，能够有针对性地开发适应城乡居民与中小企业需求的金融产品。因此，市场定位应该是贴近农户和新型村镇中小企业，专注于各类小额贷款和吸收存款。

　　中国邮政储蓄银行塑造客观差异的差异化行为，主要是网点建设和市场定位。所拥有的沟通和连接西部城乡经济社会的金融网络是其他金融机构不可比拟的，有些地区的中国邮政储蓄银行甚至比农村信用社更接近农户。中国邮政储蓄银行拥有全国性服务网络，具有跨区域经营、较大经营规模、能够满足大型客户的资金需求的特点。但中国邮政储蓄银行成立时间较短，缺乏全面金融服务经验，虽然接近"三农"，却限制了金融服务水平。目前，中国邮政储蓄银行确定以零售业务为主、重点服务"三农"的市场定位（叶利达和岑春平，2007）。在具体业务上，以小额信贷为突破口，积极开办小额存单质押贷款和小额贷款，主要与农村信用社在小额贷款这个细分市场展开竞争。

新型农村金融机构成立时间较短，资产规模较小，业务品种单一，经营范围限制较大，只能针对本地农户和小企业开展有限的业务。但其优势也很明显：首先，接近客户，了解客户；其次，业务量和业务范围都较小，可能更加专业化；再次，经营机制灵活，服务可能更便捷。同时，农民资金互助社有可能发展成为真正的农村合作金融机构，从而发挥出合作金融的优势。

西部金融机构在客观差异化上的努力主要是贴近客户和细分市场。

4. 西部金融产品主观差异的差异化行为

（1）西部金融机构产品的主观差异

西部金融机构产品的主观差异主要源自客户的习惯、偏好。同样的金融产品和服务，可能在客户心目中有不同的印象。这种品牌认知差异，是由金融机构及其服务在消费者心目中的不同品牌印象造成的。它既可能是金融机构的整体印象，也可能是针对某一项具体产品的品牌印象。金融机构可以通过广告，特别是形象广告来形成和缩小主观差异。消费者的品牌认知差异主要包括金融机构品牌的信任度、消费者的习惯偏好、金融机构的熟悉程度、金融机构的主动营销行为等。

在西部县域金融市场，各类金融机构具有不同的品牌印象。对于存款客户，毫无疑问具有对大型银行和国有银行的偏爱。在同等条件下，甚至在略有价格差异的情况下，储户可能更愿意选择大型国有控股商业银行。五大国有控股商业银行，特别是与农村居民业务频繁的中国农业银行最具有优势，中国邮政储蓄银行也具有较好的品牌印象。在品牌信任度上，区域性股份制商业银行与城乡信用合作金融机构，其信任程度就小得多，而新型农村金融机构的信任程度就更低。因此，在"安全、稳定和可靠"的品牌印象上，五大国有控股商业银行，特别是长期根植于西部县域的中国农业银行要高于中国邮政储蓄银行，而中国邮政储蓄银行又要高于区域性股份制商业银行与城乡信用合作金融机构，相比之下，农村信用社比新型农村金融机构（村镇银行、小额贷款公司）的品牌印象又要好得多。村镇银行作为西部金融市场上的新事物，虽然遭遇了信任危机，普遍面临吸收储蓄困难的局面，但贷款业务上方便快捷，受到客户重点关注与赞誉。

（2）西部金融机构塑造主观差异的差异化行为

现阶段，西部各家金融机构开始注重通过营销推广，构建良好的品牌（产品）形象，以形成主观差异。一是五大国有控股商业银行，特别是在西部受众面最广的中国农业银行，不断树立和强化自身的大银行形象，践行服务西部、服务新型城镇化的社会责任。中国农业银行具有广告投放的规模经济，其形象广告与系列产品品牌的社会影响力良好。中国邮政储蓄银行作为一家全国经营的银行，在广告投放上也能获得规模经济效益，通过强调其网点优势，树立其"专业小额贷款服务，全心助力您的发展"的小额贷款专业形象，树立了个人信贷系列产品的品牌形象。二是农村信用社在各个县域市场分散经营，不具备广告投放的规模经济优势，一般就地通过户外广告、销售现场广告的方式，宣传其小额农贷信贷产品。

目前，在西部金融市场的存款服务上，主观差异是主要的产品差异化手段；在贷款服务上，客观差异是主要的产品差异化手段。但总体上，西部金融机构的产品差异化较弱，金融市场产品差异化的程度较小。银行类金融机构产品差异化发展的主要趋势是，在银行业发展的早期，主观差异占据主导地位，但随着银行企业步入成熟，客观差异逐步成为主要的差异化手段（陈国立，2013）。因此，在未来的发展中，西部金融机构必须重视提升自身技术能力和服务水平，通过客观差异形成竞争优势。

综上所述，西部金融市场整体上属于寡头垄断市场结构，部分县域市场甚至属于完全垄断市场结构，并存在合谋定价行为。不管是哪种市场结构，利率管制只能影响名义利率，而不会影响实际利率水平，且其差额形成隐性利率支付。本书认为，增加金融机构数量有利于激发西部金融市场竞争热情，但应适当保持县级金融法人机构的稳定性，防止多重市场接触下的合谋；随着西部金融市场竞争主体增加，各家金融机构已经实施产品差异化策略，存款产品差异化手段主要是主观差异；贷款产品差异化手段主要是客观差异。

4.3 西部金融组织的市场绩效

4.3.1 西部金融产业组织的市场绩效评价标准

1. 市场绩效评价概述

（1）市场绩效的基本概念

市场绩效是指产业市场运行的效率，以市场结构为基础，反映由企业行为形成的产业资源配置、技术进步和产业规模经济实现程度等方面所达到的现实状态（杨蕙馨，2007）。换句话来说，绩效就是要反映成功实现特定目标的程度，好的绩效是成功而高效率的行为结果，良好的市场绩效是产业组织的根本目的。

（2）市场绩效的综合评价

产业组织理论通常以提高社会福利水平为目标，从中观和宏观层面评价市场绩效，在基本指标体系中结合企业绩效评价与宏观经济运行指标。一般而言，社会福利目标包括经济活动效率、公平、稳定、进步等多方面内容，而市场绩效评价主要考察产业资源配置效率、规模结构效率、技术进步与X非效率（X-inefficiency）几个方面的内容（臧旭恒等，2007）。

（3）衡量市场绩效的微观指标

因为社会福利目标包含多层次和多方面的内容，其中蕴含很多价值判断的因素，个人主观判断的不同会影响绩效评判。所以，为减少价值判断因素的影响，可将市场绩效简单抽象为单纯的厂商经济效率，并假定厂商遵循新古典微观经济学的基本假定，从而构建衡量市场绩效的微观指标，该微观指标通常有以下 3 个。

① 利润率：单位投资所能获得的利润，通常指经济利润。

② 勒纳指数：衡量价格与边际成本的偏离程度，其计算公式为

$$L= (P-MC)/P$$

式中，L 为勒纳指数；P 为价格；MC 为边际成本。实际中常用平均成本代替边际成本。

③ 托宾 q 值：企业资产的市场价值和其资产的重置成本的比率。

这 3 个微观指标衡量市场绩效都存在一定的局限性（王俊豪，2008），用它们衡量市场绩效时必须理性判断。最重要的是，对市场绩效评价应该采用综合评价方法，以提高社会福利水平为目标，结合厂商微观绩效评价指标和反映宏观经济运行指标，多层次、多角度地评价市场绩效。

2．西部金融组织绩效评价标准

世界银行农村金融顾问 Yaron（1992）等通过考察，提出了农村金融市场发展的具体评价标准：一是金融对经济发展的贡献度，二是金融市场的自立度和可持续性（陈菁泉，2010）。关于西部金融市场发展的主要评价标准如表 4-14 所示。

表 4-14　西部金融市场发展的主要评价标准

评价角度	主要评价标准
对经济发展的贡献： ① 对经济成长（生产增加）的贡献 ② 对经济公平的贡献（缓解贫困）	① 贷款额的增长、利率水平、存贷利差 ② 向贫困阶层及落后地区贷款额的增长
金融市场（机构）的自立性（资金的自我筹集、经营的持续性）	储蓄动员能力（存贷率）、资金回收率、收益性、对补贴的依赖程度

本书参考 Yaron（1992）的农村金融市场发展评价标准，从宏观和微观角度评价西部金融市场绩效。微观方面主要分析西部金融机构自身运营能力与可持续发展，通过人力资源运营效率、盈利能力和资产质量来评价；而宏观方面主要分析金融发展对西部经济发展的贡献，通过西部金融服务的可获得性，以及金融对经济发展与新型城镇化的支持来评价。

4.3.2　西部金融机构的运营绩效评价

1．人力资源运营效率

资金成本是金融机构成本的重要组成部分，吸收储蓄能力在一定程度上反映了金融机构的人力资源运营效率。本书以西部金融机构县域从业人员人均存款额

与整体银行业从业人员人均存款额进行对比情况，以及西部主要金融机构从业人员人均存款额与全国银行业从业人员人均存款额对比情况反映。2012～2015 年西部县域银行业与全国银行业从业人员人均存款额对比如表 4-15 所示。

表 4-15　2012～2015 年西部县域银行业与全国银行业从业人员人均存款额对比

年份 区域	2012	2013	2014	2015
① 西部县域银行业从业人员人均存款额/万元	1 156.13	1 358.77	1 484.60	1 934.59
② 全国银行业从业人员人均存款额/万元	1 827.71	2 193.85	2 534.70	3 281.39
②/①	1.58	1.61	1.71	1.70

数据来源：西部县域银行业从业人员人均存款额数据来源于《中国银行业农村金融服务分布图集》，全国银行业从业人员人均存款额数据根据历年《中国银行业监督管理委员会年报》计算。县域从业人员人均存款额＝非市辖区银行业从业人员存款总额/非市辖区银行业从业人员总数，全国银行业从业人员人均存款额＝全国银行业从业人员存款总额/全国银行业从业人员总数。

从表 4-15 可以看出，西部县域银行业从业人员人均存款额大大低于全国平均水平。2012～2015 年，全国银行业从业人员人均存款额分别是西部县域银行业从业人员人均存款额的 1.58 倍、1.61 倍、1.71 倍和 1.70 倍。由此可见，因东西部经济发展水平和经营模式差异，西部县域银行业金融机构的人力资源运营效率要比全国的效率低很多。同时，本书针对西部县域各主要金融机构的从业人员人均存款额的状况进行了分析，根据数据可得性，除农村商业银行外，其他各类机构从业人员人均存款额均低于全国平均水平。中国农业发展银行因业务范围限制，人均存款额大大低于全国各类金融机构的平均水平；中国农业银行在东西部、城乡都开展业务，且 60% 的营业网点和 51% 的员工分布在县域，而西部县域机构网点吸收的人均存款额不仅低于中国农业银行全行人均存款额，而且低于全国银行业金融机构从业人员人均存款额，但高于表 4-15 中的县域从业人员人均存款额。

信用合作金融机构是西部金融市场主力军，从业人员人均存款额不仅低于全国银行业金融机构人均存款额和县域银行业从业人员人均存款额，而且低于其他县域商业性金融机构。中国邮政储蓄银行自 2007 年开业以来，实现人员与邮政分离，人均存款额大幅度提高，县域从业人员人均存款额甚至高于中国农业银行。农村商业银行是所有西部县域金融机构中人均存款额最高的，既高于县域金融机构从业人员人均存款额，也高于全国平均水平，反映了金融体制改革成果，农村信用社改制使农村商业银行人力资源运营效率发生了巨大变化。

2. 金融机构盈利能力

盈利能力是衡量金融机构乃至金融市场绩效的重要指标。盈利能力越强，表明微观绩效越好，竞争能力越强。本书采用资产净利润率来衡量西部金融机构的盈利能力。其计算公式为

$$资产净利润率＝税后净利润/总资产×100\%$$

表 4-16 对比分析了 2012～2015 年全国银行业金融机构和西部主要金融机构资产利润率情况，表明西部主要金融机构资产净利润率存在较大差异。农业发展银行资产净利润率最低，不仅低于政策性银行平均水平，还远低于全国银行业金融机构平均水平。中国农业银行的资产净利润率低于大型商业银行平均水平和银行业金融机构平均水平，其"面向三农"的业务定位，压低了整体净资产利润率。而净资产利润率最高的属非银行金融机构，2012～2015 年其净资产利润率分别达 3.54%、2.51%、2.13%、2.49%。但包括农村信用社、农村合作银行、农村商业银行在内的 3 类合作金融机构，整体资产利润率有所提升，这主要得益于西部农村信用社体制改革，金融体制改革改善了合作金融机构经营绩效。相比之下，农村信用资产净利润率还是偏低，大大低于农村合作银行、农村商业银行和全国银行业金融机构资产净利润率水平；农村商业银行好于农村信用社，说明农村信用社改制为农村商业银行后绩效得到了较大的改观。令人欣慰的是，农村合作银行，资产净利润率不仅高于农村商业银行和农村信用社，而且在赶超全国银行同业资产净利润率水平，这同样反映了农村信用社改组为农村合作银行后极大地提高了盈利能力。三者绩效差异对深化西部金融改革具有重要启示：在既定外部环境下，通过改革产权制度和内部治理结构，能够提升经营绩效。

表 4-16　2012～2015 年全国银行业金融机构和西部主要金融机构的资产净利润率/%

年份\机构	2012	2013	2014	2015
全国银行业金融机构	0.95	1.12	1.28	1.35
政策性银行及国家开发银行	1.24	0.51	0.71	0.85
其中：中国农业发展银行	0.24	0.23	0.34	0.39
大型商业银行（工农建中交）	0.98	1.21	1.22	1.25
其中：中国农业银行	0.92	0.84	0.93	0.95
区域性股份制商业银行	0.88	1.06	0.88	0.93
农村商业银行	0.80	0.89	0.90	0.98
农村合作银行	0.94	1.13	1.25	1.31
农村信用社	0.55	0.52	0.51	0.55
非银行金融机构	3.54	2.51	2.13	2.49
中国邮政储蓄银行	0.14	0.13	0.22	0.23
新型金融机构	0.59	0.96	0.68	0.76

数据来源：根据历年《中国银行业监督管理委员会年报》、各省市《统计年鉴》与《金融年鉴》相关数据计算得出。

3．金融机构资产质量

资产质量是反映金融机构微观绩效的重要指标，通常采用不良贷款率来衡量。其计算公式如下：

$$不良贷款率＝不良贷款额/贷款总额×100\%$$

按照中国人民银行发布的《贷款风险分类指导原则》，"评估银行贷款质量，采用以风险为基础的分类方法（简称贷款风险分类法），即把贷款分为正常、关注、次级、可疑、损失 5 类；后 3 类合称为不良贷款"。五级贷款风险分类法能比较客观地评价借款人贷款清偿能力和贷款风险程度，并据以评定贷款等级，具有较强的综合性、技术性和专业性。此后，各家政策性银行、大型国有控股商业银行、股份制商业银行及合作金融机构已相继推行贷款五级分类，按照五级分类标准管理信贷风险，核算不良贷款。表 4-17 反映了 2013～2015 年全国商业银行与西部主要金融机构的不良贷款率比较，反映出西部主要金融机构不良贷款率，普遍高于全国商业银行不良贷款率；商业银行中小企业不良贷款率高于全国商业银行不良贷款率水平及其他贷款主体的不良贷款率，这说明中小企业贷款风险较高。西部金融机构所处的市场环境，影响了金融机构资产质量，随着金融体制改革不断深入，以及国家对西部政策支持力度加大，资产质量将会得到提升。尽管农村信用社资产质量仍然堪忧，其不良资产有历史包袱和外部市场环境因素的影响，但关注农村信用社内部治理结构的改善，可能会提高其资产质量。

表 4-17　2013～2015 年全国商业银行与西部主要金融机构的不良贷款率比较

项目 年份	全国商业银行 不良贷款率	西部主要金融机构不良贷款率				
		大型商业银行 不良贷款率	股份制商业银行 不良贷款率	农村信用社 不良贷款率	农村商业银行 不良贷款率	商业银行中小企业 不良贷款率
2013	1.00	1.37	1.02	4.72	1.75	2.83
2014	1.25	1.59	1.29	5.14	1.92	3.19
2015	1.67	1.89	1.78	7.16	2.15	3.64

数据来源：根据 2012～2015 年度《中国银行业监督管理委员会年报》《中国货币政策执行报告》的相关数据整理而得。

4.3.3　西部金融服务的可获得性

西部金融服务的可获得性，是衡量西部金融产业组织市场绩效的重要标志。由于特殊的服务对象和服务范围，本书特别关注西部县域金融市场对城乡企业、居民，特别是农户与中小微企业的服务。根据所能采集的数据，通过整理计算编制了表 4-18，一定程度上反映了 2012～2015 年西部县域金融市场服务的可获得性情况。

表 4-18　2012～2015 年西部县域金融市场服务的可获得性情况

年份 区域指标	2012	2013	2014	2015
县域万人机构覆盖度/个	1.26	1.54	1.5	1.28
县域万人拥有金融从业人员/人	12.48	15.89	16.7	14.05
县域机构网点数量占比/%	57	57	56	55
县域地区从业人员数占比/%	41	44	45	42
平均每个乡镇分布银行业金融机构网点数/人	3.69	3.56	3.51	3.19
只有一家银行业金融机构营业网点乡镇数/人	3 213	3 301	3 134	3 521
县域获得银行业金融机构贷款的农户占比/%	37	34.6	28	31
县域获得银行业金融机构贷款的总量占比/%	31.5	33.6	32.8	33.9
县域百元 GDP 贷款贡献度/元	47.06	44.06	41.01	49.27

数据来源：根据《中国银行业农村金融服务分布图集》，以及历年《中国统计年鉴》、《中国银行业监督管理委员会年报》、西部各省（自治区、直辖市）《统计年鉴》、中国人民银行网站的相关数据整理计算。

从可获得性的角度观察表 4-18 中的相关资料，2012～2015 年，西部金融市场的发展并不是非常令人满意的。尽管近年来西部加大了对新型农村金融机构的建设力度，推动各大银行类金融机构服务"三农"、增强县域金融服务，而对于县域城乡居民，特别是农村居民来说，其与金融机构的距离并没有因此缩短。县域机构网点数量在减少，金融机构在继续收缩县域经营网点。2015 年年末，西部仍然有 2 100 多个乡镇没有任何金融机构，有 300 多个乡镇没有任何金融服务。就贷款的可获得性而言，贷款的增长要么是投向了县域外的中心城区，要么是增加单户贷款量，金融机构规模扩大了，而覆盖面却下降了。县域内由于村镇居民居住分散，县域金融机构喜欢向县城和中心城镇集中，将降低县域城乡居民的金融服务可获得性，这个趋势非常值得关注。从金融机构角度来说，这种收缩有利于降低成本，但是从西部整体发展角度来说，会降低向城镇集聚的农村居民金融服务可获得性。金融机构经营链条向中心城区收缩，导致终端的村镇居民存取款、结算、贷款等基本金融服务难以获得。虽然西部已经实现金融服务的县域覆盖，但由于地域辽阔，县域覆盖并不能反映金融服务对所有村镇居民的实际覆盖。本书发现，一方面西部在大力发展新型农村金融机构，鼓励和支持商业银行到县域设立分支机构；另一方面是村镇金融机构网点的持续减少，西部金融市场不但覆盖面窄，而且垄断程度在继续提高。要解决金融机构的可持续发展与西部金融服务可获得性提高的矛盾，西部金融市场发展还面临巨大考验。

第5章 西部城镇化进程中的金融动力机制分析

根据针对西部城镇化进程中的金融结构演变现状的分析与金融产业组织绩效的评价，我们可以看出，西部新型城镇化的推进影响了区域金融结构的演变，倒逼西部金融产业组织的创新，并已取得不俗的发展成绩。但是，新型城镇化在西部的发展速度不尽如人意，金融推动力还有待进一步强化。具体来说，西部金融结构需要进一步优化，西部金融产业组织需要进一步创新；而优化金融结构、创新金融组织需要了解并解析西部城镇化的金融动力机制的一般机理，厘清西部现代金融的发展脉络，理顺新型城镇化进程中西部金融体系的组织架构，剖析其金融动力作用过程中的影响因素，以期准确选择金融组织的创新路径。

5.1 金融结构优化与金融组织协调的一般机理

5.1.1 金融结构优化的作用机理

金融结构的变动趋势具有由简单走向复杂、由低级走向高级、由封闭走向开放，且明显有序性的特点。科技的进步、经济的发展及金融的创新，都有助于金融结构提高技术含量，推动有序演进。而对金融结构有序演进作用机理的认识，有助于进一步把握其演进规律，其理论及现实意义不言而喻。金融结构优化既受市场深化程度、经济发展状况、科技发展水平、公众金融意识及信用法律环境等外部因素的影响，也受金融交易的成本、风险及效率等内在因素的约束。不同组合的内外部因素，决定其演进方向与水平。内外部因素的有机协调作用，能够促进金融结构的优化，而其内在因素又是金融结构优化的根本原因。

产业经济理论指出，金融业是按照一定标准进行划分的属性相同的部门和企业的"集合体"（曾康霖，2002）。金融企业是追求利润最大化的"理性经济人"，其边际收益必须等于边际成本，并实现成本代价最小化以获得最大收益。全社会的金融企业若以最低成本取得最大收益，就必须减少其经营过程中的各种交易费用（交易成本），并为增大利润尽可能降低经营的不确定性与减少金融风险，以提高金融效率。而交易成本降低、金融风险减少、金融效率提高将成为利润最大化的主要手段，利润最大化既是金融企业最终的经营目标，也是金融结构演进的内在动力，其利益驱动机制就是持续的交易成本降低、金融风险减少及金融效率提高。而金融结构优化的根本动因就是新的金融形态在交易成本降低、金融风险减少及金融效率提高上更具有优势，在这 3 个因素中，最为重要的是降低交易成本，而其他两个因素也都与降低交易成本有关。金融结构演进的根本原因就在于不同金融结构对交易成本降低所形成的比较竞争优势。金融结构优化就是因为新型高层次的金融结构更具交易成本降低的优势，使金融企业获得更高的利润回报。

1. 金融工具结构演变源于交易成本降低的要求

交易成本作为新制度经济学的一个核心概念，是由衡量所交换物品的价格属性的成本、保护权利的成本及监察与实施契约的成本所组成的。范恒森和李连三（2001）指出，金融交易成本包括信息费用、界定与保护产权费用、实施监督费用、保险费用 4 个部分，金融交易成本与金融制度的建立和完善密切相关，不同金融制度所产生的交易成本存在较大差别。

降低交易成本是金融工具结构演变的内在要求。随着现代金融科技（特别是金融计算机和金融网络技术）的发展，网上货币、电子货币等虚拟货币不断推陈出新，从而使金融交易成本不断降低。相关统计资料显示，商业银行不同服务手段所完成每笔交易的成本大不相同：营业网点 1.07 美元，电话银行 0.54 美元，ATM 0.27 美元，个人计算机（person computer，PC）0.015 美元，Internet 0.01 美元（蔡则祥，2006）。交易成本的不断降低使金融工具由票据、债券、股票等传统形态发展到现在名目繁杂的金融衍生工具，金融工具结构的演变，降低了金融交易成本，尤其是信息成本的降低，减少了交易的不确定性。而交易成本的降低，其根本性要求就是金融工具结构的不断演变，不断产生新的交换媒介与金融工具，并刺激金融创新，而金融创新又促进交易成本降低。

2. 金融机构结构演变源于交易成本降低的优势

历史的经验与已有的理论研究均表明，金融机构产生与演变均与交易成本的降低紧密相关，金融机构均在具有降低交易成本优势的前提下产生，交易成本的变化已成为各类金融机构产生发展、更迭消亡的主旋律。但是，金融机构若不能适应这种内在要求，不具备降低交易成本的比较优势，就不可能在市场竞争中脱颖而出，即使产生也很快被淘汰。

20 世纪 80 年代以来，因市场变化和技术条件改善，非银行类金融机构为提升竞争力并规避政府管制，大力推行金融组织形态创新。金融市场和网络技术的快速发展，又使金融交易更为安全便捷，弱化了银行类金融机构降低信息与交易成本的能力，为此，银行业为有效控制成本，不断创新组织形态，并涌现一批如投资基金、保险公司、货币市场基金等新型契约性金融机构，以及虚拟银行、电子银行等全新银行组织，银行类金融机构多样性和虚拟化趋势明显，一系列金融机构结构的演变，均源于它们交易成本降低的比较优势。

3．金融市场结构演变源于交易成本降低的选择

与金融工具及金融机构相比，金融市场产生时间较晚且发展速度缓慢。金融市场结构演变于 20 世纪 80 年代初才逐渐被人们关注，该时期金融市场占据了西方一些发达国家金融媒介的主导地位，使金融市场与交易成本关系的研究，成为众多经济学家关注的重点。他们得出这样的结论：推动金融市场形态变化与结构演变的内在动力，就在于市场信息的获取和交易成本的降低。

基于市场信息与交易成本的分析框架，考察金融市场产生与发展起因，主要是在降低信息和交易成本方面，与金融工具、金融机构相比，金融市场具有更大且不可逆转的优势。由于信贷市场信息不对称，金融机构缺乏信息上的天然优势，而金融市场恰好弥补金融机构信息方面的不足。它能够通过信息传导机制，将市场交易价格信息及时反馈给金融市场参与者，有助于金融资源的有效配置。而金融市场作为储蓄者与投资者交易的中介，能更有效地节约交易双方的搜寻、谈判及契约履行的诸多费用；金融市场较金融机构具有更低的运行成本，能够具有产生与发展的动力。

证券市场作为金融市场极其重要的子市场，其形成与发展极大地节约了市场交易成本，而股份公司是证券市场一个极具革命性的成果。众多从事股票交易的经济组织汇集而成的金融市场，能够形成一个国家乃至全球的金融中心，其极高的金融交易效率、低廉的单位交易费用与成本，具有极强的市场辐射与覆盖能力，能够把一定范围内的资本都吸引到金融市场中。证券市场这种降低交易成本的功能，促使更具交易成本降低能力的市场不断推陈出新，如金融衍生工具市场、离岸金融市场等创新发展，从而使资本市场形态不断演进，并推动金融市场结构的演变。

金融工具、金融机构及金融市场结构集中体现为金融结构，而三者变动势必引起金融结构体系的变动；三者变动均是金融市场追求交易成本降低的结果，因此金融结构变动也应是降低交易成本引起的。考察国内外金融发展历程可以看出，在一定程度上，任何金融结构演变均取决于交易成本降低的程度，而金融结构演变也遵循这样一个基本路径：交易成本降低—金融风险与不确定性减少—金融安全性提升—金融效率提高，并在金融结构演变历程中，金融结构层不断提升，金融结构合理化程度不断提高，金融结构得以不断优化。

5.1.2　金融结构优化的主要动因

前面已从信息与交易成本的视角，对金融结构优化的作用机理进行了分析，尽管探讨了金融结构演变问题，但对其变动原因尚未进行深入研究。本书认为，总体上金融供需结构的相互作用引导了金融结构优化，且相对成本制约金融供给结构。在现代经济条件下，金融结构演变主要受制于金融需求结构、相对成本及

涉外交易。在金融结构演变过程中，这 3 个因素的影响是相互联系的，其中一个因素的变动会通过链式关系引发其他两个因素的变动，只有 3 个因素的作用方向趋于一致，才能够推动金融结构优化。当然，能够发挥核心作用的就是创新，创新将是金融结构优化的主要动因。

1. 金融创新内涵

早在 1912 年，约瑟夫·熊彼特在著作《经济发展理论》中就指出"创新"是企业家对生产要素与生产条件进行的新的组合，建立"新的生产函数"并推动经济结构变化，以促进经济发展的方式。创新是经济发展的动因。金融创新源自该学说，是指采取新方法、新技术，改变既有金融体系中基本要素的搭配与组合，并提供崭新金融业务的过程。然而，关于金融创新的定义，国内外学界尚未形成共识。对于金融创新概念的准确把握与理解，本书认为应遵循以下 4 个原则：一是与基本创新理论相吻合；二是把金融创新与金融改革紧密联系起来；三是金融创新的过程是一个连续不断的历史过程，是一种历史现象；四是金融创新有利于促进金融深化。基于上述 4 个原则，金融创新的内涵可以理解为金融领域内各种金融要素的重新组合，金融市场主体与金融监管当局为获取微观与宏观效益，对既有金融制度、金融工具、机构设置及业务品种等，进行创造性的变革与开发活动。金融创新主体就是金融监管当局与金融机构，目标则是实现金融机构盈利与金融宏观效率提高，本质则是金融要素的重新组合，表现形式则是金融制度、金融机构、金融工具与金融业务的创新。

2. 金融创新影响金融需求结构并推动金融结构优化

市场需求是金融创新的基础和前提。经济主体多种多样，金融需求的增加将会引导金融创新，从而推动金融需求结构演变，并势必影响金融结构的变化，提升金融结构层次，推进金融结构优化（蔡则祥，2007）。金融创新通过影响金融需求结构引导金融结构演变，实现金融结构优化，主要体现在以下 3 个方面：一是金融创新使金融交易量大幅度增加，FIR 与金融需求层次提高。在金融创新过程中，不断推出的金融新产品、新业务与不断使用的金融交易新技术、新方法，既使金融交易更为便捷，也使金融效率得到极大提高；随着金融交易量的增加，金融资产存量也不断增加，这就表明金融需求层次总体提升，推进了金融结构优化。二是金融创新既能满足经济主体的现实金融需求，也可以衍生出更高层次的新金融需求，并推动金融需求结构的演变。经济发展与收入提升，极大激发了经济主体新的金融需求，并对原有金融需求结构产生新的需求压力，这种压力反过来又刺激金融创新，因此创新在金融发展中始终居于突出地位。三是金融创新已成为金融需求结构推动金融结构优化的基础与前提。金融需求结构影响金融结构演变，具有积极与消极两个方面的影响：一方面，金融需求结构变动能够适应经济发展水平所要求的金融需求，并通过全方位实施金融机构、金融工具、金融业务的新技术、新方法的金融创新，提高金融技术集约化程度，通过提升金融需求层次推动金融结构优化；另一方面，"消费示范效应"引起的盲目超前而过度的金融需求所引致的金融结构变动，缺乏金融创新，不能适应当时经济发展阶段与水平。

3．金融创新影响相对成本变化并促使金融结构优化

从金融供给方面来看，相对成本是影响金融结构变动的决定性因素，其高低是对不同金融产品供给比较优势的集中体现。如果金融产品与金融产业的相对成本低，那么就能够获得金融市场优势，使该金融部门与使用该金融产品的生产部门能够吸收更多、更优质的社会资源，并迅速得到扩张，因此，相对成本的变化可以通过金融供给推动金融结构优化。

金融创新是相对成本的决定因素之一。在现实经济活动中，假定没有发生金融创新，资源比较优势、规模经济及劳动力价格下降，相对成本会发生变化，进而影响金融供给结构，促使金融结构演进。而历史经验告诉我们，这一类结构转变难以推动金融结构发生大的质变，只有实施金融创新，才会使相对成本发生巨变，并对金融结构造成本质性的影响。

实际上，技术进步是影响与决定相对成本的最为重要的因素。一般而言，技术进步引起的金融创新，提高了金融资源投入的质量，大大提高了金融交易的效率，并显著降低了交易成本。例如，电子计算机、网络技术、通信技术的广泛应用，使电子银行、网络银行兴起，并促使金融交易效率大幅度提升。在这个不断降低交易成本的金融创新过程中，金融结构也悄然发生变化。

5.1.3　金融组织协调的内在机理

1．金融组织协调的主要依据

（1）金融组织体系的整体性

整体性作为系统的首要特征，其本质内容应是整体大于各孤立部分之和。金融组织体系是各金融产业结构与要素结构的综合体，各金融产业及金融要素之间相互联系、相互作用，有序协调存在，从而使其整体效应大于单一效应之和，产生效应溢出，推动金融结构聚合质量。金融结构优化具体表现在金融组织的协调性上，而金融组织协调又保证了金融组织体系整体性功能的发挥，进而实现金融结构效应的扩张，强化金融促进经济发展的作用。因此，金融组织协调是金融结构优化的必然要求。从金融组织体系整体性特征来看，金融组织协调的内在机理如图 5-1 所示。

图 5-1　金融组织协调的内在机理

（2）金融组织体系的有机关联性

金融组织体系的有机关联性包括以下两点：一是金融组织体系内部结构之间的有机联系，具体表现为各金融要素与金融产业的相互联系与互相作用。例如，证券业、银行业、保险业之间的相互联系，资产、负债之间的相互联系等。二是金融组织体系与其外部环境的联系，表现为金融组织与社会经济发展的有机联系。金融组织体系内外部关联的有机结合，形成金融组织体系的整体性。金融系统中各金融产业、金融要素是彼此相互联系的，任何要素的变化都会对其他要素产生影响，并最终影响金融结构的演变。这种有机关联性使金融组织协调既有必要性也有可能性，并最终推进金融结构优化。

（3）金融组织体系的动态性

金融组织体系的动态性是指其时间上的变化，具体表现为两个方面：一是金融系统中的组织结构与各构成要素的分布位置是随时间的变化而变化的；二是金融系统的开放性质，强调金融系统与外界经济资源的关联与交换是动态的。金融组织体系的动态能够明确发展的方向性。金融组织体系由无序走向有序，标志金融组织体系的协调与金融结构的优化。总之，金融组织体系无论是内部结构还是外部关系，一直都处于发展的状态之中，并保证这种发展状态的有序性，以促进金融组织协调与金融结构优化。

2. 金融组织协调的基本内容

1）宏观协调。宏观协调主要是指金融组织体系的外部协调，包含金融与经济、社会、国际等方面的协调，总量、供需、区域等方面的协调。首先是总量协调问题。金融供需总量的协调，是金融与经济协调的根本反映，其衡量指标包括货币供给量、货币需求量、FIR、直接与间接融资比重等。总量协调是金融组织协调的基本要求。其次是供需协调，是指金融需求结构与供给结构的协调，它体现金融与社会、经济的总协调。金融供给结构需要与需求结构是相适应的。最后是区域协调，是指在空间上的金融组织协调，即在空间上合理发展金融产业，有效分布金融要素，金融组织体系、金融监管、区域货币政策等都能适应不同区域的经济社会发展。

2）微观协调。微观协调是指金融组织体系在微观层面上的协调，是金融组织协调的重点，包括各金融要素与金融产业部门之间以及各自内部结构之间的协调，具体是指银行业、证券业、信托保险业之间的协调。微观协调以银行业与证券业、货币市场与资本市场、股票市场与债券市场、金融机构内部及金融资产结构等方面为主导，同时考量诸如风险与收益、金融创新与金融技术等方面的协调。

3）静态协调。基于静态视角分析，金融组织协调主要表现为金融产业素质协调、金融产业相对地位协调及金融产业联系方式协调等方面。

首先是各金融产业素质协调。劳动力素质、技术水平、劳动生产率及管理水平等共同构成金融产业素质。金融组织协调就是要求各金融产业部门的素质，与其自身的相对地位和发展要求相匹配，并呈现产业素质的有序性与层次性，相关金融产业部门的技术水平没有断层，劳动生产率没有出现强烈反差。如果各类金融机构之间、内部机构之间、资本市场与证券交易所之间，存在技术水平断层与生产效率的强烈反差，就会表现为金融组织失调。同样，在不同层次的金融机构之间，金融专业人才与员工素质也有协调问题，人才质量与劳动力素质同金融机构层次相匹配，可以提高整个产业劳动生产率。因此，同类金融产业素质协调的程度，可以用劳动生产率指标进行衡量。

其次是各金融产业相对地位协调。由于增长速度和功能作用不同，不同发展阶段的金融结构内部不同产业部门所处地位也不尽相同，并形成金融产业有序的组合排列。由此可见，金融组织体系层次性比较明显。纵观我国金融机构体系，它以金融管理机构为核心，以商业银行为主体，且与非银行金融机构并存；商业银行体系中，又区分为大中小型银行。因此，金融产业相对地位协调是指金融组织内部的层次性较为丰富，且具有明显且适宜的金融产业主次与轻重关系。其衡量较为复杂，一般需要使用一组指标，如 GDP 结构比较值、存贷款规模及其市场份额、资本规模，以及贷款结构等进行测度。

最后是各金融产业的联系方式协调。作为信用组织，金融产业之间有着信用关系与其他金融服务关系，因此金融产业间既相互作用又互为依赖，并具有两个显著特征。一是互相服务。在遵循信用关系的基础上，互相提供服务。例如，商业银行为证券、保险及其他金融机构提供清算和存款服务，证券、保险及其他金融机构为商业银行提供存贷款业务拓展服务。二是相互促进。任何金融产业部门发展都不能以其他产业部门的削弱为代价。

4）动态协调。基于动态视角的分析，金融组织协调主要包含金融产业部门增长速度分布与金融产业发展阶段交替两个方面的协调。

首先是增长速度分布协调。不同金融产业部门的增长速度，在金融结构演变的进程中都是非均衡的，但这种差距不宜过大。如果金融发展中这种差距过大，将会导致金融结构扭曲。这种协调主要体现在以下两个方面：一是高速增长、减速增长与潜在增长的部门之间存在较合理的增长速度差距；二是高速增长、减速增长与潜在增长的部门数量比例是较为合理的，以保证金融产业的可持续发展。如果某一时期这 3 个比例不协调（或金融增长出现了较大的波动），过度的金融扩张和收缩将会引发金融危机。

其次是发展阶段交替协调。金融产业的发展通过不断的交替变化，使金融结构从低级向高级演变。一般而言，随着一个国家或地区经济发展水平的不断提高，金融产业的发展，基本上按照以下几个发展阶段交替运行，并推动金融结构的演变与优化，如图 5-2 所示。

图 5-2　金融产业发展阶段

3. 金融组织协调的总体效果

1）通过金融组织协调产生外部经济。金融组织协调的基本目标，就是要使金融系统内各个产业部门，能够从外部经济活动中获取收益。金融产业通过金融创新使产业部门增多，金融结构越发复杂，从而导致外部经济越大，经营效益越高，促使各金融产业部门发展的意义越凸显；反之，如果金融组织失调，就会使外部不经济现象出现，妨碍金融业发展。

2）通过金融组织协调提升金融产业内部效益。金融产业间相互服务与促进，营造了良好的经营环境，有利于提高金融产业内部经营效益，使金融资源能够得到有效充分的利用。

3）通过金融组织协调适应金融需求结构变动。金融需求结构在正常变动条件下，金融组织协调能够提高其适应性与应变能力，可以调整自身结构来适应需求变动，并弱化金融供给结构与需求结构的矛盾，以促进金融供需结构的协调一致。

4）通过金融组织协调促进技术进步与创新效应扩散。金融产业的技术革新需要各部门之间的协调，它们互相结合、互为条件，如金融业务创新、金融工具创新、银证结合、银保结合等。金融组织失调不利于金融技术创新的，也不利于金融创新成果的采用、推广、扩散和渗透。

5）通过金融组织协调促进金融稳定和金融安全。金融组织协调在一定程度上取决于金融发展的变动轨迹，由金融组织失调引起金融增长的大幅波动，以及金融结构的逆转，将使金融发展蒙受极大损失。这将会对金融稳定与金融安全产生不利影响，并给经济带来巨大损失。因此，金融组织协调的意义十分重大。

5.2　西部城镇化进程中金融组织体系构成

西部新型城镇化需要构建与之相适应的金融组织体系，形成现代金融的强力支持。完善的现代金融体系及其发展，包含金融规模、金融工具、金融结构及金融市场等方面的因素。构建与西部新型城镇化相适应的金融体系，需要厘清现代金融的发展脉络，理顺新型城镇化条件下的金融组织体系架构，健全完善西部新型城镇化进程中的金融支持体系。

5.2.1 现代金融的发展脉络

1．现代金融的基本内涵

一般而言，具体而狭义的金融活动发展至高级阶段，其结果就形成所谓的现代金融。纵观现代金融的发展历程，其主要体现在不断增长的金融规模、不断优化的金融机构、不断创新的金融工具与不断健全完善的金融市场 4 个方面。其萌芽时间可以追溯到工业革命的时期；一直到 20 世纪初期，才得到快速的发展。现代金融已经在较长时间内，成为全球经济极为重要的增长点，现代金融还能够集中体现主要发达国家的综合竞争优势，并成为发展中国家及欠发达地区赶超发展、实现工业化现代化的重要推动力。

现代金融的运行能够一定程度上独立于实体经济，所形成的虚拟经济成为宏观经济不可或缺的重要方面。现代金融的本质，就是企业经营活动资本化的过程，当传统金融能够驱动企业投资并具有导向效应时，现代金融已经步入发展的轨道（王恺，2014）。

2．现代金融的运行风险

金融的逐利性非常显著，而现代金融为了获取更大的利润，已将银行、证券、保险及货币发行、国际储备与汇兑结算等进行融合，使金融体系具有横向的庞杂性及纵向的长传导机制的特征。对于现代金融的发展规律，必须有一个清醒的认识，金融矛盾的积累达到一定程度后，极有可能引发金融危机，而虚拟经济的金融危机向实体经济传导，就可能酿成经济危机。

在发展中国家及欠发达地区，促使现代金融发展理应积极把握好金融适度自由化与全面市场化两个方面。一是必须坚持金融体系市场化导向，逐步培育金融市场理性思维，消除二元金融歧视，通过本土金融机构培育，以及本土金融机构在市场中的多层次渗透，促进区域金融市场发展。二是适度控制以金融市场为主导的虚拟经济过度发展，通过导向创新有效规制金融市场活动，规避新自由主义所带来的金融风险。

3．现代金融的发展趋势

现代金融发展主要体现在扩张规模、优化结构、增强创新 3 个方面。要实现金融规模不断扩张，金融结构不断优化，金融创新不断增强，金融体系应进一步迈向金融现代化。可对现代金融这种发展趋势进行以下描述：①金融规模扩张适度。金融市场发展的基础就是规模经济，交易规模成为现代金融的重要特征，且规模交易频率是反映一个国家或地区经济繁荣及其发展能力的重要指标。同时，任何企业的发展绩效与潜力，都取决于利用金融资源的能力及结合虚拟经济的程度。因此，金融规模扩张已成为现代金融必要的发展条件。另外，金融规模不能盲目扩张，过度规模扩张而脱离实体经济发展的轨迹，容易滋生市场投机与金融风险。推动现代金融的虚增可能适得其反，经济发展的金融资本比重过高，可能会强化经济增长中巨大的制度惯性，这对现代金融发展是极为不利的，因此发展现代金融应将适度扩张金融规模作为首要考虑的问题。②金融结构优化适度。金融体系结构优化，能够减少信息不对称对金融市场的效率损耗与风险威胁。但是，金融结构优化的追求过度极易使实体经济发展规律被忽略，甚至错配金融资源；同时，可能会出现金融结构优化的过度矫正与调整。因此，我国现代金融的发展，必须关注不同规模、不同区域及不同所有制的金融机构，与功能迥异的金融产品进行有机匹配及优势组合，实现适度的金融结构优化。③金融创新增强适度。金融创新的目的就是要确保金融体系能够紧跟实体经济发展，通过降低金融市场交易成本，甚至促使生产要素（如期权、掉期等）产生概念性的改变，提高生产要素运行（包括搜索、匹配及功能）效率。现阶段，金融创新仍受制于金融风险，由于金融体系具有顺周期性，而金融衍生品又以自由利率与杠杆为基础，因此金融创新必须充分考虑金融风险，保持金融创新增强的适度性。

综上所述，适度进行规模扩张、结构优化、创新增强，是现代金融发展的动力源泉。只有这样才能实现不同规模、不同所有制及不同区域的金融机构共存与营利，实现不同用途、不同区域及不同收入层次的投融资主体共享金融资源，使不同杠杆率、不同收益率及不同领域的金融业务有效发挥其功能。如果金融规模适度扩张、金融结构适度优化及金融创新适度增强，那么，现代金融才有可能得到健康快速发展。

5.2.2　新型城镇化的金融组织架构

新型城镇化进程中的金融组织体系，既需要充足且优质的金融服务以满足各种投资需求，也需要现代金融能够与新型城镇化之间形成良性互动关系。通过金融资源配置的主体行为，推动各类生产要素适应新型城镇化，并伴随城乡人口流动加快，实现区域之间、产业之间及城乡之间的优化配置。新型城镇化引致的一些不合理投资需求将通过市场机制进行有效淘汰。但单纯从投融资需求视角分析金融组织体系，未免过于片面。本书通过全面解构新型城镇化，分析各个层面对金融组织提出的相应要求，试图构建一个较为完善的新型城镇化进程中金融组织的理论框架。我们可以从 3 个层面对新型城镇化和与之相适应的现代金融发展进行解析。

如图 5-3 所示，新型城镇化主要在"新型""城镇""化"3 个层面得以体现。所谓"新型"，就是实体经济各种要素的优化配置，以及与之相适应的金融体系也需要创新化发展；所谓"城镇"，就是实体经济发展的规模优势与集聚效应，以及与之相适应的金融体系需要规模化发展；所谓"化"，就是实体经济发展的制度化与长期可持续性，以及与之相适应的金融体系也需要制度化发展。从本质上来讲，新型城镇化是指生产要素流动优化与非农产业部门发展，以及新型城镇化与各个产业之间的协调发展，客观上要求城乡居民就业机会、创业机会及就业质量能够得到充分保障；同时，通过金融体系规模化、制度化及创新化变革，为城乡居民保障权益奠定基础。如图 5-4 所示，本书构建了一个统一的新型城镇化进程中金融组织创新的理论框架，从生产要素流动与产业发展的各个层面，分析新型城镇化与现代金融的规模化、制度化及创新化发展的内在必然关系。

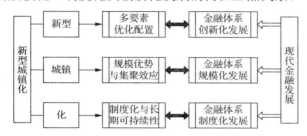

图 5-3　新型城镇化解构及其与现代金融发展对应

注：黑实箭头为双向，体现互动关系；空白箭头、细箭头具有细分解释之意。

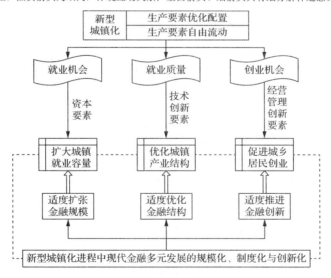

图 5-4　新型城镇化进程中金融组织创新的理论框架

注：实线指具体的逻辑关系与流程；虚线指的是一个范畴。空白箭头、细箭头具有细分解释之意。

5.2.3　西部城镇化进程中金融组织体系构想

西部城镇化发展的层次性与地域性是比较突出的，因此新型城镇化进程中的金融需求也极具多样性，由于金融组织层次不同，各自特点作用下所发挥的功能也不尽相同。如前所述，西部金融体系对城镇化的支持路径就是通过金融体系多样性发展，实现金融服务功能的层次性；通过全社会的金融资源整合，实现各种金融机构并存与有序竞争，达到全面支持新型城镇化的目标。为此，西部务必构建一个具有多元化、竞争性并具有新型城镇化建设功能的全新金融体系。特别是金融机构体系的构建，涵盖政策性、商业性与合作性金融及新型金融机构与非正规金融，形成既独立又互补的多元化金融服务体系。与此同时，该体系中的金融机构又能根据各自的功能与特点，较为清晰地区分业务边界，准确定位各自功能，通过比较优势的确定，细分市场，并通过交叉业务领域的有效竞争，提高西部金融体系的运行效率。西部新型城镇化的金融组织体系构想如图 5-5 所示。

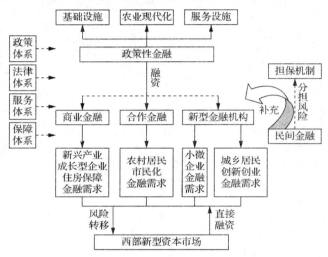

图 5-5　西部新型城镇化的金融组织体系构想

注：实线指具体的逻辑关系与流程；虚线指的是一个范畴。

5.3　西部城镇化进程中金融组织体系的动力机制

5.3.1　金融规模扩张是城镇就业容量增长的基础动力

规模经济是金融产业所具有的明显特征，其盈利能力以用户规模为基础。纵观国内外现代金融发展历程，金融规模扩张是必然的轨迹之一。一般而言，金融消费者是伴随金融规模的扩张而不断向全社会的融资过程进行渗透，使实体经济能够更具创新效率，进而更多地增创就业岗位，并推动劳动者素质的提高与人力资本的提升，增加更高层次的就业机会，以及扩大整个就业规模。西部城镇化是一个农村剩余劳动力向城镇居民的转移过程，在这个过程中进入金融领域工作的城镇居民为数不多，扩张金融规模只是间接拉动城镇就业，即通过推动实体经济增长来间接带动就业。当然，若扩张金融规模造成资源分配的扭曲，则可能影响实体经济发展与就业增长。同时，西部新型城镇化带来的金融规模扩张，尽管推动了产业结构的升级、非农产业的效率、社会资本的集聚，以及生产技术的进步，但资本、技术等要素具有的替代劳动力作用，也会影响城镇就业。因此，不可简单地认为金融规模扩张能够增加城镇就业，而需要结合诸多因素，寻求就业容量最大化且适度的金融扩张规模。

　　在金融发展推动经济增长的进程中，就业效应已成为其重要的传导机制。而扩张金融规模对城镇化进程中城乡居民就业的影响，在经济发展的不同阶段及其初始经济禀赋不同的情况下，其程度存在差异。因此，金融规模影响城镇就业的容量，也因其自身规模不同而存在差异。可以推断，在金融规模扩张推动城镇就业的过程中，有一个最优均衡点存在。当金融规模处于这个均衡点的周围时，促进就业容量的效果就越明显；否则，偏离该均衡点越远，增进就业容量的效应就会越弱。也就是说，金融规模处在较低水平时，新型城镇化的金融需求较旺盛，扩张金融规模有助于产业迅速发展，并增加就业机会；而金融规模达到一定程度时，扩张金融规模就有可能造成社会资源的错配，资源配置将会产生扭曲和浪费，影响实体经济的发展，进而使城镇就业容量难以增加。

　　当然，通过金融规模扩张推动城镇就业容量增长，基于 3 个方面的理论前提：①新型城镇化依赖产业部门增加就业岗位，以增加金融需求；②金融规模扩张受制于最优规模，否则将会影响城镇就业容量；③西部金融规模还没有大到可以影响城镇就业容量的增长，两者为正相关。从理论上讲，金融规模扩张将是城镇就业容量增长的基本动力。它既可以促使产业效率提高、规模效应增强、就业容量扩大，同时有助于劳动力素质的提高和就业能力的增强。但过度的扩张金融规模所产生的挤占效应与扭曲效应，反而会对城镇就业容量增长产生抑制作用。因此，在西部新型城镇化进程中金融资源的配置应以适度的金融规模扩张为基础。

　　综上所述，在新型城镇化与现代金融发展进程中，金融规模扩张与城镇就业容量增长之间存在显著的倒 U 形互动关系，如图 5-6 所示。

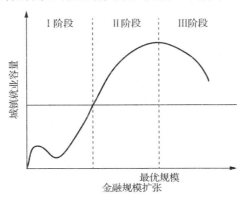

图 5-6　金融规模扩张与城镇就业容量增长的互动关系

在现代金融尚待发展的 I 阶段，两者关系并不显著，西部某些市场化程度偏低的地区处于该阶段；在 II 阶段中，金融规模的扩张已能够有效扩大城镇就业的容量，金融具有显著的"激励效应"，西部大部分地区处于该阶段；而 III 阶段的金融规模继续扩张，反而使城镇就业容量下降，出现显著的金融"挤占效应"或"扭曲效应"（王恺，2014），西部尚未出现此类问题。需要特别说明的是，当金融规模接近或超过最优规模均衡点时，并不是要求政府采取行政手段来限制金融发展，而是通过市场机制推动理性收敛，并引导金融机构调整结构与提升创新效率，推进均衡临界点右移。

5.3.2 金融结构优化是城镇产业结构升级的持久动力

1．产业结构升级的基本状况

产业结构升级已成为西部新型城镇化进程中一个极为重要的课题。新型城镇化对劳动报酬提升的需求，必须使城乡居民得到最大限度的满足，并推进居民消费转型升级，以实现深层次的消费需求。新型城镇化无论是市场机制还是政府行为，都必须坚持就业质量提升导向，既保证城镇就业容量增长，也要能大幅度提高劳动报酬与居民收入水平。从理论方面来看，这种属于帕累托改进的状况，需要依靠结构调整来达到目的。城镇产业结构调整与升级是重要途径，而传统城镇化模式下所形成的产业结构升级滞缓，制约了新型城镇化发展，导致技术创新要素的错配与扭曲。

在新型城镇化进程中，技术创新及其广泛应用构成了产业结构升级的根本动力。尽管我国出台了一系列产业技术创新的政策及法律法规，但现阶段西部产业发展仍以模仿创新为主，明显偏低的 R & D 产出数量及质量，表明其极不合理的投入—产出比例。因此技术创新存在的低效与滞后，对产业结构升级构成障碍，发展高新技术产业缺乏应有的驱动力，过多低端加工产业使西部经济资源被严重消耗，加上地方政府产业政策不时失当，使不少地区持续存在重复建设、产能过剩、高端产业低端发展现象，导致已有创新产品与高端产业缺乏规模优势，难以产生劳动报酬提高与城镇居民增收的产业发展效应。

2．金融结构优化对城镇产业结构升级的动力传导

相关资料显示，技术创新的巨额前期投入，是西部新型城镇化中实现产业结构升级的难点，西部融资体系一直难以满足产业技术创新的金融需求。由于缺乏政府理性，地方公共财政资源往往被错配，产业（企业）技术创新研发补贴难以到位。而现代金融发展滞后，导致金融市场理性不足，失调的金融结构无法满足具有创新能力与市场前景的产业（企业）金融需求，只能延续低端产业发展。

金融结构往往存在较强的稳定性，而新型城镇化的金融障碍，又极有可能是

这种稳定性所带来的对既有金融结构所产生的路径依赖，使金融结构失调，进而对产业结构升级构成阻滞。因此，我们可以从中发现，优化金融结构向城镇产业结构升级传导动力的基本规律。从融资方式来看，不同融资方式对产业结构的影响是不同的，间接融资与直接融资的比例关系，直接决定高低端产业的比重。比较两种融资方式，直接融资效率更高，是较高层级的融资方式，而间接融资则有所不同。如果直接融资占比上升，表明金融结构在优化，金融资源配置效率将提升，并使创新者大受裨益，而缺乏创新的则被抑制，这种作用机制构成了城镇产业结构升级的原动力，有助于推进西部新型城镇化发展（图 5-7）。当然，从不同区域来看，金融结构对城镇产业结构的影响程度，又取决于不同区域资本密集型的产业规模占比。然而，当某区域劳动密集型的行业占主流时，只要经济资源的配置优化，其创新能力也将会被最大化地激发，但投入以劳动力为主，资源主要载体是劳动力并非资金，产业结构优化主要依靠劳动力市场，并非金融市场。

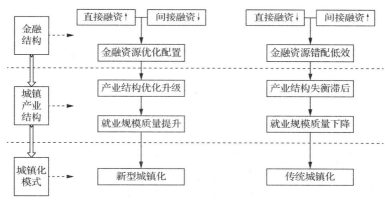

图 5-7   金融结构对城镇产业结构的动力传导

综上所述，直接融资占比提升体现金融结构的优化，有助于产业创新资源优化配置，有利于城镇产业结构升级与新型城镇化；金融结构优化所引致的产业结构效应，集中体现在具有较高资本密集型行业的地区，而资本密集型产业占比偏低的区域则不太明显。

3．金融结构对城镇产业结构升级的促进效应

西部新型城镇化的重要任务之一，就是保障劳动人口就业质量与提高城镇居民收入水平，而提升劳动报酬又有赖于产业的技术进步及产业结构升级。金融结构优化有助于高端产业有效地获取金融资源，并使其他经济资源伴随金融资源的流动集聚于高端产业，以实现产业结构的优化升级。因此，金融结构优化是产业结构升级的持久动力，并极具作用和意义，西部新型城镇化中产业结构的升级滞后，一定程度上是缺乏相应优化的金融结构支撑。

本书认为，金融结构促进城镇产业结构升级的效应，集中体现在资本密集型产业占比高的地区，这是由于非资本密集型产业的结构升级，主要有赖于经济资源伴随劳动力、自然资源等其他生产要素流入高新技术领域，并优化配置资源，而资本要素的效能则相对有限。如果用直接融资占比来衡量金融结构的优化水平，那么金融结构优化可以有效促进城镇产业结构升级。无论设置怎样的产业结构优化的综合指数，其结果都能够显示金融结构优化的正向推动作用。这也充分说明西部企业经营中普遍面临的融资瓶颈，而直接融资的规模扩大可以满足这些企业的经济资源需求，因此，金融结构优化有助于西部城镇产业结构升级，有效推进新型城镇化。

在西部新型城镇化进程中，务必认真研判城镇产业结构的初始特征，探寻符合产业结构演变的基本规律，以有效推动金融中介与金融市场的发展。在资本密集型产业占比高的地区，大力推进第二产业和第三产业的企业上市，规范公司债券的发放机制，构建地方政府高新技术企业的孵化机制，强化信贷风险的预警及防范机制。在资本密集型产业占比低的地区，既要推动调整金融结构，也要强化培育人力资本，提升城乡居民劳动技能，通过城市群与城市带的积极融入，优化产业的地域分工与布局。

5.3.3　金融组织创新是城乡居民创新创业的保障动力

1．城乡居民创新创业是新型城镇化的重要动因

新型城镇化建设的一个重要的内容就是鼓励城乡居民创新创业，使城乡居民的财产性收益能够有所提高。究其原因，有以下 3 个方面：①随着我国教育质量的提高，城乡居民人力资本水平大有提升，为创新创业提供基本保障；城乡居民收入来源多元化的要求，导致城镇化过程中创新创业的热情被激发。同时，支持与鼓励城乡居民创新创业，也是缓解城镇化进程中就业压力的迫切需要。②良好的政策与市场环境，将会为创新创业者提供广阔的发展空间，也将大大降低农村人口的城镇居民转换成本。③中小微企业作为我国社会经济的活力源泉，能够有效推动新型城镇化进程。鼓励城乡居民创新创业，形成技术、经营与管理创新的良好氛围，通过城镇化实现生产要素的优化配置。

2．金融组织创新是城乡居民创新创业的基本保障

1）金融组织创新有益于提高创新创业意愿。因为现行金融机构对即期收益的过分追求，所以在我国金融组织创新过程中，极少关注城乡居民创新创业。而金融组织创新，特别是金融业务与产品的创新，对城乡居民创新创业意愿的影响很大。本书通过调查发现，创新创业意愿是城乡居民基于内外环境的分析所做的主观决策，而金融组织创新对其影响是非线性的：当金融组织创新不能强烈地影响城乡居民的主观感受时，其响应的程度是不显著的；金融组织创新较微弱时，就会强化其

市场不确定性，并抑制其创新创业意愿。由此可见，金融组织创新的创新创业效应存在一定的层次性，层次较低时，创新创业意愿的促进效应难以形成，而达到一定层次后，其意愿的促进效应就会更加明显。因此，金融组织创新作为现代金融发展的必然结果与内在动力，能够有效促进城乡居民创新创业，有助于提高创新创业意愿，在金融组织创新达到一定水平时，将明显推动城乡居民的创新创业。

2）金融组织创新有助于激发市场活力。新型城镇化进程中的金融组织创新，极大地推动了城乡居民创新创业，并催生了一大批极具活力的中小微企业，使市场充满活力，促进了城乡之间经济资源的优化配置。但是，通过考察城乡居民自主创业，我们可以看出，传统金融的产品模式、业务模式及机构运行模式等诸多因素都制约着城乡居民的创新创业，基本忽略本地金融资源的利用，并构成推进新型城镇化进程的障碍因素。

3. 金融组织创新对城乡居民创新创业的正向效应

新型城镇化在支持与鼓励城乡居民创新创业的过程中，促使其人力资本的积累，并在享有土地使用权的条件下，探索专业化的创新创业之路。但务必推进金融组织创新，强化其城乡居民创新创业的正向效应。本书假定了 3 种创业计划：一是长期自主创业计划（A）；二是 2 年之内创业计划，亦称短期创业计划（B）；三是个人及家人能够享有城镇居民的福利就立马创业，亦称条件创业计划（C）。根据这 3 种不同的城乡居民创业计划，通过对广西壮族自治区的实地考察，深入分析金融组织创新对城乡居民创业的影响效应，揭示其内在的互动关系，可以得出以下结果。

1）金融组织创新促进长期自主创业计划（A）与条件创业计划（C）的效应显著。通过产品、业务、机构及营销模式等金融组织创新，对城乡居民长期自主创业计划（A）与条件创业计划（C）所产生效果是显著的。比较而言，金融组织创新推动长期自主创业计划（A）的效果，要比条件创业计划（C）更明显一些。而新型城镇化使农村居民转变成城镇居民，其创业意向对金融组织创新的需求弹性很大，对市场小额信贷可获得性的依赖程度大；如果没有"享有城镇居民的福利"这一条件，农村居民创新创业将会主要以自身能力、条件及其社会关系等为依托，而倘若条件成立，则会增大其金融资源的考虑权重。

2）金融组织创新无法正向影响短期创业计划（B）。从广西壮族自治区的实地考察可以看出，金融产品、业务、机构及营销模式等金融组织创新，均无法显著地影响短期创业计划（B）并产生正向效应。这就表明，城乡居民短期创业计划是十分审慎的，金融组织创新所形成的外部条件作用有限。当然，调查中发现金融机构创新促进短期创业计划（B）的作用明显，这可能是地方政府的工作绩效与经济发展水平，间接影响城乡居民创新创业。在金融组织创新过程中，金融机构产品创新力度较小，其促进城乡居民创新创业的效应不明显；反之，其促进效应就会逐渐凸显。

3）金融组织创新与城乡居民创业意愿的互动效应。金融组织创新作为现代金融发展的基础动力，能够为创新创业行为提供准确的信息导向，有效引导与促进城乡居民的创新创业，有助于城乡居民积累人力资本与提高收入水平，并使城镇化的质量得到改善。

实地调研中发现，城乡居民决定以何种计划进行创业的弹性差异十分明显，其短期创业计划是谨慎的，而能够享受城镇居民福利条件下的创业，具有更高的积极性。如图 5-8 所示，金融组织创新的初级阶段，长期自主创业计划（A）与条件创业计划（C）就能够出现正相关效应，且条件创业计划（C）曲线的增长幅度更快一些；而进入较高级阶段以后，短期创业计划（B）才逐渐出现正相关效应。

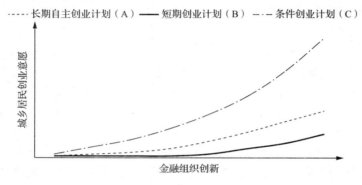

图 5-8　金融组织创新与城乡居民创业意愿的互动效应

当然，对于金融组织创新，必须充分考虑城镇化基础与创业环境。例如，自然条件较好、剩余劳动力充裕及创业环境好的地区，理应强化金融组织创新，通过生产性贷款的机制创新，加强贷款供给在城乡居民生产生活中的渗透力，树立其创新创业信心。而相对条件较差的地区，则需要大力引入新型金融机构，通过金融组织的多元化，以及金融服务微观化的渗透，激发城乡居民创新创业的积极性，提高其金融需求与经济能力。而城镇化新增的城镇居民，则通过开发区域性、适用性的金融产品及组织形式给予大力支持。

5.3.4　金融多元化是西部城镇化总体质量提升的根本动力

西部城镇就业容量、城镇产业结构与城乡居民创新创业，是西部新型城镇化最根本的驱动力，而金融组织创新又构成城镇就业容量增长、城镇产业结构优化与城乡居民创新创业的原动力。因此，只有金融资本、生产技术等其他生产要素，先于城乡居民的迁移而重新进行优化配置，新型城镇化才能稳健长期推进。也就是说，要通过金融多元化的发展，形成西部城镇化总体质量提升的驱动力。

1. 金融多元化发展与城镇化总体质量的测度指标

（1）金融多元化发展测度指标

金融多元化是指不依赖传统优势，具有创新性的金融发展模式。金融多元化与现代金融规模、结构及创新密切相关，金融规模扩张、结构优化与组织创新，是构成金融多元化的必要条件。若这些条件无法满足，金融体系则会陷入原有的"单一化"模式。如果能够合理量化金融多元化，就能够直观体现提升城镇化的总体效应。本书拟构建以下 5 个维度金融多元化的衡量指标体系，以观测金融多元化水平。

1）金融机构所有制形式多元化。外资与民营资本进入金融机构已有 20 余年，而国有金融机构的市场占有率与盈利能力仍占主导地位。因此，金融多元化要求民营金融不能仅仅是金融发展的补充，还应当逐步提升其金融市场的份额。

2）金融机构利润来源多元化。金融机构中间业务的发展能够体现一个国家或地区的金融发展水平，中间业务收益越高，就越能说明金融机构利润来源的多元化；而中间业务收入与利息收入的比值就可以使之量化。

3）信贷期限多元化。长期以来，短期贷款占据银行贷款的较大比重，因为商业银行的信用评估能力与金融管理体系尚待提高与完善，所以短期贷款长期使用的行为普遍，只有使中长期贷款所占份额合理，才能够实现金融的多元化发展。

4）金融机构业务币种多元化。金融机构外币业务与资本账户的开放程度密切相关。一个国家或地区的外币业务状况，能够说明金融机构在当地的对外开放贡献度，这可以用外币存贷款余额之和与人民币存贷款余额之和的比值来表示。

5）上市公司股权结构多元化。现阶段，上市公司中国家股、法人股等非流通股的占比较高，未来这种局面将被打破，金融商品逐渐进入二级市场流通。一个地区只有上市公司流通股的占比高，其股权结构较为灵活，市场作用才能发挥，并可减少非流通股入市冲击。

（2）城镇化总体质量测度指标

新型城镇化过程中城镇化总体质量的提升，需要农村人口的转移与其他经济要素的重置，并能够协同推进。验证金融组织与新型城镇化的关系，必须注重城镇化的总体质量，并能够进行全面测算。新型城镇化包括基础设施、人均收入、环境友好等诸多具体表征，这些表征可测度城镇化的总体质量。蓝庆新和陈超凡（2013）根据基本建设、经济发展、社会支撑、环境生态友好 4 个维度，测量了城镇化的总体质量，并构建了城镇化的总体质量综合评价指标体系，其维度层级、指标界定及预期，如表 5-1 所示。本书认为，该指标体系对较完整并准确地测度西部新型城镇化的总体质量水平，以及构成西部城镇化总体质量的量化方案，具有积极的借鉴意义。

表 5-1　城镇化的总体质量综合评价指标体系

维度层		指标层	指标处理办法	预期方向
城镇化总体质量	基本建设	人口城镇化水平	城镇常住人口占总人口比重/%	＋
		城镇人口密度	单位城市土地面积所承载城市人口/（万人/平方千米）	＋
		投资强度（城镇）	城镇人均固定资产投资额/万元	＋
		收入水平（城镇）	城镇居民家庭人均可支配收入/万元	＋
	经济发展	经济增长	人均地区生产总值/万元	＋
		非农业发展	第三产业占地区生产总值比重/%	＋
		生产效率	全员劳动生产率/（万元/年）	＋
		房地产业发展	竣工房屋价值/万元	＋
		经济开放度	实际利用 FDI 额/万元	＋
		财政能力	人均预算内财政收支总额/万元	＋
		投资强度（全部）	人均固定资产投资额/万元	＋
	社会支撑	收入差距（城乡比）	城镇居民与农民人均收入比/%	－
		价格状况	消费者价格指数/%	＋
		就业状况	第二产业和第三产业从业人员占总人口比重/%	＋
		交通设施状况	铁路和公路运力之和/万人	＋
		教育培训状况	每百万人中大专及以上学历人数	＋
		医疗卫生状况	每百万人拥有医疗卫生机构床位数/张	＋
		信息化状况	每百万人中互联网使用人数	＋
	环境生态友好	大气污染	每亿元工业总产值中工业二氧化硫、二氧化碳、烟尘排放量/万吨	－
		水污染	每亿元工业总产值中工业废水人均排放量/万吨	－
		生活垃圾处理	城市生活垃圾无公害处理率/%	＋
		工业废物利用	人均"三废"综合利用产值/万元	＋
		改善性环保投入	人均城市绿色环境投资额/万元	＋
		治理性环保投入	人均环境污染治理投资额/万元	＋

注：FDI，即 foreign direct investment，外商直接投资。

2. 金融多元化推动城镇化总体质量的提升

金融多元化能够通过规模、结构、创新等渠道的作用来推进新型城镇化，并传导至城镇化的总体质量层面，使其得到提升。而基本建设、经济发展、社会支撑及环境生态友好等又构成了其总体质量水平。由金融机构的所有制形式、利润来源、信贷期限、业务币种、上市公司股权结构等共同构成的金融多元化，是总体质量提高的主要推动力和重要保障，并具有促进新型城镇化进程的显著作用。

1）金融多元化能明显提升城镇化的总体质量。这种提升效应具有明显的收敛趋势，并使城镇化总体质量的区域差异也具有收敛性。当某区域金融体系具有多元化服务对象、业务板块、利润来源及盈利模式后，其城镇化效率和质量就会提升得更快。近年来，西部城镇化水平与质量有了较快提升，在一定程度上得益于金融体系的支持，金融资源配置得到了优化。

2）金融多元化的传导滞后并不影响其功能发挥。在金融多元化向城镇化质量层面传导的过程中，其效应显现往往具有滞后性特征，但因为金融体系提供资金的渠道、结构及其模式，决定城镇化的水平，所以这种滞后性并不影响其发挥作用。并且，资金配置的过程既能支持城镇化的重点领域，也能为其结构调整与效率提升提供可持续的驱动力。

3）城镇化的总体质量提升与外资引进及科技投入的关联度不高。有关资料显示，我国的外资引进与科技投入，缺乏对城镇化进程中单位产出及技术溢出效应的关注，难以为城镇化做出应有的贡献，但金融多元化推进城镇化总体质量提升的功能是明显的。

5.4 西部城镇化进程中金融动力作用的影响因素

随着西部新型城镇化的发展，已基本形成了以大型国有控股商业银行为主体，政策性、商业性与合作性金融相分离，各种不同金融机构并存的多元化、多层次的现代金融体系。直接融资的不断扩张，使市场配置资源的基础性作用得到了发挥，初步构建了具有中国特色的多层次、多渠道、全方位的现代资本市场体系。尽管金融体系支撑与推进西部新型城镇化的作用在不断强化，但是这种作用与效率远不能满足新型城镇化的客观需要。在西部新型城镇化进程中，金融的动力作用受制于诸多因素，城乡金融的二元化使金融资源的配置矛盾凸显，严重制约新型城镇化的协调发展。影响金融动力机制充分发挥作用的因素，主要包括金融机构经营目标的价值取向、金融资源规模总量的供求缺口、金融资源配置主体的结构矛盾、区域金融稳定发展的生态环境及金融管理机制体制的适用程度几个方面。

5.4.1 金融机构经营目标的价值取向

市场经济中金融机构的经营目标就是盈利，在西部新型城镇化进程中，这种逐利性与新型城镇化的社会性之间，存在着难以调和的矛盾。新型城镇化既可以扩大内需，转变西部地区经济发展的方式，也能够积极地服务社会。城镇化建设中的这种公益性与商业性金融机构的经营价值取向，存在一定程度上的冲突（黄国平，2013；吴超和钟辉，2013），这种金融机构的逐利性与社会性的矛盾，形成了城镇化进程中的金融约束作用。

（1）逐利性约束了城镇化的金融动力

新型城镇化中的基础项目，其具有的公共产品及准公共产品的特性十分明显。城镇基础设施（包括水、电、燃气、路网及公共交通、通信、学校、医院等）投资的金额大、周期长、收益低，其市场化运作难度大，一般情况下，这类项目由政府引导与投资；而商业性金融机构为追求盈利，难以为其降低贷款条件，使金融体系缺乏支持城镇化的动力。

（2）短期性影响了金融机构的战略思维

商业性金融机构普遍缺乏新型城镇化的宏观认知与分析，热衷于追逐短期效益。这种短期性导致了商业性金融机构不能够将自身发展有效地融入新型城镇化中，其市场定位往往与新型城镇化的金融需求难以吻合，不是存在时间上的错位，就是出现空间上的背离情况。

（3）矛盾性促使了金融机构的反向融资

在新型城镇化进程中，财政的"供血"与金融的"抽血"形成了鲜明对照。新型城镇化基础设施与基础产业发展的前期资金需求，通常由政府财政予以支持，而商业性金融机构因其资本逐利性往往将这些资金吸引到高收益的领域中，并形成财政"供血"与金融"抽血"这种十分矛盾的局面。例如，各级财政向新型城镇化建设投入大量的资金，但因新建城镇的经济活力不足，城乡居民普遍将资金存入当地金融机构，而当地企业信用度不高又很少获得信贷资金，所以当地金融机构只好将获得的资金投向大中城市。

5.4.2 金融资源规模总量的供求缺口

（1）金融资源规模总量不足

现阶段，西部新型城镇化对资金总量的需求，远大于其金融体系的供给能力。这种明显的资金供需缺口，主要包括两个方面：一是西部城镇基础设施刚刚起步，公共资源短缺现象较为严重，新型城镇化模式构建及其深入推进受到制约。根据中国发展研究基金会的测算：西部地区农村居民市民化过程中，所需的转换成本平均高达 10 万元；如果预计 2020 年西部城镇化率平均达到 60%以上（万广华，2011），那么，未来城镇化所需求的资金将是巨大的。现有财政资金及政策性金融无法填补巨量金融需求，商业性金融机构还不能有效地参与城镇化项目投资。二是从宏观经济的角度来看，我国经济增长所产生的就业弹性，正处于一个下行区间，商业性金融机构支持新型产业与劳动密集型行业的转型动力不足。而新型城镇化需要这些产业部门提供更多的就业岗位，因此，商业性金融机构必须加大对能够提供高质量就业岗位的产业部门的投入力度，而这势必会增大金融供需总量的缺口。

（2）金融资源区域结构失衡

我国各地区经济发展存在较大差异，各地之间的城镇化率，以及城镇基础设施的存量存在一定的差别。相关资料显示，西部地区发展相对滞后，城镇发育明显不足；由于各地区空间差异与经济水平不同，硬件设施（如高速公路、高速铁路、管道、机场、通信等）的保有量，以及使用效率差异明显，软件设施（如高等教育机构、文化设施）的分布也不均衡。与此相似的是，金融资源分布的地区差异也很明显。《中国银行业农村金融服务分布图集》显示，全国城乡金融资源的配置不均衡，西部地区金融行业竞争不充分现象较为突出。东部地区常住人口的城镇化率为 65.2%，而中西部分别只有 48.5% 和 44.8%，西部地区城镇化明显滞后。西部农村地区金融机构服务网点的每万人占有量仅为 1.64，且多集中于县城，乡镇的金融服务不足，多数县城以下的城乡居民难以获得基本的金融服务。

村镇金融机构多为中国邮政储蓄银行与农村信用社，很少有其他金融机构涉足，而证券、基金和期货等金融机构少之又少，导致西部金融市场竞争严重缺乏，金融基础设施不完善。社会融资规模受诸多融资需求与融资方式共同的作用，其地区差异能够对不同地区金融与经济活力、城乡金融资源分布做出深刻反映，如图 5-9 所示。

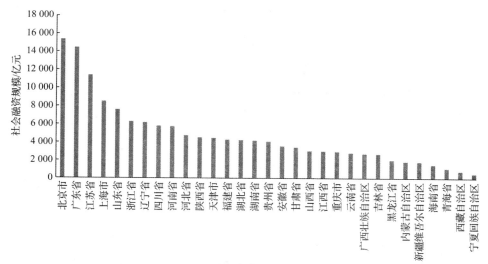

省（自治区、直辖市）

图 5-9　2015 年各地区社会融资规模

数据来源：根据中国人民银行网站相关数据整理而成。

（3）金融供需矛盾日趋严重

1）供给型的金融抑制导致金融资源配置效率低。西部地区金融机构匮乏、金融资源不足是不争的事实，商业银行及农村信用社受商业利润驱使，业务重心逐步向大中城市收缩，使县城以下城镇出现严重的金融供给抑制现象。新型城镇化转变了城乡居民消费理念，而收入水平提高又使现有金融体系无法满足新兴金融需求；特别是金融需求结构的变化，使原有金融供给体制难以适应。城镇基础设施建设所需的巨额资金，是金融体系面临的巨大挑战。城镇基础设施的公共产品特性与商业银行逐利性之间的矛盾，以及西部金融市场化程度低、金融制度体系不完善等问题的长期存在，决定了金融资源配置低效，影响了城镇化进程中金融功能的有效发挥（饶华春，2009）。

2）需求型的金融抑制影响金融规模的有效扩张。西部城乡居民的借贷资金主要通过契约型信用与关系型信用两种方式来解决。契约型信用是指通过银行、农村信用社等正规金融机构，以合约为基础的借贷行为；关系型信用则是指通过信用合作、民间借贷，以邻里、亲朋为基础的借贷行为。实际城乡居民一般能通过关系型信用筹措资金，而较少通过契约型信用申请贷款，如此一来，正规金融就处于一种需求型的抑制状态，极大地影响了金融规模的扩张。调查显示，西部需求型金融抑制明显，县城以下城乡居民的关系型信用借款比重高达 76%，而契约型信用借款比重仅占 24%，如图 5-10 所示。

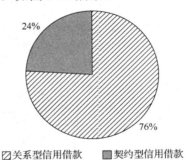

图 5-10　西部城乡居民借款来源比重

数据来源：根据课题调查数据整理而成。

5.4.3　金融资源配置主体的结构矛盾

西部新型城镇化进程中，金融需求主体多元化、层次多样化、类型个性化特征十分明显，以大型国有控股商业银行为核心、以商业银行为主导的金融体系，其结构性的矛盾较为明显。金融机构信息获取及处理模式，远不能适应新型城镇化所引起的异质性金融需求，金融结构单一化与城镇新市民金融需求多元化之间的矛盾凸显，服务中小企业并与之相匹配的中小型金融机构缺乏，造成了金融资源配置结构性矛盾，具体表现如下。

（1）金融资源配置效能不足

对于西部地区的大中城市而言，金融结构与功能是能够满足其经济发展需要的，其服务新型城镇化的路径也较为成熟。而县城以下地区的经济发展与金融组织体系，与新型城镇化的要求相去甚远。县域金融机构尽管为数众多，但功能正在弱化，无法满足日益增长的城镇化需求。县域金融资源的"虹吸现象"，使其金融供给能力下降，从而无法满足县域城镇化进程中的产业结构优化的金融需求。总体来看，西部新型城镇化面临这样一个悖论：县域城镇化需要建设资金，但金融需求的动能不足；地方财政愿意扶持新型城镇化，却缺乏应有的财力；商业银行的资金充裕，却缺乏有效的规范和引导。因此，西部新型城镇化进程中，由于市场无法发挥作用，政府手段效率低下，县域"资金饥渴症"严重。

（2）金融机构体系功能缺失

随着新型城镇化的不断推进，金融机构经营发展的外部环境获得了空前改善，金融机构多元化、产品多样化趋势明显，金融资源最大限度地覆盖了城镇化的全过程。但是，现阶段诸多金融机构功能定位欠准确，影响其基本职能的发挥，其调节资金的功能弱化，机构之间的竞争错位，整体运行的效率偏低，具体表现如下：一是政策性金融功能缺位，还没有哪一家政策性金融机构明确地参与到西部新型城镇化建设中去。二是商业性金融机构追求资金的高收益，短期经济目标影响了其追求新型城镇化的长期可持续的经济利益。三是合作金融因其股本规模小、资产质量偏低、法人结构不合理、经营规模难以扩大的固有缺陷，很难在城镇化建设中发挥显著作用。四是保险产业功能亟待完善，西部保险市场尚欠发达，保险方式单一，业务环境复杂，对新型城镇化建设的保障作用有限。五是民间金融缺乏法律保障。随着新型城镇化的推进，城乡经济关系复杂性加剧，民间金融抗风险能力不断减弱。

（3）金融工具的多样性缺乏

金融机构和服务对象之间的共生关系，要求只有服务于新型城镇化的金融机构的服务、工具必须多样化，才能满足新型城镇化日益增长的多层次、多样化的金融需求。但现阶段金融机构所能提供的产品、工具及服务，与新型城镇化适配度不高。具体表现如下：一是金融业务范围窄。金融机构以存贷款、汇兑结算等传统业务为主，而现代金融服务（消费信贷、代收代缴、投资理财、社区银行、网络银行等），有针对性的金融产品（养老、医保、住房的金融服务等）的开办及被接受程度还远远不够。二是新型城镇化的政策性金融专属产品尚待摸索。城镇化基础设施、住房安居等工程建设，不能只依赖于高成本的商业性信贷资金，应充分发挥政策性金融优势，解决金融供给与城镇化异质性金融需求之间的不匹配问题。目前，国家开发银行主要支持基础产业与支柱产业的发展，而对城镇化的支持力度有限；地方政府融资平台实际上的资金供给主体是商业性金融机构，但此类机构借债的违规现象严重，且具有高隐蔽性与高成本特征，潜在集聚的风险极大。三是中小微企业融资工具单一，加剧了商业性金融机构同质化竞争。中央财经大学调查与数据分析实验室的网络调查显示，中小微金融经理人深感中小微企业金融服务存在同质化竞争并日趋严重, 高达 74.1%的受访者认为同质化竞争严重; 而且, 不同商业银行从业者的评价又有所不同, 其中, 股份制商业银行占 64.7%, 城市商业银行占 60.0%, 五大国有控股商业银行占 38.9%[①]。

5.4.4　区域金融稳定发展的生态环境

（1）征信体系不完善, 居民信用意识差

因为信用体系尚未全面系统地建立, 商业性金融机构识别客户信用还有诸多障碍, 所以居民的失信成本普遍较低, 金融履约意识差, 商业性金融机构的不良资产率居高不下, 导致商业性金融机构经营风险加大。

（2）法律体系不健全, 金融监管难到位

西部新型城镇化进程中, 金融法律法规体系尚待进一步完善。务必细化相关法律规定, 清晰各类责任权属, 强化金融行为监管; 通过强有力的监管手段, 明确金融市场主体责任, 保护金融市场参与各方的法定权益。

（3）行政干预不合理, 担保机制落实难

地方行政部门对金融机构经营的干预过多, 因此各类金融机构参与城镇化建设的积极性受到影响。同时, 缺乏应有的信用担保机制, 常常使金融机构陷入贷款困境, 使金融中介为追求经济利益而降低其公信力。

5.4.5　金融管理机制体制的适用程度

（1）金融体制不完善难以实现供需双方的需求匹配

随着西部信贷市场及债券市场的迅猛发展, 新型城镇化建设的财政缺口能够获得信贷市场及债券市场新增资金的填补。但是, 当前的金融运行机制体制, 不能为新型城镇化的融资双方提供相匹配的需求。地方性融资平台问题的不断出现, 加剧了金融机构对其贷款的风险管控, 地方融资平台的融资能力急剧下降。同时, 由于市政债券的相关政策一时难以出台, 公司债、企业债的违约风险增大, 民间资本进入新型城镇化的渠道不畅, 城镇化建设存在严重的资金短缺, 而大量的金融资源只能停留在虚拟经济体系中。

（2）利率制度不完善难以实现金融资源的合理配置

我国利率市场化机制尚未完全建立, 金融机构难以通过价格机制有效吸引资金, 提高信贷质量和获利能力, 并通过合理配置金融资源, 提升新型城镇化的资金使用效率, 具体表现如下: 一是利率制度不完善扭曲了长期市场利率, 并重新分配了借贷者之间的资产, 使金融部门资源配置效率受损。二是利率无法由市场机制确定, 使信贷配给现象普遍, 并滋生金融寻租现象。新型城镇化的资金需求量巨大, 而金融机构无法根据市场需求定价, 如此一来, 其他非价格的贷款条件

---

① 《中国中小企业金融服务发展报告（2013）》。

被广泛使用，并对部分高质量资金使用者产生挤出效应，极大地影响了金融资源的合理配置。三是存贷款利率的浮动管制，减少了商业银行的资金供给。较低的存款利率迫使资金盈余部门进行自我融资，这将会影响银行业的发展。例如，当下互联网金融的迅猛发展，导致交易结构、金融效率发生了深刻变革，因为互联网金融尚未实现利率市场化，其市场利率扭曲的直接后果是资金规模的不断扩大。

（3）信贷体制不完善难以实现信贷资金的安全高效

信贷资金作为重要的新型城镇化资金来源，其质量的优劣决定了商业银行经营业绩的好坏，而信贷管理制度又影响信贷业务的开展，不完善的信贷管理体制直接影响金融机构信贷资金的安全与效率。一是商业银行信贷政策缺乏时效性。信贷政策与信贷制度是建立在已有的户籍法、土地法、特权法等法律法规基础之上的，因为社会变革快与涉及面广，所以信贷政策和信贷制度尚未适时更新。二是大型国有控股商业银行管理半径缩短，县域机构授信额度受限，使其在新型城镇化进程中竞争意愿与能力缺乏。三是信贷管理制度有待完善。我国"一刀切"式的信贷管理制度，缺乏对客户的差别化管理，未能细分新型城镇化市场，影响信贷资金配置效率。

（4）法律体系不完善难以实现民间金融的有效补充

一直以来，部分民间金融活动游离于国家现行制度法规边缘，且民间金融活动主体与中小微企业之间，存在运行机制与活动特性的高度关联及相似，因此民间金融是西部新型城镇化进程中的中小微企业发展的可靠融资渠道，是大型金融机构重要且有效的补充，需要纳入国家法律体系中。当前，民间金融还存在以下几个方面的问题：一是民间金融在法制边缘活动，债权债务人的合法权益难以得到保障。城镇化进程中，民间金融的运行失范，导致债务人逃避债务、债权人暴力追债等问题频发，严重破坏金融秩序，危害社会安定。二是民间金融规模不断扩大，金融风险加剧。近年来，西部民间金融总体呈规模扩张之势，2012 年之后的紧缩性财政政策与货币政策，对民间借贷市场起到了推动作用。中国经济数据库与瑞银证券的统计资料显示，2015 年上半年民间借贷的全国总规模为 5.2 万亿元，西部地区约占总规模的 38%，总规模高达 2 万亿元。巨大的民间金融规模既蕴藏着前所未有的金融风险，即短期高息融资活动，也对区域金融秩序构成严重干扰（聂欧，2012）。

5.5　西部城镇化进程中金融组织创新的路径选择

5.5.1　金融组织创新路径的优化逻辑

帕累托最优配置理论中所讲的"优化"，往往是一个相对概念，并不是绝对的"最优"问题，而是较为"次优"的问题；不是终极目标，只是趋近于目标终点的一个过程。金融结构优化与金融组织创新也是如此，它指的并不是达到金融供求完全均衡状态，而是一种不断趋近这种均衡的状态。或者说，金融结构优化与金融组织创新是一种对金融结构的帕累托改进，并使之趋近帕累托最优。

1. 金融结构优化演进的主要内容

一般而言，金融结构优化与金融组织创新不是空洞虚幻的，其基本内容是确切而丰富的，衡量标志也是明确而具体的。金融结构优化与金融组织创新是随着经济发展与市场深化，而使金融结构由低水平转变为高水平的演变过程，它是沿着经济发展历史及其逻辑序列而进行的顺向演进。其主要内容如下：①随着金融深化程度的提高，金融产业在国民经济中地位显著提升，FIR 提升速度不断加快；②金融产业技术含量随着经济发展而不断提高，金融新产品、新工具、新技术及新机构持续不断涌现，出现层出不穷的金融创新；③金融结构演变过程中，金融市场货币化不断演进为信用化、证券化（虚拟化）及电子化（数字化），且演变速度不断加快。

2. 金融结构优化演进的理性协调

金融结构优化就是金融产业各部门、各要素之间，通过相互作用形成高于各产业部门、各要素的能力之和的综合能力，使各产业部门有机联系的聚合质量能够提高。这种金融结构各种比例关系的有机协调，主要体现在以下几个方面。

1）经营规模的理性均衡。金融组织在创新过程中推进各金融产业、各种金融工具或金融产品的经营规模比例关系实现均衡。例如，存贷款、股票、债券、票据、基金、保单等金融产品之间比例关系的均衡，银行业、保险业、证券业、信托业等金融产业部门之间经营规模的协调，货币市场、股票市场、债券市场、外汇市场及基金市场等金融市场之间的均衡等。

2）关联作用的理性均衡。金融结构优化演进中，金融产业各个部门之间关联作用的程度，存在合理的均衡。这种关联作用是指某个金融产业的发展影响其他金融产业部门发展的能力，如银行业发展对证券业的影响，保险业发展对投资银行的影响等。金融部门间的关联作用越大，金融结构综合效应也就越大，其金融结构也就越趋于合理。

3）适应程度的理性均衡。金融结构演进过程中，金融结构与经济结构的适应程度不同，促进经济发展的作用也有所不同，具体体现在金融功能的充分发挥、金融效率的有效提高等方面。而金融结构是否合理，需考察其功能的作用发挥、效率的高低及服务经济发展的状况等。

金融结构优化的前提是合理有效地配置金融资源，它需要金融产业部门间的良好协调。而金融结构优化的理性协调，必将产出应有的结构效益，这是金融发展的又一重要标志，也是金融组织创新的路径选择与优化的重要思路。

5.5.2　金融组织优化路径的总体目标

西部新型城镇化的总体质量提升与驱动能力增强，都依赖于现代金融体系的多元化发展。而近期西部新型城镇化的实践并不理想，在一定程度上受制于发展滞后的现代金融。因此，在相关理论与实证结果的基础上，重构西部新型城镇化的金融组织优化路径，从多维度构建政策支撑体系。西部地区新型城镇化金融组织优化路径的总体目标，可以通过一个中心目标、两项基本原则、三方参与主体、四大新型关系（图 5-11）等维度来搭建。其逻辑关系可以概括为根据一个中心目标的导引，遵循"协调适度、可持续性"两项基本原则，优化政府监管部门、商业性金融机构及政策性金融机构三大类参与部门的主体行为，通过金融组织创新，协调产业链、产城、产融及劳资 4 种新型关系。

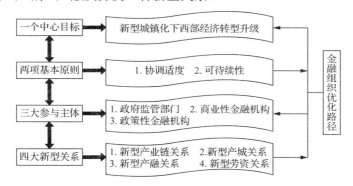

图 5-11　西部地区新型城镇化金融组织优化路径的总体目标

（1）一个中心目标

西部新型城镇化的金融组织创新，将始终围绕城镇化进程中区域经济发展这一目标展开，即要实现西部地区经济的转型升级。从现阶段来看，各级地方政府是新型城镇化的推动主体，并具有追求区域经济发展的强烈欲望；新型城镇化是区域经济转型升级的前提与基础。而金融产业多元化发展，又为新型城镇化提供了动力保障，但金融多元化必须建立在服务实体经济的基础上，否则会给新型城镇化带来极大危害。因此，构建西部新型城镇化金融组织体系，应结合西部自身要素禀赋、经济基础及其城乡发展所处阶段等现实状况，通过转变发展方式，加速市场化改革，重塑区域金融体系，实现资金有效配置，激发全社会推动新型城镇化的自主动力。

（2）两项基本原则

新型城镇化的金融组织以"协调适度、可持续性"为基本原则。一方面，要求准确把握金融规模、结构及创新与资本、技术及经营创新等要素的匹配关系，促进新型城镇化进程中金融的规模、结构与创新的协同发展，注重不同领域和发展方向的搭配与协作，强调其协调性。同时，注意现代金融发展的适度性，防止金融规模过度扩张对城镇就业形成挤出效应。在资本密集型行业欠发达的西部过度优化金融结构，将可能造成社会资源的浪费，并影响产业结构升级，因此，其金融组织创新理应注重协调适度的原则。另一方面，新型城镇化金融组织创新不仅要满足各种投资主体的短期融资需求，更为重要的是要求现代金融发展，必须与西部新型城镇化形成良性互动，以金融资源配置为纽带，促使生产要素伴随新型城镇化推进，实现城乡、行业之间的最优配置，充分认识新型城镇化与现代金融发展的过程性及长期性，注重金融组织的可持续性。

（3）三方参与主体

西部新型城镇化金融组织创新，应落实政府监管部门、商业性金融机构与政策性金融机构等几个参与主体的责任。现阶段西部新型城镇化迟缓，一定程度上受制于现代金融发展滞后，这不单纯是某一方面问题造成的，而是由市场理性缺失、金融发育迟缓、政策监管缺位等诸多因素造成的。

（4）四大新型关系

西部新型城镇化的金融组织创新，应重点构建产业链、产城、产融及劳资4种新型关系。一是明确新型产业链关系的构建，改变传统城镇化的经济资源错配问题。二是实现新型产城关系，通过金融组织创新发挥资金导向作用；产业规模扩张、结构升级及市场化发展，务必与新型城镇化协同发展。三是重视新型产融关系构建，纠正传统城镇化产业发展与金融结构动态协调不当而导致资源错配的问题。四是构建新型劳资关系，金融组织创新必须围绕这个目标展开，金融体系应注重新型劳资关系建立。

5.5.3　政府组织金融创新的行为优化

（1）改革监管机构，整合监管资源

现阶段，我国金融监管机构设有中国银行保险监督管理委员会（简称"银保监会"）、证监会及中国人民银行，这些机构在西部各级均有分支机构，并履行监管职能。但是，这种纵横交错的监管机构体系效率并不高。横向而言，各类监管机构之间相互掣肘，通常是处理问题的决策过于集中，而实施落实又较为分散，监管机构运行效率低下。纵向而言，中央和地方分别设立的监管机构存在责任不清、职责重叠问题，地方监管机构的区域特色不明显。

为此，有必要调整金融监管机构，深化监管机构改革，简化行政审批程序，削减冗余机构。首先，把货币政策相关事宜归口到中国人民银行统一管理，增强中央银行的独立性；进一步明晰各机构职责，加强国务院直属领导与协调。其次，尝试构建具有区域特色的省级金融监管部门，以取代和完善地方金融监管职能，并对同级地方政府与人民代表大会负责，履行区域中小金融机构的监管职能。在此基础上，建立中央与地方两级金融监管机构体系，由银保监会、证监会承担全国金融系统的监管之责，而地方金融监管部门对区域金融生态承担监管之责。

（2）创新监管理念，实施审慎监管

加强金融监管理念创新，把宏观与微观审慎监管结合起来。2010 年修订的《巴塞尔协议Ⅲ》明确指出，注重宏观审慎下的相关监管思路与政策工具的设计，加强具有系统重要性的产品、机构与市场的金融监管。从宏观上注重对金融过度创新、金融活动主体过度盲从、资金流向过度集中等现象，保有足够的抵制与防范。为此，监管机构必须打破传统监管模式，创新监管理念，强力推行宏观与微观审慎监管有机结合的措施。既要通过数据进行系统分析与监测，及时描述欠理性的金融从众行为或趋势，又要通过摸底、排查、督导等现场工作提炼局部性（区域性）的金融走势。

（3）规范金融创新，防范市场风险

西部新型城镇化进程中，融资方式（或金融产品）不断创新，小额信贷产品的多样化推进了信贷担保体系的完善，出现林权、专利权、小产权房及商铺等多种质押贷款方式。例如，城镇基础设施建设所推广的建设-经营-转让（build-operation-transfer，BOT）、转让-经营-转让（transfer-operation-transfer，TOT）、城市街道公共设施特许经营（street furniture concession，SFC）等融资方式。然而，这些新型融资方式的风险度怎样？是否有利于西部新型城镇化与经济转型升级？这就需要政府金融监管部门做出明确判断，并提出详细的指导意见，鼓励优质的金融创新，规范高风险的金融创新，打击甚至取缔非法的金融创新。

（4）建设基础设施，优化金融生态

西部新型城镇化的金融组织创新过程中，各级政府必须全力推动社会信用体系建设，大力培育新兴城镇居民的信用观念，强化城乡居民金融能力。通过构建与完善征信制度与信用体系，建立有效失信惩戒机制，提高失信成本，维护西部金融生态环境；在完善金融基础设施的基础上，扩大信用主体的覆盖面，优化西部新兴城镇的信用环境，创建良好的适宜于各类金融机构生存的金融生态。

5.5.4　商业性金融机构行为的优化升级

商业性金融机构是指按照现代企业制度改造与组建的，以营利为目的的银行和非银行金融机构。西部新型城镇化的金融组织创新过程中，商业性金融机构行为的优化调整极为重要，随着新型城镇化推进，商业性金融机构功能已凸显，在投资主体多元化的同时，融资将必然以商业性为主。

（1）延伸大型商业银行的业务链条

在西部新型城镇化进程中，务必引导大型国有控股商业银行进驻县城及其以下区域，通过适销金融产品的开发，延伸其业务链条，把西部新型城镇化与自身的业务发展有机结合起来，准确把握城镇化所蕴藏的巨大商机。我国大型国有控股商业银行控制了规模庞大的金融资源，反哺县域新型城镇化建设，既是国家发展战略的需要，也是出于自身发展的考量。西部新型城镇化的金融组织创新，需要大型国有控股商业银行延伸业务链条，优化升级经营行为，根植于新型城镇化发展。现阶段，已有部分银行主动向县域延伸分支机构与经营网点，并设计开发新型小额信贷产品，以适应县域城镇化的需求，就地转化存款资金，形成一个多赢的良好局面。

（2）培育县域经济内生的金融变量

通过培育与规范社会资本、民间借贷等金融要素，促进县域经济的内生金融力量得以有效释放。一是规范民间金融的市场准入。在有效监管与风险防范的前提下，降低民间金融的市场准入门槛，规范民间金融组织与民间金融行为，把社会资本、民间资金与城镇化融资的需求有机结合起来，弥补现行金融组织的不足，以满足多层次、多元化的城镇化融资需求。二是推进各种信贷机构密切合作。通过各类信贷机构的相互合作，弥补小型信贷机构的资金、管理、技术等方面的不足，形成大中小型信贷机构的优势互补，提高各类信贷机构的放贷能力。三是释放县域经济内生的金融力量。西部新型城镇化的金融组织创新过程中，还存在兼具金融与非金融服务的多功能组织，如农村经济合作组织、农业产业化组织等。这些经济组织能够提供县域内源性的融资平台，将其金融功能纳入金融组织体系中进行统筹考虑，以完善商业性金融行为。

（3）推进关联金融产品的适度创新

商业性金融机构应冲破原有区域与行业的归属藩篱，根据西部新型城镇化的金融需求，适时、适度地创新金融产品，实现金融产品多样化、多元化；在国家法律与政策允许范围内，加大农业产业化与现代化的信贷支持，通过培育新型城镇化融资平台，创新信贷模式。同时，通过改革担保机制，创新抵押担保方式，推进土地、林权、专利权、商铺等质押贷款模式；通过发展保险业，有效控制信贷风险，增强偿付能力；通过培养多元化融资方式，引导民间资金、社会资本参与城镇化建设。

（4）大力推动网络金融的快速发展

在网络与信息技术快速发展的条件下，推动网络金融健康快速发展是大势所趋。网络金融实现资金融通、支付结算、投资及信息中介等新型金融业务模式，依托西部新型城镇化金融发展平台，鼓励银行业、证券业、保险业等积极开发网络金融新产品、新服务；整合资源、集中优势开展网络支付、网络借贷、股权众筹融资、网络基金销售等业务；促进小微企业与城乡居民在网络金融领域的发展，实现大众创业、万众创新的宏伟蓝图。具体来说，一是鼓励金融创新，活跃金融市场交易，通过加强金融产品与服务创新以激发市场活力，实现优势互补，提升资源配置效率，促进西部城镇化进程中民间资金、社会资本的参与；二是强化金融市场细分，通过细化金融市场来解决职责不清、监管不到位等问题；三是完善制度体系，规范网络金融市场秩序与主体行为，推动网络金融良性发展；四是增强网络金融交易信心，促进其在西部城镇化进程中的快速发展。

5.5.5　政策性金融机构行为的模式创新

1. 政策性金融机构的一般行为

1）城镇化进程中金融市场失灵的融资补充。在新型城镇化建设过程中，商业性金融机构基于其商业理性，缺乏中长期基础设施项目的投资动力。特别是中小型金融机构的信贷评估能力，不足以准确预测新型城镇化项目的绩效与前景，就可能形成有悖于国家宏观经济目标的金融行为，并出现市场失灵。这就需要各级政府适时干预，而其干预的重要途径与手段就是通过政策性金融机构来弥补新型城镇化融资来源的不足。

2）政策性金融功能发挥是新型城镇化的客观要求。新型城镇化将是西部经济发展的长期特征，其具体建设既需要转换土地用途，也需要长期关注基础设施、非农产业、绿色经济、劳动力与人力资本等诸多方面。因为时间跨度远长于一般的融资项目，所以商业性融资途径并不适合这些经济活动，况且商业性贷款以土地质押，容易引致寻租行为，造成土地资源浪费。因此，商业性金融机构即使具有足够的贷款动机，也难以满足新型城镇化的客观要求，对于城镇化建设中的长期性大型建设项目而言，政策性金融机构的融资功能将是难以替代的。

2. 政策性金融机构的行为优化

政策性金融机构的行为优化以国家开发银行为例。

（1）国家开发银行的经营状况

国家开发银行作为国务院直属政策性金融机构，创建于 1994 年 3 月，2008 年 12 月经整体改制后，成为国家开发银行股份有限公司，2015 年 3 月明确定位为开发性金融机构。注册资本为 4 212.48 亿元，股东是财政部、中央汇金投资有限责任公司、梧桐树投资平台有限公司及全国社会保障基金理事会，持股比例分别为 36.54%、34.68%、27.19%、1.59%。该行通过承担政府开发性项目中长期信贷和投资融资服务，以市场化模式为基础设施、支柱产业、基础产业等方面的建设提供资金保障，服务于国民经济中长期重大发展战略。截至 2016 年年底，资产总额达 14.34 万亿元，贷款余额达 10.32 万亿元；累计本息回收率达 98.78%；实现净利润 1 096.67 亿元，资产收益率（return on assets，ROA）为 0.81%，净资产收益率（rate of return on common stockholders' equity，ROE）为 9.82%，资本充足率达 11.57%。

国家开发银行已累计发放城镇化贷款 9 万多亿元，为所发放贷款总额的 60% 以上；累计发放棚户区改造贷款 5 000 多亿元，贷款余额达 3 000 多亿元，同业占比高达 60%。该行于 2014 年 4 月组建住宅金融事业部进行城镇化融资，提出未来 5 年将持续提供年均资金 1 000 亿元以上用于各地区棚户区的改造。如此看来，西部新型城镇化进程中各地政府融资平台已获国家开发银行全面支持，通过资金有效配置，引导新型城镇化发展模式与走势的能力不可小觑。

（2）国家开发银行支持新型城镇化的切入点

考察其他发达国家城市化，政策性金融不仅在住宅开发与土地置换领域发挥作用，更重要的是支持非农产业与中小企业的发展，金融支持新型城镇化应当立足新型产业链、产城、产融、劳资等关系来构建。国家开发银行可以通过恰当的突破口和切入点，利用其资金配置优势，推动资金与创新要素伴随人口城镇化的推进而实现最优配置，实现新型城镇化的如下多维目标：一是继续大力支持地方政府融资平台建设，强化系统性风险的防范控制，创新信贷资金的使用模式，推进融资平台升级优化；二是加大基础产业、支柱产业、新兴产业及社会事业等实体经济的支持力度，为更多中小企业、城乡创新创业居民提供发展机遇。

（3）国家开发银行行为模式的调整

1）调整地方政府融资平台的贷款投向与信贷模式。2008 年以来，以城市投资公司为主的地方政府融资平台，创新土地资源资本化制度，为城镇化带来了契机。而土地产权矛盾与金融体系不完善，助长了土地财政导向性城镇化系统风险的形成，既影响城镇化健康发展，也损害社会基本公平。因此，国家开发银行在既有政府体制与土地制度下，进一步推进新型城镇化，对地方政府融资平台的调整与优化，还存在较大空间。一是适度加大地方政府融资力度。充分发挥该行在新型城镇化建设中的主导作用，加大新型城镇化所需的基础设施、生态环境、人居住宅等体系建设投入，弥补商业性金融机构因防范经营风险而减少的信贷投入。二是在统筹协调的前提下均衡放贷。加强该行开发性资金对新型城镇化的启动功能。加大重点领域、潜力地区及薄弱环节的资金投入力度，通过有效实施规划，促使信贷资金的总量能够控制、重点能够保障、结构能够优化、风险能够控制。三是注重信贷结构的优化。注重不同期限贷款的合理搭配，严厉打击"短借长贷"的信贷投机行为，有效控制债务风险，加大监管投资与本息回收的力度。四是强化政府银行信息沟通平台建设。加强各级地方政府与国家开发银行的信息沟通，创新合作模式，将贷前审批与贷后监控有机结合起来，督促地方政府重组贷款比重较大的城市建设投资公司，构建公开透明的资金与项目管理机制，抑制盲目投资行为，并正确引导各级地方政府稳步推进新型城镇化。同时,可以将资金投入二级市场中,通过市场化程度更高的商业银行进行风险管控。

2)加强实体经济重点领域的金融支持。一直以来,国家开发银行把信贷业务的重点锁定在整体效益好的基础产业、基础设施、支柱产业,以及重点区域发展与产业结构升级等领域。然而,经济形势的变化与国家开发银行的改革,促使其加大了实体经济与社会事业的投入力度,并取得了不俗的成就。国家开发银行需要更有针对性地优化调整新型城镇化的金融支持并持续推向深入。一是创设专项资金配套政策,弥补新型城镇化过程中政府投资的阶段性缺口。可通过设立专项基金、专项贷款及专项债券等一系列金融配套政策,弥补新型城镇化进程中特定投资项目的资本金不足及地方政府配套资金的阶段性缺口。特定投资项目包括重点基础设施、农村居民市民化及保障性住房等新型城镇化的瓶颈领域。因为其投资周期长、收益率偏低、启动资金缺乏,且正外部效应特征极其明显,所以,具有开发金融性质的国家开发银行的及时介入与支持,尤为重要。二是放宽贷款投资项目后续监管的边界,重视城镇化重点项目的绩效评估。例如,棚户改造与土地置换等大型城镇化项目对金融的需求大,国家开发银行可根据需求分批贷款,并持续跟进项目建设进度,全面评价项目的资金运用与综合绩效,监督项目建设行为,补充国家审计体系。三是重视高新技术及产业的发展,重点满足其金融需求。开发适用于新型城镇化的金融产品,以满足不同层次金融主体的融资需求,对具有较高外部性的高新技术行业与企业重点给予开发性的融资支持,防止资金链断裂而影响这类企业的发展。四是加强政策性金融与商业性金融的协调,增强新型城镇化的金融支持整体效应。充分了解商业性金融机构对新型城镇化与产业发展所采取的金融行为,掌握其金融产品的市场状况,通过选择与资质较好的商业银行合作,探索创新实体经济的间接开发性金融。同时,国家开发银行可以通过内部机构改革,将具体经办的资金、结算、中间等业务交由专门子公司承担,以提高经营的灵活性,为新型城镇化奠定全面而扎实的金融支持基础。

第6章 西部金融组织创新的战略选择与影响因素

通过考察西部金融结构现状及其存在的问题，可以做出这样的判断：现阶段西部金融仍属"粗放式"发展模式，规模扩张之后，结构性矛盾尤为突出，金融结构优化较为滞后。区域金融结构缺乏科学性的系统安排，导致金融功能失效、效率不足，难以支撑西部新型城镇化与区域经济持续健康发展。因此，加强西部金融组织创新，实现金融结构优化，既是西部金融改革发展紧迫而重要的任务，也是新型城镇化的迫切需要。本章基于宏观层面的考察，对西部金融组织创新的战略意义、一般原则、政策设想、基本思路及实施方略，进行一系列的战略思考，并就影响金融组织创新的障碍因素进行剖析。

6.1 西部金融组织创新的战略意义

金融组织创新就是通过金融结构的帕累托改进而使其趋于最优。西部金融结构的诸多问题，导致其与帕累托最优相去甚远，加强金融组织创新就是为了完善金融结构，并使之优化升级。西部金融组织创新应通过金融机构、金融工具、金融市场与金融监管等一系列要素层次结构的提升，促进金融结构优化；在金融组织创新过程中，引进创新与协调机制，促使金融结构趋于帕累托最优。这不仅是满足金融结构优化自身的需要，还是西部经济转型发展和新型城镇化建设的需要。

6.1.1 金融组织创新有利于西部经济体制转型

1. 有利于微观金融活动的市场化水平提高

微观经济主体金融需求的多层次、多样化特征已十分明显，对金融结构发展提出新的要求，金融组织创新的意愿也尤为强烈。

1）城乡居民金融需求改变。随着西部经济快速发展，城乡居民的收入结构变化、收入水平提高，产生了分散投资、多元化投资、不同风险资产的有效管理等新的理财与融资金融需求，出现了多样化投资途径与工具；居民更加关注金融效率、个性化和精致化服务，从而对细分金融市场有了更高要求。这就需要金融结构做出相应的调整与优化，实施机构多元化、资产多样化与服务专业化的金融组织创新。

2）企业改革要求金融组织创新。随着西部现代企业制度的建立，各类企业对金融结构有了新的市场性诉求：一是国有企业股份制改革的深入推进对资本市场的完善与发展提出了新的要求。通过资本市场兼并、重组、融资、资本运作及公开信息披露已成为规模企业基本金融需求。二是现代企业融资市场化属性明显。中长期（或流动）资金获取要求市场具有公平、便利与稳定特性，企业关注直接融资途径，有票据、债券市场及其场外交易的金融需求。三是企业法人治理要求金融结构市场化。金融机构市场化与资本市场成熟发达，能够有效监管企业，推进现代企业制度的完善与发展。因此，对西部现有金融结构进行优化十分必要，发展货币市场与资本市场，完善多元化、多层次及统一的金融市场体系，并推进协调运行迫在眉睫。

3）金融机构注重金融结构优化。金融机构的改革集中体现在银行体系上，银行体系有效发展又事关西部经济转型发展的顺利推进，而要从根本上解决银行机构的资本充足率与不良资产率的问题，则需要对金融结构进行较大调整，这是因为银行机构筹集核心资本、补充附属资本、进行资产多元化及证券化，都需要金融结构的优化。

4）各级政府需要金融行为创新。通过金融市场筹集资金是各级政府的融资需求，各级政府对经济的调控也需要采用经济手段，而调控载体就是货币市场。因此，政府要实现筹资与经济调控这两个目标，必须建设与细分政府债券市场，特别是对短期国债与理财债券市场的建设。

2. 有利于宏观金融活动的市场化程度提升

1）提升金融监管的市场化程度。金融监管理念由行政干预逐步向维护市场运行与创造良好环境转变，金融监管的理念转变，改变了其单纯的行政属性，尽管手段、法律、规则有待完善，但金融监管的市场化理念对金融结构优化产生了明确的导向，即满足市场需求，遵循市场规律。

2）推进金融调控模式由直接向间接转换。间接调控信号通常通过机构与市场的行为变化来传导，注重调控目标的实现依赖市场内部的运行，因此，它要求的市场化金融体系是多层次、多元化、多样化的，而且联动性极强。西部资本市场、货币市场发展滞后，资产多样化不足导致间接调控成本上升，间接调控效果受到影响；调控方式的转变势必促进金融结构的全面优化。

6.1.2　金融组织创新有利于西部经济持续发展

（1）金融组织创新能够有效落实科学发展观

科学发展观是坚持以人为本，树立全面、协调、可持续的发展观。在其指导下，西部经济发展经过提增速、扩规模，当务之急是优化结构、统筹协调、提高质量，具有强烈的金融组织创新需求。西部经济增长质量的提高与经济结构优化紧密相关，而经济结构变化又决定金融结构优化。经济发展中产品、产业、区域结构的变化都需要金融结构做出相应调整，金融产业准入与资本市场建设、金融结构优化及金融衍生市场建设等，通过金融制度的统筹安排，得以实现西部经济发展的可持续。

（2）金融组织创新能够改善经济金融发展环境

西部新型城镇化推进与经济持续高速发展，需要金融环境的安全与稳健，并迫切需要金融结构承担起分散与转移风险的责任。金融产业与社会稳定及经济发展紧密相关，金融危机极易影响经济社会的稳定，国有银行垄断与股市"政策市"属性，均是我国金融结构风险的要害所在。必须通过金融组织创新，发展直接融资，构建多元化金融机构体系，建立多层次资本市场，形成功能完善、有机配合、互相支持的金融结构，以期提高西部金融市场化水平，改善西部金融与经济增长的发展环境，有效缓解与化解金融风险，促进整个金融体系的稳健安全运行。

6.1.3　金融组织创新有利于西部金融效率提高

（1）金融组织创新能够推进金融持续增长

现阶段，随着新型城镇化与西部经济金融的发展，出现了国有经济的增长困境和民营经济的金融困境，即"双重困境"。国有经济的增长困境源自金融体制的支持偏好及其刚性依赖，而民营经济发展只能依赖于金融结构的优化，通过金融工具、机构与市场的发展来实现其增长。金融组织的创新和金融结构的优化，有利于克服"双重困境"，促进西部金融的持续增长。

（2）金融组织创新能够增强金融自生能力

金融组织创新将使金融体系产生两种内在的激励：一是通过金融市场的有效竞争，增强金融主体的风险抵御能力，推动金融资源的优化配置；二是内生金融机构之间的风险互助机制，能够在金融机构产生风险时及时借助金融市场的其他主体来化解。西部金融组织创新可以健全自身的金融功能，增强金融自生能力，有效提高金融效率。

6.2　西部金融组织创新的一般原则

西部金融结构诸多问题的形成原因是复杂的，创新金融组织并实现金融结构优化也将受制于诸多因素。西部金融组织创新既要遵循金融结构演变一般规律，也要注重区域经济的发展实际；既要充分考虑经济发展对金融结构优化的决定作用，也要考虑区域政治经济、社会文化环境的差异。在西部金融组织创新及金融结构优化的过程中，必须遵循具有科学性并符合新型城镇化与经济发展内在逻辑的基本原则。本节概括总结了适应性、兼容性、市场性及前瞻性等相互关联并具内在统一性的几项原则。

6.2.1　适应性原则

1．与金融结构演变一般规律相适应

本质上讲，金融结构演变是内生于经济体制发展变化之中的。金融结构演变使金融促进经济发展的功能得到有效发挥，这种演变必须符合经济发展内在需求，以保障金融结构演变符合其内在的整体性。不同经济结构及发展水平所对应的金融结构是有差异的。如果金融组织创新引起的金融结构演变无法反映经济发展的内在需求，则会加剧金融结构与经济发展的矛盾，甚至会引发金融危机，或形成金融结构优化与经济发展的根本性阻滞。尽管金融结构演变有规律可循，但不存在最优或统一模式。判断金融组织创新水平，要看其是否符合金融结构演变一般规律，是否有利于金融功能有效发挥，并能持续有力地支持经济发展，通过创新提升经济金融的相关比率，保障经济结构与金融结构的有机协调。

2．与西部经济发展需要相适应

1）满足实体经济转型发展的需要。金融与实体经济是相伴而生的。满足实体经济转型发展需要，是金融体系配置市场资源的中枢价值体现，如果脱离实体经济发展需要，金融组织创新将是"无源之水、无本之木"。实体经济发展滞后，金融产业经营将受挫，而金融脱离实体经济自我发展，必定产生严重的经济泡沫。金融组织创新、金融结构优化、金融功能提升，都必须面向实体经济并与之相适应，金融体系能够最大限度地满足实体经济转型发展。发达国家经济发展的实践显示，金融结构与经济发展需要相适应时，实体经济能够得到有力支持；二者不能适应甚至相背离时，对经济健康与持续发展的影响是负面的。

2）适应西部新型城镇化的需要。西部新型城镇化的核心内容是实现农村土地等要素禀赋的转变，优化农村劳动力的就地就业结构，重新优化配置农村经济资源；其目的是实现农业产业化、农村工业化、农民收入的结构多元化，并使公共资源的配置在空间结构上实现均衡化。金融具有引领其他经济要素资源进行优化配置的功能，在推动新型城镇化进程中势必寻求制度创新；而新型城镇化进程中农村土地的资本化、农村劳动力的结构转换、城乡居民的收入增长及其结构多元化等一系列的动态调整，都为西部的金融发展提供了良好机遇。金融组织创新就是要适应这种全新的金融需求，通过创新现行金融体系的机制、体制及业务经营模式，提高金融资源配置效率，引领与促进新型城镇化、产业结构升级与经济转型发展，并获取高额收益的发展机会。

3）符合西部经济发展阶段的需要。不同经济金融发展背景下，金融组织创新基础与模式是有区别的。本着符合发展起点与现实情况的原则，采取与西部经济实际情况相适应的金融组织创新手段，构建合适的金融结构，既不超越现实经济

发展阶段，又能满足西部新型城镇化与经济转型发展需要。一是与西部发展起点相适应的银行主导型金融结构高度集中模式，构成西部金融约束，并可预见未来一段时间内，商业银行主导地位难以显著改变。这是西部金融结构的现实，也是金融组织创新的起点。在这一起点的基础上，探寻金融市场与机构结构的均衡发展，通过两者的互相促进与良性互动，提高金融体系市场化水平，提升适应实体经济的引导能力。二是与西部经济发展阶段相适应，西部经济所处发展阶段与东部存在较大差异，两者的最优金融结构也迥然不同。忽视西部实体经济的发展要求，将可能扭曲金融资源配置，并放大金融体系风险。

6.2.2　兼容性原则

（1）符合金融结构演变一般趋势

在金融组织创新过程中，需要注重学习与掌握国际标准、金融规则、管理流程，以及东部发达地区的操作经验，使西部金融结构能够逐步符合演变要求，适应其金融结构规则，以达到西部金融有机融入全国乃至全球金融体系的目的。

（2）强化金融产业核心竞争能力

与东部相比，西部金融产业核心竞争力较弱。在金融组织创新过程中，必须通过吸收国内外优质金融资产，引进先进管理理念、业务产品、服务模式、金融机构等，促进区域内外金融产业有效融合，强化西部金融产业扩张能力（金融市场、金融机构延伸力），大幅提升金融机构整体竞争力与市场认可度，以产业融合促进金融结构优化，有力推进西部金融产业综合竞争力的全面提升。

6.2.3　市场性原则

（1）坚持金融组织创新的市场化导向

金融作为现代经济资源的配置核心，在经济资源配置过程中发挥着基础性作用。金融组织创新必须遵循市场法则，以市场化为导向，依靠市场进行金融体系的有机调整，强化金融结构及金融系统的市场化运行，创造市场充分竞争、有效监管的经营环境，以便更好地促进其作用的发挥。现阶段，西部金融体系的市场化程度还有待提升，需要加强金融组织创新，通过市场化改革，强化金融系统的资源配置功能，为西部新型城镇化及经济转型发展提供有效保障。

（2）强调金融市场运行的市场化改革

西部金融组织创新必须建立于金融体系市场化改革的基础之上。一是牢固树立市场理念与竞争意识，改变国有金融的路径依赖，打破计划经济与信贷配给的惯性运作，增强市场化改革的动力，激发市场化改革的热情，真正确立西部金融机构自主经营、自担风险的市场生存发展理念。二是强调西部金融体系的市场运作，实现资本获取市场化、业务营运市场化、内部管理市场化；通过市场化的洗礼，推动西部金融体系以市场导向为宗旨持续创新；通过市场运行、业务产品、组织管理等环节的不断创新，推进金融结构的有效优化。

（3）增强金融调控监管的市场化取向

西部间接调控方式的广泛采用，已对金融体系运行的市场化有所改进。然而，间接调控要求被调控对象（金融机构、市场及产品等）具有更高的市场化程度。金融监管作为金融组织创新市场性原则的重要组成部分，其重点是用规则与制度来有效约束市场，注重减少行政干预与高效监管，实现金融机构与市场的商业化运作；同时，以市场化的认可程度来判断金融市场、机构的风险状况与运作效率，使金融体系的市场化能够有一个宽松的管理架构与制度环境，建立能够完善市场、鼓励创新的金融监管体系。

6.2.4　前瞻性原则

（1）把握跨越式发展的历史机遇

现代经济发展不仅有渐进性，跳跃式或跨越式的发展也常常出现，金融结构变动也形同此类。特别是在经济一体化背景下，经济欠发达地区的后发优势凸显了示范效应。区域经济金融能够实现短期内跨越式发展，世界经济发展史上有过不少成功的先例。我国西部地区同样存在发展的历史机遇。金融组织创新就是要敏锐察觉金融结构剧变的前兆，准确及时把握发展机遇，未雨绸缪，应对经济社会变化，服务于经济的跨越式发展。

（2）应对混业性经营的全面挑战

混业经营作为全球金融业的必然发展趋势，势必要走进西部经济活动中。随着金融市场全面开放，具有混业经营优势的外资金融机构，必然会参与西部金融市场，这将影响西部金融产业的发展。应对混业性经营的全面挑战，在所难免：一是加速金融组织创新，优化金融结构，增强西部金融业的市场竞争力；二是密切关注我国金融业混业经营的可能性，通过渐进式混业经营促进金融结构优化。已实施的综合经营金融政策，为证券业与保险业进一步发展提供了契机。

（3）利用现代新技术的发展优势

金融组织创新及其结构优化，必须充分利用以电子计算机、现代信息及网络技术为代表的现代新技术。电子货币、网络金融的出现，使传统金融模式和金融结构被彻底改变。西部金融组织创新与结构优化，必须充分考虑利用现代新技术的发展优势，重塑金融结构演变路径。

6.3　西部金融组织创新的政策设想

长期以来，我国所采取的宏观金融政策与货币政策都是统一的，其作用与意义也极为明显。然而，仔细观察各区域的实施情况，却发现统一金融政策在不同区域所表现的效果不尽相同，对经济发达地区是有利的，而对西部则较为不利的。制定金融政策必须充分考虑一定时期社会经济发展的总体战略，既要有经济基础条件、不同区域经济结构等经济变量，也要使金融政策服从并服务于经济发展。因此，西部金融组织创新，首先需要从制度层面分析区域性差异，构建层次化的西部金融政策体系。

6.3.1　西部金融政策的地区比较差异

（1）金融政策调控区域经济的力度差异

相对于西部而言，东部的经济货币化程度要高许多，市场体系要更健全一些，货币传导机制也灵敏得多。如果加大货币供给力度，东部货币乘数将迅速升高并直接影响经济发展，而西部则反应迟缓。相关资料显示，2015 年规模工业企业流动资金年周转次数平均为 1.41，其中，东部为 1.49，中、西部分别为 1.20、1.07，中西部仅为东部的 70%～80%。这就表明，在同一货币供给的金融政策下，不同地区的实际交易额存在着巨大差异。

货币紧缩的政策效果也存在明显的区域差异。东部沿海地区的经济增长源自经营机制灵活、经济效益较高的非国有经济，其经济主体内源性融资居多，具有较强的自我发展能力，信贷资金依存度普遍不高；而西部经济增长主要依赖于效益较低、信贷资金依存度高的国有经济，货币紧缩政策实施势必使西部经济发展产生硬约束。

（2）利率形成机制客观上诱致西部资金"东流"

我国一直致力于利率市场化改革，促进了利率市场化与统一化。长期的利率制度改革已取得了不俗成果，货币市场、国债市场的利率已接近市场化水平。但是，因各地资金供求状况不同，利率水平存在区域差异也是合理的。一般而言，西部经济发展与改革的资金需求量大，但资金匮乏，根据资金供求关系，资金利率总水平理论上应该是高于东部的。然而，我国实行的存贷款利率的统一政策，客观上使东部实际享有利率优惠政策，并人为地抑制了西部利率水平。政策效应自然是诱致西部的有限资金流向东部。

（3）中央银行各区域分行的金融调控主动权被弱化

中国人民银行的组织体系已调整为区域性设置，然而，其职能并没有按照与事权对等的原则重新分配，区域性分行缺乏对区域经济金融调控的基本自主权。尽管这种组织体系较原有的行政区划式中央银行机构设置改进了很多，但现实操作中，应有授权及激励机制的虚化，导致其区域性分行缺乏必要的独立性，金融决策能力被弱化，各区域性分行只能遵循总行指令而没有因地制宜地制定金融政策。

（4）金融监管的政策效果存在区域性差异

1）统一金融监管存在工作重心的区域性不同。现阶段，金融统一监管的主要内容是合规性检查，由于东部经济发达，金融新机构、新业务不断涌现，其监管重心是市场准入，对各大金融机构的运营监管不够重视，违规违章的拆借、集资、回购等金融乱象丛生（李成，2015）；反之，西部金融经济发展相对滞后，其监管重心以经营风险性与合法性为主，主要任务是维持金融正常秩序，从而缺乏金融创新的政策引导与监管。

2）统一金融监管造成东西部监管强度不一。东部金融经济发达，使监管力量相对于庞大繁杂的金融机构、业务而言明显不足，监管范围局限性较大，导致金融监管力度被弱化；而西部金融机构、业务规模相对有限，且性质成分较为简单，同样监管条件下，监管的力度和范围相对要大许多。

3）统一金融监管导致政府干预程度存在较大区域差异。我国经济转型发展存在较大区域差异，不同地区经济的市场化程度不同，政府干预的程度也就不同。东部具有较高的市场化程度，在金融监管方面，政府干预也就相对较弱；西部经济发展的市场化程度不足，导致金融领域过多的政府干预。

（5）"大一统"金融组织形式影响西部金融结构优化

一直以来，我国金融组织遵循的是建立"社会主义大银行"理论，并实施大企业、大行业的"双大"战略，以适应已有经济体制的需要，银行组织形式也普遍按照分支行制设立。这种金融组织模式有利于减少行政干预、聚集闲散资金、降低经营风险、强化资金调剂、提升银行业绩。然而，我国金融发展的实践已充分证明，这种组织形式存在一系列的突出问题：对宏观经济政策效应的过分追求，所有金融决策都听命于总行，漠视区域经济发展与地方利益。这种金融组织制度使发达地区"虹吸"欠发达地区的资金成为一种现象。因此，现行"大一统"金融组织形式，是不利于西部经济金融发展的。此外，实施统一的存款准备金、再贷款、再贴现及金融机构设置条件等金融政策，都极有可能影响西部货币供给与金融结构优化。

（6）西部金融政策落地存在体制机制的不足

国家对西部的金融政策包括：

1）强化基础设施建设，加大中长期信贷投入力度。首先，配合国家财政政策，引导并督促各家商业银行主动认购国债，并配套发放基础设施建设贷款；其次，支持政策性金融机构增发西部专项金融债券，满足西部基础设施贷款；最后，鼓励与引导国外资本及中长期信贷银行投资西部建设。

2）发展地方中小金融机构，充分发挥区域金融机构作用。支持西部生态环境保护与建设，鼓励农村金融加大对树苗生产、绿化荒山荒坡、节水工程等贷款的投入力度。

3）加快产业结构调整，强化区域金融杠杆作用。金融机构首先是选择一批能够优先发展的项目与产业，给予重点扶持并满足其金融需求；增加农村贷款，促进旅游业发展，通过发展第三产业扶持西部新型城镇化。

4）探寻西部科技发展的金融支持新模式。加大西部各高新技术开发区的基础设施建设、高新技术产品生产流动的金融支持力度，强化具有竞争力企业的技术改造，最大限度地满足科技企业的金融需求。

5）加强东西部经济融合，推进西部经济金融的开放发展。金融机构要积极推动东西部的产业转移、技术转让及联合开发，通过一系列卓有成效的经济协作与融合，支持西部金融经济发展，以吸引越来越多的经济主体投资西部。

综上所述，国家对西部资金支持是强有力的。但这种支持仅限于单一的信贷投放，并没有改变以"金融—银行—信贷"为传统的资金供给模式，使金融政策落地出现了体制机制的障碍，经济发展后劲也存在严重不足，金融体系难以发挥应有的作用。因此，仅鼓励资金输入，对西部支持作用十分有限。如果没有金融政策的全面扶持，推进金融结构的全面优化，要缩小东西部金融差距，并实现金融经济的均衡发展，则略显困难。

6.3.2　西部金融政策的分层调控构想

1. 金融政策实施区域层次化的现实意义

我国幅员辽阔、人口众多，地理条件、自然资源的区域差异大，区域经济发展水平的差异大。要实现经济的均衡发展，有必要根据区域实际状况实施分层次的金融政策。本书将金融政策划分为宏观整体、中观区域及微观个体3个层次。我国对宏观与微观金融政策研究较多，并且较为完善，而中观区域金融政策则关注不多。所谓中观区域金融政策，就是在注重集中统一宏观金融政策的同时，也关注不同地区的金融活动差异性，并赋予区域金融调控自主权，使其更有效地协调区域金融发展。实施金融政策分层，有利于协调区域金融的差异性，合理调整金融市场布局，维护金融体系稳定，提高中央与地方发展金融经济的积极性。

事实上，我国金融改革已做了有益的尝试，中国人民银行在构建区域组织体系时，其机构已按照区域经济特征布局。中国人民银行、政策性金融机构、全国性或跨区域的商业性金融机构等所属分支机构，以及区域性的中小商业银行、农村信用社及其他金融机构，共同构成中观区域金融体系。如果金融政策符合区域金融发展的有效需求，并能带动区域经济的快速增长，那就能凸显中观区域金融的强大优势。

2. 西部中观金融政策的制定原则

1）遵循经济规律，符合市场需求。制定西部中观金融政策，必须遵循客观规律，适应经济市场化基本要求，追求经济利益最大化。因此，西部中观区域金融政策必须坚持以经济效益为核心。随着经济市场化的快速发展与全球经济一体化的进程加快，西部必须适应市场新变化，遵循客观经济规律，以市场手段解决经济发展中的问题，把西部新型城镇化的社会与经济效益提升至首位。因此，实施西部中观金融政策，必须改变重投入轻效益、重规模轻管理的传统金融思路，推进西部与全国金融的市场有机融合，有效调控西部货币需求，加强辖内金融机构管理，引导市场资金合理流动。

2）尊重客观实际，满足资金需要。制定西部中观区域金融政策，必须以西部经济发展的实际情况为出发点，充分考量西部新型城镇化与经济发展的资金需要。新型城镇化与西部大开发作为国家重大发展战略，其资金需求量大，但西部经济发展严重受制于落后的经济环境，即交通运输、通信网络、教育文化等基础设施严重滞后，资金投入产出率较低，并且基础设施的资金需求量大、建设周期长、投资回报慢，使资金向西部流入的动能严重不足；西部已被恶化的自然生态环境，严重阻碍国内外各类资金的流入。因此，西部中观区域金融政策的制定与实施，必须以适应其经济基础为前提，加大货币与信贷供给、金融市场建设、投资管理及金融监管的优惠力度，营造良好的金融经济环境，引导资金、技术与人才等生产要素流入西部，以满足西部新型城镇化建设的金融需求。

3）重视经济差距，适度倾斜政策。制定与实施西部中观区域金融政策，必须充分认识并重视区域经济金融的发展差距，以寻求合适的金融倾斜政策。与东中部相比，西部经济发展差距已日益凸显：经济结构方面，重工业与国有经济的比例虚高，而民营经济发展缓慢，市场发育滞后。金融结构方面，大型国有控股商业银行占领西部金融市场，而地方性、区域性的中小型金融机构，尽管近年来有所发展，但进展缓慢；金融工具、产品较为单一，竞争不足导致金融市场不甚发达，难以形成资金的造血机制。总之，要实现国家的均衡发展，必须反向调节不同区域的金融经济，实施西部金融政策的适当倾斜。

4）调整经济结构，明确扶持重点。西部中观区域金融政策必须明确重点扶持对象，以引领西部新型城镇化建设与经济发展。长期以来，西部各省（区、市）具有高相似度的经济结构。相关研究显示，以相似系数法测算我国各地区的工业结构相似系数，其结果表明西部的 9 个省（区、市）（西藏自治区资料不全，未予计算）的相似系数，有 4 个省（区、市）在 0.9 以上，也有 4 个省（区、市）在 0.8 以上。这种严重的结构同质化，难以发挥各地区的经济优势，并极易因经济资源的浪费而出现经济效益低下。因此，在西部新型城镇化进程中，必须吸取经济结构同质化教训，在信贷资金的投向与投量上注重效益，按照西部新型城镇化的整体发展战略，重点支持基础设施建设与基础优势产业发展，强化科技、技改的信贷资金投放，推进经济结构的有效调整，以实现西部经济资源的优化配置。

5）实施保护政策，推进均衡发展。西部中观区域金融政策就是要明确欠发达地区的保护政策，以遏制西部资金"虹吸现象"的出现。多年以来，西部资金东流已成为市场经济条件下资金商品化运动的必然现象。但是，利率市场化机制与投资体制的不完善，大量的西部资金由于"比价失衡"现象的存在，而不得不向东中部发达地区流动。这种流动具有较大的投机性与盲目性，并加剧了不同区域之间的金融经济失衡。在西部新型城镇化进程中，必须完善金融政策，制定与实施强有力的地方法规与制度，遏制西部资金外流，保护并支持西部新型城镇化建设，以推进经济金融的均衡发展。

6.3.3　西部中观金融政策的主要操作设想

（1）赋予区域性中央银行必要的区域金融政策决策权

在维护国家货币政策总体目标的前提下，根据各地区经济发展状况，赋予中国人民银行各区域分支机构一定区域性政策的制定权，以强化中国人民银行分支机构的中央银行职能，增强不同区域与层次的调控力度（李成，2015）。西部中观区域金融政策的核心，就是实施符合西部经济发展实际的金融区域政策，这种层次化区域性金融政策在制定与实施过程中，需要慎之又慎地选择金融工具。总体而言，关系到国家经济发展稳定大局的金融工具，如货币发行、基准利率、中央银行资金管理、信用总量调控等，必须由中国人民银行总行集中掌握；一委一行两会①可以与其下属分支机构进行分权与授权金融机构准入与退出、利率、存款准备金率、贴现率、再贷款率等金融工具的使用，定夺基准水平与浮动幅度。不同时期区域具体水平及内部结构状况，可由区域分支机构确定，在金融机构准入与退出、利率管制等方面，实施分级管理、差别对待政策，能够提高金融宏观决策弹性，同时也使一委一行两会分支机构金融决策具有较强的伸缩性。一委一行两会的西部分支机构熟悉其辖内金融经济具体状况，具有金融政策制定与实施能力，让其主要负责办理西部金融政策与管理问题，具有现实的可行性与必要性。

（2）强化中国人民银行西部分行的调控能力

强化中国人民银行西部分支机构的金融调控能力，必须增加其管理权限。通过向西安市、成都市等的分行及重庆市管理部的充分授权，增加西部再贴现、再贷款限额，适度延长期限，积极拓展业务范围。支持各类金融机构加大对西部重点行业、企业及城镇基础设施的资金投入力度，积极增加与补充中小型地方性各类金融机构的经营资金，合理调整再贷款、再贴现利率，鼓励其参与货币市场活动，增强融资能力，促进其稳健经营与健康发展，支持西部新型城镇化与经济社会的快速发展。

（3）增设西部地区新型城镇化建设专项贷款

《中华人民共和国中国人民银行法》第三十条规定："中国人民银行不得向地方政府、各级政府部门提供贷款，不得向非银行金融机构以及其他单位和个人提供贷款，但国务院决定中国人民银行可以向特定的非银行金融机构提供贷款的除外。中国人民银行不得向任何单位和个人提供担保。"因此，中国人民银行可以增设西部新型城镇化专项贷款，也可以发放特定企业、行业及项目的专项贷款。同

---

① 一委一行两会的金融监督框架包括国务院金融稳定发展委员会、中国人民银行、银保监会、证监会。

时，可以引导国家开发银行专项资金有倾向性地投入西部新型城镇化，通过设立专项贴息贷款，专门从事交通、通信、网络、水利等西部基础设施的建设。

（4）实施大型国有控股商业银行西部一级分行差别化考评

中国工商银行、中国农业银行、中国银行、中国建设银行、交通银行及中国邮政储蓄银行等大型国有控股商业银行的内部经营考核，应实施区域差别化政策。西部欠发达地区分支机构的经营考核，应与东部有所区分。针对西部民族地区的分支机构，各行可以实施业务指标倾斜与财务亏损补贴政策，适当提高其贷款呆坏账的准备金率，及时进行呆账核销，通过政策倾斜帮助其改善经营状况，创新金融产品服务，改进和完善金融技术手段，增强筹资与业务拓展能力，提高其支持西部（特别是贫困地区）经济发展的金融能力。

（5）鼓励国内外资本投资西部新型城镇化建设

拓展国内外融资渠道，寻求更多资金来源，是西部新型城镇化顺利推进的基本保障。首先，制定西部发展资本市场的激励措施，构建区域资本市场体系，使西部享有企业新股上市、债券发行、改制重组、基金设立等一系列金融活动的优惠政策；通过倾向性的金融优惠政策，鼓励投资者进行产业投资，推进农业产业化，加强城镇基础设施建设。其次，加大西部新型城镇化、西部大开发及"一带一路"倡议的宣传力度，最大限度地吸引国际资本，积极争取国际金融组织的优惠贷款，如通过世界银行、国际货币基金组织、亚洲开发银行等国际金融机构，获取更多的外资用于西部建设，并由此形成扩大金融开放、改善投资环境的示范效应，吸引外资源源不断地流入西部。

（6）鼓励各类商业银行实施差别化的信贷政策

西部各类商业银行应实施不同于东部发达地区的信贷政策，这种差别化的信贷政策有利于西部获得更多的信贷资金。首先，降低西部各类商业银行及其分支机构的二级准备金率，提高其联行往来资金的利率与期限的优惠幅度，以满足合理的资金流动需求。其次，适度提高西部各类商业银行存贷款的控制比例，提升授权授信的强度，形成适度宽松的资产负债管理模式，强化其扶持西部新型城镇化的信贷能力。再次，努力提高西部新型城镇化专项贷款与政策性贷款利率的优惠幅度，或加大这些贷款的贴息力度，以减轻其利息支出和建设成本。最后，优化各类贷款的期限结构，通过提高长期贷款的比重，延长固定资产的贷款期限，以更有效地推进西部各类企业的基础设施建设与技术改造。

（7）持续并加大实施民族地区金融优惠的特殊政策

在西部新型城镇化进程中，需要持续落实民族地区特殊的金融优惠政策，并结合新型城镇化建设的实际，加大金融扶持力度；加大中国人民银行的政策性信贷、再贷款、资产负债管理、现金管理、中长期贷款审批、利差及财务补贴、呆账准备金等诸多方面金融政策的优惠幅度，提高民族地区的各类金融机构的金融支持能力。

6.4　西部金融组织创新的基本思路

西部金融组织创新是一项庞大的系统工程，推进这项工程需要一个完整清晰、富有逻辑的思路。本书认为，实施西部金融组织创新与金融结构优化，必须从西部金融结构的实际出发，充分考虑金融结构演变趋势，以及西部新型城镇化的现实金融需求，在遵循适应性、兼容性、市场性和前瞻性原则的基础上，按照"把握一个基本目标、明确两条发展主线、紧抓三个优化重点、注重四项现实选择"的基本思路（图6-1），全面展开金融结构优化并实现金融组织创新。

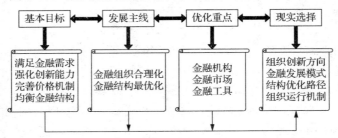

图 6-1　西部金融组织创新的基本思路

6.4.1　西部金融组织创新的基本目标

金融产业作为国家或地区的重要产业之一，组织创新（或结构优化）目标应符合一般产业组织创新（或结构优化）目标，即不断提升金融组织的合理化与金融结构的最优化。金融组织合理化目标是指通过对金融产业构成要素的相对规模与相互间比例关系的调整与重组，金融结构能够适应同期经济结构，并能确保经济主体金融需求得到满足。金融结构最优化目标是指通过提升市场化构成要素占比，推动金融体系市场化机制完善，并使金融系统资源配置效率得到提高。西部金融组织创新目标之一，就是要通过金融结构现有缺陷的弥补与调整，推动金融结构最优化与金融组织合理化的同步协调，有效发挥金融体系整体功能，提高西部金融体系运行效率，为新型城镇化建设与经济持续健康发展提供有效的金融支持。可以说，这一基本目标的确立，既是西部金融组织创新的出发点，也是其最终归宿。具体而言，这一基本目标包括以下几个方面。

1）满足新型城镇化金融需求，适应经济结构变化。一般而言，实体经济是国民经济的基础，经济发展对金融起决定性作用，金融服务于经济发展。这一关系决定了金融体系功能的有效发挥，必须使金融结构适应经济结构。只有通过金融组织创新，金融结构与经济结构相匹配，才能满足新型城镇化进程中西部多元化经济主体的金融需求。随着西部新型城镇化推进与区域经济发展，经济结构发生比较大的调整，但金融结构相对滞后。金融产业结构难以适应经济、企业、融资结构的变化，它们相互之间存在较大的不协调性。

西部金融组织创新目标之一，就是要适应西部经济结构的变化，确保经济主体的金融需求得到满足，以适应西部新型城镇化建设的需要；通过金融组织创新，进一步优化金融结构，实现金融服务的全覆盖，并强化薄弱环节及领域的金融扶持；通过增加非国有经济的金融供给，提高中小微企业、高新技术企业及城乡居民创新创业的信贷可获得性，使其金融资源占比与国民经济的贡献度基本相称。

2）增强西部金融体系创新能力，提升金融市场占比。现阶段，西部金融结构体系以商业银行为主，大型国有控股商业银行仍处于垄断地位。商业银行缺乏应有的资产配置风险偏好，导致金融体系缺乏新型城镇化与企业技术创新的支持动能，难以推动产业结构优化与经济转型。因此，西部金融组织创新目标之二，就是要适度提升金融结构体系中的金融市场占比，通过市场手段增强新型城镇化的金融支持能力。西方发达国家的历史经验表明，经济转型与战略性新兴产业发展都离不开资本市场的作用；西部新型城镇化需要资本市场充分发挥"风险共担、利益共享"的特点，有效配置更多金融资源。通过提高西部金融体系创新能力，完善股权投资机制，培育壮大资本市场，是可以大大提高企业股权融资可能性的。

3）完善金融市场价格形成机制，提高资源配置效率。一个国家或地区是实行市场主导型金融结构还是银行主导型金融结构，并没有确定不变的模式和规制。实践经验已经表明，金融结构不论是以银行为主的德国、日本，还是以市场为主的英国、美国，其特定金融结构下的金融系统，都可以有效推动经济发展。一个国家或地区的金融体系是否具备完善功能与应有效率，对于金融支持新型城镇化、产业结构优化与经济转型极具重要意义。因此，西部金融组织创新目标之三，就是要提升金融产业资源配置效率，通过完善金融市场的价格形成机制，强化金融体系的市场功能。以满足西部新型城镇化与区域经济发展的需要、金融效率的提高及金融功能的完善为导向，以市场机制基础性作用的有效发挥为主线，通过加速利率市场化的改革进程、提高金融要素的市场化水平，更好地为西部新型城镇化、产业结构优化与经济转型服务。

4）通过组织创新均衡金融结构，化解与防范金融风险。金融组织创新与结构优化过程中，其风险防范与化解是一个基本原则，也是西部金融组织创新目标之四。随着我国现代市场经济地位的确立与快速发展，国民经济的金融化及货币化得到了空前的提升，金融已成为社会资源的重要配置中枢，其特殊地位使金融风险的传导效应、放大效应十分明显，甚至会导致经济的系统性风险。

现阶段，西部存在银行资产占比居高不下、金融结构安全性不足、大型国有控股银行寡头垄断、金融风险财政化趋势严重、金融与经济结构匹配失当、影子银行持续膨胀等一系列金融隐患与风险，这均源自西部金融约束的制度安排。而这种金融约束下的金融结构，曾发挥了积极的作用，但随着市场经济的快速发展，其制度成本大于收益，并使负面作用逐渐凸显。因此，迫切需要进行符合西部经济发展要求的金融组织创新。西部所存在的这些金融问题，其实就是一个发展中的问题，要解决这一系列的金融问题，必须通过深化改革，在发展中寻找逐步解决之策：优化均衡金融结构，强化金融市场监管，构建市场主体治理结构，通过新型城镇化、产业结构优化与经济转型的有效服务，及时消除金融隐患，化解与防范金融风险。

6.4.2　西部金融组织创新的发展主线

1）金融结构内容能够集中体现于金融组织创新的主线上。金融结构所能涵盖的金融业市场结构、产业结构、资产结构、工具结构及融资结构等内容，都能够在金融组织创新过程中的金融组织合理化与金融结构最优化这两条发展主线中得以系统体现。

2）金融组织合理化与金融结构最优化关系紧密。在金融组织创新过程中，金融组织合理化与金融结构最优化具有十分紧密的逻辑关系。两者能够互相作用、相互影响并紧密联系，使其能够对西部金融结构的优化程度承担共同责任。从静态的视角来看，金融组织合理化是金融结构最优化的前提与基础，只有实现组织的合理化，才有可能达到结构的最优化；从动态的角度来看，金融组织合理化与金融结构最优化是交叉作用、相互渗透的。要实现金融结构最优化，必须实现金融组织合理化，而且金融结构水平越高，其金融组织合理化要求也越高；实现金融组织合理化应在金融结构最优化的动态过程中实施。金融组织合理化就是一个对金融产业部门比例进行调整、对金融产业部门关联度进行提升的过程。因此，强化两条发展主线的良性互动，能更好地提升西部金融组织效率。

3）发展主线的选择具有较强的可操作性。不同时期、不同地区的金融组织合理化和金融结构最优化，所面临的问题是不同的，其侧重点也是不同的。以金融组织合理化与金融结构最优化为发展主线，有利于选择问题的突破点，并有效增强金融组织创新的可行性与金融结构优化的有效性。

6.4.3　西部金融组织创新的优化重点

紧抓西部金融组织创新的优化重点，就是为了准确寻找金融经济发展的突破口。　而主要金融结构要素由金融机构、金融市场、金融工具等方面构成，这 3 个方面就是金融组织创新的优化重点。抓牢抓实这 3 个方面，并进行具体的金融组织创新，既符合已有的金融理论，也强化了现实的针对性与可操作性，其预期效果是可以明确的。

1）金融机构。金融机构作为金融体系的构成主体，是金融结构要素构成的重要部分，金融机构结构合理化将直接影响金融组织合理化与金融结构最优化。金融机构种类能够反映金融产业结构状况，金融机构规模可以反映各个金融机构业务的市场结构，金融机构设置可以反映金融的区域结构，产权形式可以反映资产的所有制结构，而这些机构的运行状态又能反映金融的效率结构。金融机构作为金融市场的主要参与者，具有能够发行间接金融工具的条件，其结构的变化也深刻影响金融的市场结构与工具结构。因此，视金融机构结构为西部金融组织创新的优化重点，是既科学又务实的举措。

2）金融市场。现阶段，金融市场在整个金融结构中的地位极其重要。它作为社会融通资金的网络，能够体现一切借贷关系。金融市场结构主要包括主体结构及其层次、工具、价格与融资结构，而其演变与优化直接影响金融结构的变化，且这种影响是极其重要的。因此，把金融市场结构视为西部金融组织创新的优化重点，是有依据的。

3）金融工具。金融工具作为金融资产的表现形式，既涵盖金融市场中所发行的直接金融工具，也包括金融机构所发行的间接金融工具。其结构状况能够体现金融资产结构，规模状况可反映金融结构优化水平。而对于金融机构与金融市场的结构分析，都会使用金融资产的金额数值作为工具来进行比较。因此，把金融工具结构视为分析重点也不无道理。

6.4.4　西部金融组织创新的现实选择

西部金融组织创新基本目标、发展主线、优化重点已基本明确。那么，应该如何选择才能达到金融组织合理化与金融结构最优化呢？具体而言，在西部金融组织创新过程中，需要做出的必要选择有以下几个方面。

1）金融组织创新主要方向的选择。本书认为，金融组织创新应把金融组织合理化视为主要方面。首先，理论上而言，当金融结构达到一定高度（即 FIR 处于一定的比例）时，金融结构优化将是相对稳定的，而金融组织合理化则是可以经常发生变动的，以应对金融结构演变。其次，就现实情况而言，现阶段西部 FIR 已达 2.3 以上，与其经济水平相比，还是偏高了些；当前西部金融结构失衡还较为严重。因此，应选择金融组织合理化进行主要调整。

2）金融体系发展主要模式的选择。金融体系选择怎样的发展模式，直接关系金融组织创新的发展方向。如果在市场主导型与银行主导型这两种发展模式中选择，结合西部金融经济发展实际，本书认为应选择以银行主导型为主。一是银行主导型与市场主导型的优缺点各异，并非市场主导型就一定比银行主导型效率高，这需要考察当时该区域的经济金融基础是否合适；二是国情不同，我国一直以来的金融体系是银行主导型，且短时期内难以改变；三是经济主体的选择还是银行主导型占主流。简而言之，选择银行主导型进行西部金融体系组织，是更适合具体情况的。

3）金融结构优化主要路径的选择。长期以来，西部金融结构演变都属于政府主导型的变迁。金融结构优化主要路径的选择，可分为政府主导与市场主导两类。西部长期采用的以政府主导为主的金融结构优化路径，已出现了不少问题。本书认为，现阶段西部金融结构的优化，应采取市场主导与政府主导相结合的路径，并倾向于政府主导。其理由是在经济高速增长与社会快速发展时期，实施政府主导下的金融结构优化，将会使金融效率更高。

4）金融组织运行主要机制的选择。在西部金融组织创新过程中，其运行机制的引入是必然的，而以引进创新机制为主还是以协调机制为主，需要权衡之后再做出选择。本书认为，以引进协调机制为主，是符合西部金融经济实际的，由于已把金融组织合理化视为组织创新的主要方向，因此使用引进协调机制更为恰当。西部金融组织运行协调机制的主要内容包括内部性协调、外部性协调、综合性协调3个方面，这3个方面既互相交织又彼此支持，集中体现了金融结构是内生于经济发展的。第一，内部性协调是指西部金融市场、机构、资产及融资形式等方面结构之间，以及其构成要素间的配合协调，其关键问题是金融市场与机构的有效配合，并能最终构建一个有机的、系统的金融体系。第二，外部性协调是指西部金融结构中，区域外金融机构引进与区域内金融机构输出相互协调，其目的是通过引进区域外金融机构，推动金融市场有效竞争，提升区域金融竞争力，以吸引更多域外金融资源流入。第三，综合性协调是指西部金融组织合理化与金融结构最优化，必须遵循内部发展与外部发展的有机协调；在推进区域金融结构演变时，充分考虑国内外经济环境，并与经济、文化、社会、传统及系统的制度框架相协调，为西部经济内外均衡打造一个较为合理的金融结构。

6.5　西部金融组织创新的实施方略

实际上，金融发展就是在金融增量的条件下，达到金融结构优化并形成质与量交互推进、螺旋上升的一个动态过程。这是一个以市场化为导向的金融制度变迁过程，它能有效提升金融运行效率。如此而言，金融组织创新应是一个优化金融结构的过程。现阶段西部金融组织创新，应以一般原则为指导，采取以下实施方略。

6.5.1　构建金融创新机制

1. 金融创新机制构建的基本方针

1）通过金融创新，激发金融产业的内在活力。西部金融产业的发展，不能只是简单地扶植与保护薄弱的传统产业，应积极鼓励金融创新，提高金融效率，寻求金融产业的增长点。围绕金融创新，调动与激发西部金融产业的内在活力，防止国家金融扶持政策误入落后保护陷阱，妨碍金融结构优化。

2）通过金融创新，推进金融结构的合理演变。金融发展不能单纯地依靠金融规模的扩张，抑或国家政策的倾斜，必须通过发展新兴的先进金融产业，提高创新能力及水平，以推动金融产业结构的有序变动。如果西部脱离金融创新而出现无序发展，将会影响金融结构优化，加剧现阶段的结构性矛盾。

3）依据金融创新，确保金融结构演变的方向准确。在西部金融产业发展过程中，主导产业的确立与调整，对于金融结构的演变方向有决定性作用。确定金融主导产业，应充分考虑引入新的生产函数，只有通过金融要素的创新，才有利于金融结构优化。西部对银行部门的保护，导致其经营的垄断，尽管这种保护使其资产增长速度很快，但金融主导产业的发展难以实现金融结构最优化。只有依靠金融创新，提高科技含量，合理确定金融主导产业，才有可能准确保障金融结构的演变方向。

4）强化金融创新，提升西部金融产业的整体水平。提升金融产业素质作为金融结构最优化的重要标志，具有十分重要意义。它不只是金融个别产业部门的增加，还是整个金融产业的全面协调。特别是在融资方式的协调上，根据西部实际状况，应强化金融工具与产品创新，加强资本市场建设，扩大金融市场直接融资规模，满足经济主体的直接融资需求，优化西部融资结构。同时，准确把握金融创新总体趋势，把西部金融创新置于经济全球化、市场一体化、金融自由化的大背景下，运用电子货币、网络银行、大数据、区块链等金融科技手段，提高西部金融创新水平。通过高水平金融创新，实现金融产业素质的全面提升。

2. 金融创新机制构建的关键举措

1）通过准确研判金融形势，把握金融技术的创新导向。总体而言，金融技术是服务于金融发展的，要准确把握金融技术的创新导向，为金融创新活动奠定良好的基础，就必须准确研判西部金融产业的发展趋势，并使金融技术创新具有一定的先进性、针对性与前瞻性。

2）通过网络基础设施建设，推进金融科技的快速发展。大数据、云计算、区块链技术是前沿现代金融科技，其他金融技术的创新均离不开这一金融科技平台。实施西部金融创新，必须加快金融科技发展速度，强化网络基础设施建设，打造西部信息高速公路，完善西部金融信息系统，建好西部金融数据仓库，确保金融活动的科学性与高效性。

3）通过锻造金融企业家队伍，提高金融创新的决策水平。企业家精神是金融企业创新的"灵魂"，培育一支金融企业家队伍，是金融技术创新的重要环节。金融技术创新需要一批金融企业家制定与实施西部金融人才发展战略，建立完善金融人才选拔机制，吸引与培养优秀金融从业人才，打造一支创新意识强的金融企业家队伍，确保西部金融创新的智力支持。

4）通过加大创新资金投入力度，强化技术创新财力保障。金融技术的研发、推广与应用，需要金融产业投入大量的资金。因此，构建金融技术创新的资金投入制度体系十分必要，但必须保障充足的资金，才有可能提升金融技术的创新能力。

3．金融创新机制构建的方式选择

1）选择经验吸收性的金融创新方式，有利于形成西部金融的后发赶超优势。全球金融发展的历史经验表明，任何国家或地区的金融创新都会受制于市场经济内在机制，其主要目标也大多是追求金融效率与安全。发达国家的金融创新，体现了现代金融的主流走向与发展成就，其现实作用机制相对于我国西部而言，示范效应显著。西部金融创新过程中，吸纳其金融创新成果，可以最大限度地缩短金融发展进程。客观上讲，西部金融创新缺乏原发性创新的条件与能力，因此吸纳国内外金融创新成果的空间是广阔的。面对西部新型城镇化的异质性金融需求，金融产业可以多方面吸纳优良的创新成果，降低金融创新成本，扩大金融供给规模，以满足西部新型城镇化的金融需求，并推进金融结构优化。经验吸收性金融创新方式，既可以降低创新成本，也能够扬长避短，有利于强化金融创新动力，加速金融发展进程。

2）选择需求适应性的金融创新方式，有利于提高西部金融的规模效率。西部新型城镇化所产生的异质性金融需求是前所未有的，而金融创新就是要适应并满足这种需求。需求适应性金融创新方式往往是社会容易接受且创新成本较低，其规模经济平衡点比较低；对于创新供给者而言，能够在短期之内实现低风险、高收益的效果。实施需求适应性金融创新，能够有效提升金融市场、金融机构的运行效率，激发金融产业的发展潜能。

3）选择机构供给性的金融创新方式，有利于增强西部金融的创新能力。长期以来，西部实施的银行主导型金融体制，其金融机构供给十分重要。在西部金融创新的过程中，增强金融机构创新的供给能力，对于金融产业竞争力与发展能力影响深远。现阶段，提高供给能力需要加大资金投入力度，提高金融机构现代化硬件使用水平，大力发展金融科技，为提高金融服务水平奠定良好技术条件与物质基础；加强金融机构间合作，注重金融系统整体功效，通过降低创新成本而达到规模经济。同时，要重视金融创新激励机制建立，营造金融企业创新文化，培育银行家创新精神，造就多层次金融创新人才，为增强西部金融机构供给能力创造有利条件。

6.5.2　搭建金融协调机制

金融协调是西部金融组织创新的主要方面，搭建金融协调机制是推进金融结构优化的重要措施。金融组织合理化的关键就是金融协调，这种协调是非均衡性协调，具有动态随机性，它是通过金融结构内在动力实现的。推进金融协调就需要通过以下几个方面的内在关系协调，形成西部金融协调机制。

1）全面完善西部金融产业结构性能。实现西部金融产业的非均衡性协调，必须使其结构性能得到全面有效的改善。一方面，通过改革金融制度，强化金融企业自主经营能力，有效提升产业素质；另一方面，通过完善金融要素的流动机制，增强金融资产的流动性，防止割裂金融产业的相互关联。如果上述两个方面的问题得以解决，西部金融产业结构性将会得到极大改善，从而为其金融协调奠定坚实基础。

2）准确选择西部金融主导产业。西部金融产业的关联环节中，始终存在一些比较重要的环节，这些环节对于加速金融结构演进意义重大。这些环节就是所谓的主导产业，它既引入了生产新函数，也具有扩散效应，引导其他相关产业的发展。主导产业发展能够推进产业结构聚合与演进，但必须具有扩散效应。金融产业包括银行、证券、保险、信托等，其技术水平与扩散效应不尽相同，如何准确选择金融主导产业意义重大。因此，在政策协调时，必须充分考虑扩散效应，引导金融结构趋于合理。

3）充分发挥金融支柱产业带动作用。在构成金融结构的诸多金融产业部门中，有一类组成成分起决定性作用并在金融整体结构中具有支配地位。无论金融产业怎么发展，金融结构中的支配与从属关系总是客观存在的，而那些具有支配作用的金融产业，即所谓的支柱产业，其发展水平往往能够体现金融结构的一定发展阶段。金融协调就是兼顾处于支配与从属地位的各大金融产业的发展，并通过金融支配产业来带动金融从属产业发展。现阶段，发达国家与地区大多以银行业作为支柱产业。要实现金融协调，首要问题就是重视银行业协调，通过推进银行业的结构优化，引导其带动证券业、保险业及信托业发展，并充分发挥银行业作为支柱产业的有效带动作用。

4）持续增强金融瓶颈产业扶持力度。实质上讲，瓶颈产业就是某些发展滞后却又十分重要的产业，是关联产业体系中的一个紧缩环节，对关联产业的发展影响较大。但瓶颈产业的发展潜力，往往是很大的。西部金融瓶颈产业的客观存在，金融结构效率较低，强化西部金融瓶颈产业的协调性，已成为金融产业结构优化的重要环节，加大对金融瓶颈产业的扶植力度，也将是金融协调的重要任务。就西部新型城镇化而言，区域性中小型商业银行发展就是西部金融的瓶颈产业，其发展滞后直接制约经济与城镇化的发展。持续增强这一瓶颈产业的扶植力度，有利于西部金融协调。

5）合理选择西部金融协调方式。根据西部金融发展的现实状况，合理选择金融协调方式，有利于提高金融协调效果。现阶段的新型城镇化进程中，西部金融协调可选择推进、拉动与全面综合等方式，这是符合西部实际的。

① 通过推进金融瓶颈产业实现协调。在西部新型城镇化进程中，务必加大金融瓶颈产业与薄弱产业的扶植与发展，提高这些产业的发展能力与产业素质，化解金融发展过程中的结构性约束，最终实现金融协调。而这种协调方式的关键环节，就是及时加大力度扶植金融瓶颈产业及其薄弱产业，提高其发展速度。在西部新型城镇化进程中，金融发展的瓶颈制约是很容易产生的，因此，实施西部金

融组织创新，协调方式的选择显得尤为重要。

②　通过拉动金融从属产业达到协调。大力扶植与发展金融主导产业，并通过其创新扩散效应的影响拉动其他从属产业的发展，进而推进金融产业系统协调发展。这种协调方式选择的关键环节是，准确把握及适时扶植与发展金融主导产业部门，使其具有拉动金融薄弱产业发展的能力。同时，拉动金融从属产业必须审时度势，重视培育发展潜质优良的新兴金融产业，以确保这种拉动协调的可持续性。例如，随着科技与经济的发展，加紧培育数字货币、大数据、区块链、第三方支付、个人理财等极具发展潜力的金融产业，能够推进银行、证券业、保险及信托等传统金融产业的发展。如果西部经济金融发展层次有所提高，金融协调方式将会更多地选择这一类。

③　通过实施全面综合方式完成协调。全面综合协调就是在西部新型城镇化过程中，综合推进瓶颈产业与拉动从属产业这两种金融协调方式，通过"连推带拉"全面综合的方式实施协调。在西部新型城镇化进程中，全面综合协调是一种普遍适用的金融协调方式，既需要商业银行这样主导产业部门的带动，也需要瓶颈产业部门的推进，更需要对证券信托等薄弱产业部门的拉动，这种既拉又推的方式有利于金融结构的全面协调。但在全面综合的协调过程中，必须注重"拉"与"推"合理匹配，以达到金融协调的整体效果。

6.5.3　创新金融保障机制

1．夯实金融组织创新的基础条件

1）提高西部金融经济中的货币化与商品化程度。金融经济的货币化与商品化程度，是金融结构形成的基础性条件。其程度越高，就说明市场交易关系越复杂，所带来的金融需求也就越具个性化与多样化。而要满足其金融需求，必须借助多层次、多样化、多渠道的金融机构、业务、工具、产品与服务，但这样也使金融结构日趋复杂，金融组织创新也就更有必要。西部新型城镇化进程中，必须提高金融经济发展的货币化与商品化程度，为金融组织创新奠定良好的基础。

2）强化西部经济主体的经济行为理性。经济主体的行为理性直接影响金融结构优化。西部金融结构的诸多问题，大多源于经济金融的非理性行为。为此，优化金融结构，就必须矫治其非理性行为，尤其是大部分国有企业，产权主体缺位，非理性金融行为更加突出。随着城乡居民在金融活动中影响力的凸显，加强个人投融资行为的理性，也成为优化西部金融结构的重要内容。实施金融组织创新，必须进一步完善国有企业的产权制度与法人治理结构，扩大资本市场融资、票据融资等直接融资规模，使融资结构得到合理构造，市场约束机制得以强化。这是增强企业经济理性的重要路径。

3）完善西部社会信用制度体系的构建。从实质上来讲，信用关系与信用基础

是金融结构形成的基本条件。随着西部新型城镇化推进，信用基础薄弱、信用制度缺失已成为金融组织创新障碍，严重制约西部金融发展。为改变这种局面，需要强化信用制度建设，进一步夯实信用基础。一是修改与完善现行社会信用体系中的法律法规，将全部信用活动纳入规范而极具约束力的信用规则中。二是强化西部信用环境治理，完善失信惩罚机制，提高违约失信成本，使诚实守信成为经济活动中最优的理性行为。三是构建并完善各级政府信用监管体系。借鉴发达国家信用体系建设经验，通过制定信用管理政策，协调相关部门并统一建立全社会信用数据检索平台，构建信用管理体系，为西部信用体系运营与监管打下良好基础。四是加强西部信用知识的教育与普及，树立良好的信用价值理念。

2. 完善金融组织创新的监管环境

1) 提高金融风险意识，加强金融风险管理。金融监管当局在充分考虑西部具体情况的基础上，以金融风险防范与治理为中心，强化金融机构监管，为西部金融组织创新构建安全的金融环境。不仅要实现合规性监管转变为风险性监管，还要强化动态监管，监管行为务必适应西部金融发展，积极应对金融风险的变化。通过创新监管理念、技术与方法，降低西部金融风险，确保西部金融的稳健运行。

2) 改善监管模式，放宽业务控制。相对于发达国家或地区，西部金融效率偏低、竞争力缺乏，已是不争的事实。金融监管必须界定合理科学的业务范围，因地制宜，减少不必要的业务限制，鼓励各类金融机构创新金融工具、业务与服务，建立并完善金融运行机制与现代金融制度，以此提升西部金融产业的竞争力。

3) 妥善处理金融创新与监管的关系，以监管推动金融创新。无论是金融创新还是金融监管，两者的目标都是促进金融发展。适度有效的金融监管，能够通过金融创新，推进西部金融发展。金融的创新与监管活动，能够形成良性的循环，增强金融机构的创新与竞争力，并使金融效率有所提高。西部在监管与创新过程中，必须保护金融创新的积极性，通过优化金融监管与创新流程，增强监管制度的前瞻性，使金融监管适应西部新型城镇化的异质性金融需求。

4) 协调一委一行两会监管，强化多头监管合作。现行金融监管采取了一委一行两会多头监管模式。在西部金融监管过程中，必须强化一委一行两会合作与沟通，借鉴发达国家功能监管的经验，实施金融体系协同监管。一委一行两会各司其职并加强合作，通过信息共享与沟通，合理调配监管资源，降低监管成本，形成高效、完整的监管体系。

3. 改善金融组织创新的技术条件

1) 通过科技进步引导金融结构优化。科技进步有利于改善金融机构管理，提高金融服务水平，并进而引导金融结构优化。现阶段，金融技术与网络信息技术的进一步耦合，使金融产业可以依托现代科技高效率地创新金融工具与产品，定制具有个性化的金融产品。而这类新兴金融产品的不断涌现，推进了微观金融结构的持续变动，引导了金融结构进行高层次的优化。

2）借助科技进步提升金融机构效率。科技进步可以有效提升金融市场交易效率、金融机构运行效率。数字货币、电子货币的出现，颠覆性地改变了金融交易方式，使金融效率倍增。科技进步简化了金融交易手续，也使金融机构运行效率大大提升。

3）利用科技进步创新金融产业组织。科技的进步直接打造了金融业务一体化的技术平台，使传统金融产业分工被打破，模糊了不同金融产业的边界，金融市场的工程化、电子化，以及金融机构的综合、全能与大型化的趋势明显，因此极大地促进了金融产业结构调整。这种调整有利于创新已有的金融产业组织，加速传统金融的运作模式、管理体制及组织体系的重组。其内部组织也随外部组织的制度化而蜕变，组织结构将逐步呈扁平化发展，其经营模式也由传统分散式向集中网络化模式转变。

4．优化金融组织创新的制度环境

现行金融法律法规体系的不完善，影响与制约了金融发展，阻碍金融结构的优化进程。应强化金融法制体系的建设，创造良好的制度环境；完善投资者保护法规，强化审计、会计及信息披露制度，加强政府监管体系建设，为构建良好的金融组织创新的制度环境奠定坚实的基础。

6.6　西部金融组织创新的障碍因素

6.6.1　区域金融市场缺乏有效竞争

市场垄断程度高及竞争不充分，已成为西部金融产业组织的一个鲜明特点。对于西部金融市场结构的研究已充分表明，尽管各类银行业金融机构都不同程度地进入西部金融市场，但在各个具体的西部局域金融市场，竞争者数量还存在较大差别。虽然在一些经济较为发达的区域市场，存在着较多的竞争主体，但在经济欠发达（特别是贫困地区）的局域市场，基本上只有中国农业银行、农村合作金融机构和中国邮政储蓄银行等极少数金融机构提供金融服务，个别县域市场则只有一家农村金融机构。大部分西部县域金融市场属于高位寡头垄断型（Ⅰ）市场结构，部分市场甚至处于完全垄断状态。农村合作金融机构的市场份额处于领先地位，尤其是在贷款市场上地位非常稳固，在小微企业、城乡居民及农户贷款市场上，则基本处于绝对垄断地位。

6.6.2 西部金融市场进入壁垒偏高

（1）制度性壁垒仍然较高

相关调研发现，西部金融市场存在较高的制度性进入壁垒。现阶段，银保监会针对西部（特别是农村地区）的金融市场放宽了限制政策，对最低注册资本金、资本范围、业务范围、跨地区经营、高管准入资格等进行了一定的放宽和调整。但是，并没有针对特殊情况给予一定的优惠政策，或者优惠政策的力度还不够；在西部设立民营金融机构还有严格的限制，除农村资金互助社以外，村镇银行、贷款公司等新型农村金融机构还不能由社会资本自主设立，而放宽准入条件仅是民营资本的参与程度，而不是独立组建民营金融机构（杜兴端和杨少垒，2011）。这将严重影响民营资本进入西部金融市场参与竞争。

（2）经济性壁垒居高不下

西部金融市场进入壁垒更为重要的方面是经济性壁垒，由规模经济、转换成本、网络效应、产品差异化、绝对成本优势等经济性因素所形成的西部金融市场经济性进入壁垒依然很高。现阶段，在市场准入条件得到一定程度调整和放宽的情况下，这种经济性壁垒的影响显得尤为重要。西部各类经济性壁垒的存在，将影响市场投资者对西部金融市场的进入预期和进入行为。高企的经济性进入壁垒，将是影响西部金融市场结构的重要因素之一，是金融机构垄断和寡占的必要条件。当然，从高进入壁垒的角度来看，西部金融市场既定的寡占结构的存在也具有一定的客观性。

6.6.3 金融机构竞争行为异化

（1）金融机构竞争行为异化导致市场结构失衡

在西部金融市场，金融机构的竞争行为异化，导致存款竞争高于贷款竞争，城镇贷款竞争高于农业贷款竞争，而城乡居民与农户贷款市场竞争程度最低。由于西部金融服务存在高成本、高风险、低收益的特点，各类金融机构在西部，特别是农村地区金融市场的放贷意愿并不强。银行类金融机构"存款立行"的观念尚未完全改变，西部（特别是农村）金融剩余是金融机构吸储的重要来源，各家金融机构仍然比较重视在存款市场上的竞争。尽管部分金融机构在西部金融市场的贷款意愿很弱，但是其参与存款市场竞争的积极性很高，并将西部金融资源转移到收益相对更高的城市进行金融服务。对于新型城镇化的信贷需求和城乡居民及农户的信贷需求，很多金融机构存在较强的信贷排斥，不愿意参与其贷款市场的竞争，造成西部合作金融机构的"一农支三农"的格局，以及事实上的信贷市场垄断。作为金融中介，西部金融机构未能有效履行将存款资源就地转换为贷款资源的职能，却成为西部存款资源流向东中部城市与产业的通道。

（2）金融机构市场势力膨胀致使垄断价格高企

西部金融机构的市场垄断地位明显，使其能够行使市场势力，收取垄断价格。西部高度垄断的市场结构，也为金融机构行使其市场势力、收取垄断价格提供了极大的可能性。本书通过观察西部金融市场发现，在完全垄断条件下，金融机构会收取垄断价格，在寡头垄断的情况下，垄断寡头之间可能存在合谋定价行为。不管在哪种市场结构中，利率管制都只能影响名义利率，而不会影响实际利率。实际利率与名义利率之间的差额形成隐性利率支付。通过大量的观察调研，本书发现西部金融市场存在隐性利率支付行为，而这种异化竞争行为形成金融腐败。

6.6.4　金融机构创新动能不足

一般产业组织理论认为，在寡头垄断市场结构条件下，竞争压力相对较小，各家金融机构缺乏产品创新的动力和压力，产品创新严重滞后。在西部（特别是农村地区），各类金融机构提供的金融产品与服务种类非常有限，大部分还是基本的存、贷、汇 3 种。西部多数金融机构在信贷产品创新上也较为落后，不能及时针对新型城镇化的异质性金融需求特点，开发有针对性的信贷产品和信贷服务方式，信贷手段单一，技术落后；加之西部交通通信、网络技术及教育与科技普及等金融基础设施发展的滞后，使西部金融机构缺乏金融创新的基础条件。尽管近年来部分西部金融机构进行了一定程度的金融创新，但远远不能满足经济发展与新型城镇化建设多层次、多样化的金融需求。产品创新不足还影响了其西部金融机构的竞争能力，难以提升经营绩效。由于产品创新不足，金融机构产品差异化不足，目标客户群单一、重叠，不能有效实现市场细分，多家机构竞争少数同类客户，但同时有大量客户无法获得与之适应的金融产品与服务。

6.6.5　区域金融运营绩效较低

（1）金融机构经营绩效较差

西部金融机构从人力资源运营效率、盈利能力和资产质量等指标来观察，其运营绩效较差。由于东中西部经济发展水平和经营模式的差异，西部银行业金融机构人力资源运营效率，要比东部银行业金融机构的人力资源运营效率低很多。在盈利能力上，尽管农村合作金融机构行使了市场势力，但垄断地位带来的 X 非效率影响了其绩效表现。由于产权虚置、治理结构不完善、经营体制改革不彻底，农村信用社委托代理问题非常严重，代理成本高昂，出现了严重的 X 非效率。同时，作为西部金融市场的主力军，农村合作金融机构资产质量较差，不良贷款率仍然较高。

（2）金融服务可获得性较低

西部金融市场的万人机构覆盖率和万人拥有金融服务人员数量，都远远低于东中部。由此可见，西部金融服务的可获得性较低。2016 年年末，西部银行业金融机构网点共有 6.21 万余个，从业人员达 92.7 万人；每万名人口的金融服务机构网点数为 1.5 个，拥有银行业金融服务人员 22.5 个；尚有 1 856 个乡镇没有金融机构营业网点服务网点，有 4 251 个乡镇只有一家营业网点，在局部市场完全垄断。在西部金融机构改革过程中，出现了县域金融机构向县城集中的现象，这将降低新兴城镇的城乡居民金融服务的可获得性。

（3）金融运行宏观效率不高

通过观察发现，西部金融发展未能有效支持经济发展与地方财政收入增长，这也是西部金融市场绩效低下的重要表现。资金投入对农村、农业发展具有重大贡献，而农村金融是农业资金投入性支持的重要渠道（蒋永穆，2000）。但是，现阶段西部（特别是农村地区）的存款市场、中小企业贷款市场、农业贷款市场及城乡居民贷款市场之间，存在不同的市场结构和竞争状态，金融机构对农业贷款与城乡居民贷款的意愿是相对较小的；合作金融机构"一农支三农"的竞争格局，导致西部金融机构作为金融中介将西部存款资源转换为本地贷款资源的低效率，也导致西部金融资源的大量流出，并最终影响西部经济发展与地方财政收入增长。

第 7 章　新型城镇化进程中金融组织创新的经验借鉴

在过往的城镇化推进过程中，金融结构的演变与优化、金融组织的完善与创新，既取得了成功的经验，有力地推动了各国城市化与城镇化，也存在一些可供探讨研究的不足与教训。其影响城镇化推进与发展的原因，也为本书提供了分析的依据。本书通过对我国城镇化进程中金融组织的历史经验进行剖析，以及对浙江省与四川省具有典型意义的金融支持新型城镇化模式进行深入研究；并选取美国、日本等发达国家，以及以印度为代表的发展中国家为样本，研究其城市化进程中金融组织模式与特征；通过借鉴其经验教训，探究西部新型城镇化的金融组织创新路径，旨在构建具有西部特色的、能够有效推进新型城镇化进程的金融组织新模式与新机制。

7.1　新型城镇化进程中金融组织创新的国内经验

相对于金融产业发展而言，新型城镇化全面推进既是前所未有的历史机遇，也是难以驾驭的巨大挑战。我国在城镇化发展中，积累了较为丰富的金融组织经验。各类金融机构通过积极探索，不断创新金融服务方式，构建了众多颇具地域与业务特色的金融支持模式。本书通过国内城镇化金融组织历史经验的归纳总结，以浙江省、四川省作为金融支持城镇化的典型分析，重点阐述城镇化进程中的农业现代化、经济发展、城镇建设及农村居民市民化等方面的金融组织经验，试图找到新型城镇化进程中金融组织创新的一般规律，为西部新型城镇化进程中的金融组织创新提供更有益的经验与启示。

7.1.1　城镇化进程中金融组织的历史经验

纵观我国长期的城镇化实践，不难看出，城镇化进程中的金融支持，突出表现在对城镇基础设施与农村居民转移两个方面的支持（黄国平，2013）。

1. 城镇基础设施的巨额投资需求

随着新型城镇化的不断推进，大规模的基础设施投资是必然的。长期以来，我国这方面的资金主要来自中央与地方政府的财政拨款、自筹资金及金融市场融资。近年来，地方政府的自筹资金包括政府融资平台在内的财政支付占比逐年递减。从长远来看，这种模式难以为继。基础设施建设的主要资金应源自金融市场，新型城镇化中基础设施建设的金融资源有效配置，具有极其重要的意义。

2. 农村居民转移的金融服务需求

因为我国经济二元特征明显，城乡发展差距较大，所以金融资源更容易集聚于大中城市。县域城镇与农村地区难以获取金融资源，导致农村城镇化与农业现代化进程滞缓，进而制约农村居民向城镇转移。构建与完善农村金融体系，已成为城镇化金融组织的当务之急。尽管我国农村金融体系已涵盖商业性、政策性、合作性金融，农村与农业保险及民间金融等领域，其体制结构具有较为完善的表象，但具体实践起来还不够完善，金融机构与相关组织的功能难以全面发挥。

（1）从总体上观察

纵观及分析金融机构的县域城乡居民贷款额，其占存贷款总额的比重呈下降趋势。这就表明金融机构支持城镇化的倾向在逐步减弱，县域金融规模与成熟度相对于大中城市而言是滞后的，存在明显的金融抑制，金融供需呈现双重不足。一方面，金融机构的大中城市偏好，导致县域农村正规金融规模萎缩，城镇化金融需求得不到满足，形成金融供给抑制；另一方面，城乡居民与中小企业难以获得正规金融融资而转向民间金融活动，这使正规金融缺乏有效需求，出现金融需求抑制。

（2）分机构来观察

我国城镇化的主战场在县域农村，而该区域金融机构严重不足。现阶段，各大金融机构淡出县域农村趋势明显，并存在"惜贷"与"资金倒吸"倾向。当前从事该区域金融业务的机构包括中国农业银行、中国农业发展银行、中国邮政储蓄银行及农村信用社、村镇银行、小额贷款公司等，其他金融机构则鲜有涉足。并且，不少金融机构迫于营利压力，不得不向大中城市转移业务重心。例如，中国农业银行股份制改革之后，为追求盈利与效率，逐渐削减县域农村营业网点，将其战略重心也定位于大中城市及非农产业。

此外，城镇化作为国家发展战略，却缺乏政策性金融机构的有力支持。中国农业发展银行是我国农村金融市场上仅有的政策性金融机构，而业务严重受限，其职能与业务定位不甚明确，融资渠道十分狭窄，相比国外的一些政策性银行，中国农业发展银行要真正成为能够推进城镇化建设的政策性金融机构，其支持农业现代化与新型城镇化的作用潜力还有待开发。

（3）从民间金融角度观察

纵观我国城乡民间金融发展的历程，它是城乡金融服务与城镇化金融支持不可或缺的组成部分，但是缺乏应有的法律法规的引导与规范，体制性限制不少，并发问题也很多。因为民间金融根植于金融过度管制形成的金融抑制体制下，其发展并未享有国民待遇，排挤与歧视使其市场地位极低、金融风险极大。所以，从长期来看，如果民间金融立法未能落实到位，其满足城镇化金融需求的作用十分有限。

（4）从金融创新视角观察

通过观察我国金融工具与产品的创新可以发现，县域特别是农村地区金融产品的结构、设计与创新存在明显不足；金融产品拘泥于存贷款业务，而票据、信用卡、新型结算、理财投资等中间业务发展滞后。信贷服务对象又限定于实物质押能力强的中小企业及城乡居民，贷款形式也以短期生产性流动资金贷款为主，对农业产业化、现代化及城镇化的支持十分有限。随着城镇化的深入推进，异质性金融需求日臻多元化，如不加快金融创新，将会极大地影响我国城镇化进程。

综上所述，我国一直将城镇化进程中的金融组织界定为农村金融渗透与城镇基础设施投资，这一系列的实践与探索大多归于失利与教训，现行金融组织体系恐难承担新型城镇化的推动之责。因此，西部城镇化进程中的金融组织，需要在总结我国历史经验的基础上进行重构、创新与优化。

7.1.2　金融支持新型城镇化的典型经验

1. 浙江经验

浙江省在推动城镇化的进程中，金融支持作用十分明显。无论是农业产业化资金的落实，还是村镇基础设施建设的支持，以及城乡居民金融可获得性的提升，浙江省金融系统都一直在进行金融体制改革，助力城镇化的可持续发展。

1）支持农业现代化。浙江省根据自身城镇化的发展特点，构建了多元化、多层次的融资体系，充分发挥中国农业银行、农村合作金融机构及中国邮政储蓄银行的优势，利用各类商业性金融融资的网络，形成服务于城镇化的金融组织体系。特别是充分发挥地方性中小金融机构的地域优势，推出各类富有地域特色的新型金融产品。例如，温州市推出了"万名新农村青年诚信创业贷款工程"；瑞安市农村合作银行通过建立"流动银行"，填补了区域金融服务盲点。合作金融体系通过推出专业合作社担保、林权抵押与反担保等信贷产品，支持推进农业现代化。

2）支持城镇基础设施建设。第一，通过政策引导，推进金融资源流向城镇化领域。浙江省政府鼓励各大金融机构在制订年度信贷计划时，重点考虑城镇化项目，并适当放宽信贷审批条件，通过中国人民银行增加商业性金融机构的流动性，为城镇化建设构建绿色通道。第二，加大城镇基础设施的资金支持。浙江省鼓励各类金融机构创新金融工具，发展银团、合作等多种形式的贷款，创新抵押担保及贷款方式；在符合市场化原则的前提下，以政府城镇规划为主导，适应城镇基础设施的建设特点，积极增加资金投入。第三，强化多层次、多渠道的融资体系构建。浙江省通过对资本市场建设的积极探索，寻求城镇化金融支持新路径。例如，通过金融机构承销政府债券获取城市建设资金，通过企业发行中长期票据进行城镇化项目融资，通过资产证券化的融资手段，提高资产流动性并改善结构，通过拓展信托、保险、融资租赁等一系列融资渠道，实现城镇化的全面推进。

3）支持农村居民市民化。浙江省为推进农村居民转移至城镇，积极寻求金融支持路径，其推动村镇居民增收的做法值得借鉴。例如，嘉兴市海盐县农村信用合作联社通过土地流转政策引导，创新了农村流转土地经营权的专项抵押贷款模式，明确了该模式下的贷款用途，极大地支持了农村居民的经济发展；又如，丽水市通过集体林权制度改革，率先推出林权抵押贷款，完善了林地流转制度，解决了金融机构风险控制的制度性障碍。

2．四川经验

在城镇化进程中，四川省的金融助推器作用十分明显。无论是农村产权融资的落实，还是区域经济发展的支持，无论是实现村镇金融规模的均衡，还是城乡金融服务水平的提高，金融部门一直致力于通过现代金融的成长，实现城乡居民金融服务的均等化，以带动区域经济发展，助推城镇化的纵深发展。

1）支持农业现代化。四川省通过创新金融机构的信贷模式，有效推进农业产业化及农业现代化。第一，小额信贷的模式创新。以农村合作金融机构为主，进行农户信用等级的分类评定，并根据不同的信用等级实行差别化贷款，即农户的信用等级越高，贷款的利率就越低，且手续也越简单；反之，就要提高利率并加大审查力度。第二，大额信贷的模式创新。四川省通过农村商业银行提高单一客户的贷款额度（如中小企业的信贷限额由 200 万元提高到 600 万元），简化贷款手续，极大地提高了融资效率。根据现代农业的发展特点，支持部分地区成立专业投资公司，创立担保与委托贷款兼容的融资新模式。其运营模式是，通过委托中国农业发展银行向合规的农业项目贷款，对保证不充分的贷款者，则由专业投资公司所属的担保公司进行担保。

2）支持城镇经济建设。四川省通过信贷支持，重点扶持包括中小微企业在内的各类城乡企业，鼓励城乡居民创新创业，极大地推进了城镇经济建设。四川省作为全国社区金融的试点省份，其社区金融模式的创新，有利于满足中小微企业与城乡居民的金融需求，并推动城镇经济发展。该模式是由企业自由组合贷款联保小组（一般以 4 家以上企业为宜），通过地方政府的融资平台，以贷款联保小组互保的模式，申请国家开发银行贷款，并控制每家企业贷款额度，且形成互保企业间的信用激励。互保模式是每家贷款联保企业，都需要提供贷款金额 10%的资金及其 5%以上的抵押物作为贷款的担保。

3）支持农村居民市民化。四川省不断探索农村产权抵押融资，并于 2010 年 7 月成立了我国首家农村产权交易所，各县市也相继设立了相应机构。为适应农村抵押物的复杂特点，有效控制风险，四川省还探索与创新了集体建设用地使用权、宅基地及土地经营权的抵押方式（李惠彬等，2009）。针对城乡居民的住房与生活的资金需求，四川省通过农村商业银行推出乡镇个人住房保障特色贷款，以及乡镇个人商铺特色贷款，以满足城乡居民在市民化过程中的消费与经营活动的资金需求。该措施极大地推动了农村居民的市民化进程。

7.2　新型城镇化进程中金融组织创新的国际经验

纵观全球各国城镇化进程，无一不通过构建高效的金融体系，推动城镇化建设。美国、日本、英国、德国等发达国家拥有完善的现代工业体系，它们的城市化进程较少受制于产业经济发展，其要素的流动与配置也更具效率。随着城市就业人口的增加与居民收入的提高，市场机制的作用也更显著，其现代金融的发展，能够有效满足城市化的基本需要。当然，也存在诸多的现实问题，其成功与教训将成为可供借鉴的历史经验。而发展中国家的城镇化实践，既与我国国情相似，也对我国城镇化发展具有明显的借鉴意义。分析国内外金融支持城镇化模式，有利于我们规避风险。本书从金融组织创新出发，通过对以美国、日本等为代表的发达国家、以印度为代表的发展中国家城镇化进程中金融组织的经验借鉴，寻求西部新型城镇化的金融组织创新的合理路径与发展方向。

7.2.1　美国城市化的金融支持模式

1）以市场为主导是主要形态。一是通过市场手段，引导设立联邦合作银行与土地银行，完善信用体系，推动农村金融组织体系健康发展；二是联邦政府直接设立中小企业管理局（Small Business Administration，SBA），并成立小企业投资公司，以直接贷款、协调贷款、信贷担保等形式，解决中小企业的资金需求，且风险管控由 SBA 负责；三是发展资本市场，加强市政债券发行，拓展直接融资渠道。

2）市场与政府联动是主要特征。纵观美国金融体系支持城市化的整个历程，可以归纳为以下几个特点：一是金融体系的信贷投入满足了城市化资金的主要需求；二是坚持以市场为主、政府为辅，两者密切联动，且地方政府直接参与城市化融资活动；三是完善与强化小额信贷的信用机制，鼓励中小企业贷款的多形式、全方位的担保模式；四是各级政府鼓励与扶持农村金融机构发展，通过完善存款保险制度，对其实施扶持性的干预，既享受各种优惠政策或税收减免，也有相应的法律保障。

7.2.2　日本城市化的金融创新经验

目前，日本城市化率已达 90% 以上，其产业、人口与城镇都集中于东京、大阪、名古屋三大都市圈。该城市化模式是建立在完善的农村金融体系之上的，健全完善的日本农村金融体系，促进了农业现代化实现、农民收入增加及城镇化加速。

1）以政府为主导是主要形态。一是政府确保城乡居民的基本权益，构建了包括农业灾害补偿制度、相互援助制度、存款保险制度等在内的保障制度体系；二是政府主导服务中小企业的金融机构体系构建，加大了中小企业政策性贷款的投入力度；三是通过立法建立了中小企业的信用保险制度以及信用保证协会制度，并规定信用保证协会可为中小企业提供信用保证。

2）全方位干预是主要特征。纵观日本金融体系支持城市化的历程，其主要特征可归结为以下几点：一是城市化进程中金融组织的政府干预特征明显；二是政府成立存款保险公司，既提供存款保险，又为农村信用社的破产收购给予信托支持；三是政府对中小企业信贷给予强力支持。

3）合作性与政策性金融是主要金融支持体系。目前，日本农村金融体系涵盖合作性金融体系和政策性金融体系，其中合作性金融体系是主体，政策性金融体系为补充。首先是合作性金融体系。它作为日本农村金融体系不可或缺的重要组成部分，有效推进了日本城市化。日本合作性金融组织的层次分明，每个层次金融机构都具有很强的独立性，没有业务交叉，各司其职却又共同服务于城市化（王越子和杨雪，2010）。其次是政策性金融体系。日本农村政策性金融体系的构成简单、功能单一，并称为农村制度金融，主要由政府通过融资，向中小企业、城乡居民提供贷款；其机构框架主要由日本农林渔业共库、农协组织等组成，非营利性使这一类贷款的利率更低、期限更宽松，实际上承担了相应的政策性金融责任。

7.2.3　印度城市化的金融组织特色

印度作为一个人口众多的发展中国家，有近 70% 的人口仍然生活在乡村，城市化水平较低且进展较为缓慢。但其推动城镇化的农村金融组织颇具特色的做法，极有益于我国城镇化的发展。

1）以市场为主导是主要形态。印度城市化金融组织形态属于市场主导型。一是建立包括服务于中小企业的政策性、合作性及商业性银行、信用保证基金、融资辅导中心等金融机构在内的中小企业融资辅导体系；二是规定商业银行新设分支机构时，必须符合在无银行的农村地区已开设 4 家以上分支机构的条件，否则不得获准；三是实施国家储备银行主导差别利率计划，对城镇化中朝阳产业与弱势部门贷款实行特别优惠利率；四是推行商业银行附带农村信用社计划，即由地方政府根据计划安排，通过 1 家商业银行附带 10 个初级农村信用社的方式，统筹调整安排区域资金。

2）综合性协调是主要特征。从印度城市化的金融组织历程可以看出，其基本特点有以下几个方面：一是通过商业性金融机构与政策性金融机构的密切合作，确保政策性金融的有效运行；二是通过加强利率优惠政策的落实，有效增加金融部门对村镇基础设施的信贷投入；三是通过加大农村金融机构税收政策的优惠力度，增加其低息贷款成本费用的补贴，激发金融部门支持城镇化热情。

3）综合性金融是主要金融支持体系。现行印度农村金融系统结构与功能，具有鲜明的层次性。政策性、合作性、商业性金融机构，以及民间金融等不同层次的金融形态，构成了综合性支持城市化的金融体系。

① 合作金融体系。信用合作机构构成了印度农村金融体系的基础，由农村信用社、中心合作银行及邦合作银行 3 个层次组成。农村信用社由农民集资或入股组成，是信用合作组织的初级形式，它既提供短期、低利率优惠贷款给会员，也提供诸如生产资料供给、农产品销售等服务，而农民长期信贷则由国家土地开发银行提供。中心合作银行作为邦合作银行成员，是初级农村信用社贷款资金的提供者，是邦合作银行与农村信用社连接的桥梁，但业务范围仅限于辖区内。邦合作银行是农村各银行分支机构中短期贷款的提供者，资金来源主要是印度储备银行，同时包括客户存款与中心合作银行的储备。

② 商业银行系统。高风险性使印度的商业银行，难以从事农村地区的金融活动，这一情况与我国比较类似；而印度政府为了保障农村城市化与经济发展的资金供给，规定了"领头银行"制度，即由该银行负责地区开发的金融支持，并按照国家规定的优先发展产业提供信贷资金；同时，强制性地规定了各商业银行农业项目的贷款比例，如果商业银行资产结构达不到政府的要求，则商业银行需要通过以下两条途径补差：一是商业银行必须把资产的差额部分缴存到国家农业与农村发展银行，再通过国家农业与农村发展银行贷款给农业项目，但其存放利率不得高于平均利率水平；二是商业银行必须从国家农业与农村发展银行购买与差额部分等价的债券，而债券发行所募集的资金，须贷款给农村金融机构，并最终流向农村资金需求者及中小企业。

③ 政策性金融体系。印度的政策性金融机构包括印度储备银行、国家农业与农村开发银行、地区农村银行等（杨梦婕，2011）。印度储备银行作为印度的中央银行，其农村业务主要委托国家农业与农村开发银行经营。国家农业与农村开发银行是印度主要的农村政策性银行，它统筹安排农村信贷资金、支持农业产业、资助其他金融机构支农贷款，并负责监管农村信用合作机构与地区农村银行。地区农村银行在印度金融体系中地位特殊，其经营重心是服务与满足农民、手工业者等特定人群的贷款需求。该机构一般将经营网点设立于金融服务最稀缺的地区，贷款种类也以农村生产类、贫民消费类为主；其经营也没有完全遵循市场规则，且多数贷款的利率要比农村信用合作机构等金融机构低，但可获得税收豁免等政策优惠。该银行的迅速发展，极大地提高了印度农村地区的金融发展水平。

7.3　国内外经验对西部金融组织创新的启示

7.3.1　合理构建农村金融体系

通过对日本、印度等国的观察可以发现，其主要做法是在选择城市化进程中本国农村金融体系的构建路径时，根据本国农村社会经济的发展特点，建立独具特色的金融体系。例如，日本的城市化发展是较为快速且成熟的，其农业现代化发展也处于世界领先水平，金融体系结构选择以需求功能型为主；而印度就有所不同，其人多地少，农业现代化处于起步阶段，经济发展水平不高，其城市化进程中农村金融体系的构建必须适用于农村经济发展且以领头银行型为主。无论是印度还是日本，都曾全面整合本国可动员的金融资源，并根据本国的商业性、合作性与政策性的金融组织发展状况，充分发挥各类金融组织的资源优势，通过合理构建农村金融体系，合力推进城镇化进程。

7.3.2　大力发展农村普惠金融

纵观国内外的经验教训，可以发现，在推进城镇化建设过程中，所有金融机构向金融需求者提供资金时，其条件都是有所放宽的。这种贷款的便利性取决于农村经济发展的基本特点，金融机构必须适当改变贷款方式，发展农村普惠金融模式，以适应农村经济发展滞后、资产质量较差、合规担保抵押缺乏等特点。因此，各类金融政策一般会倾向于鼓励金融机构以更优惠的贷款服务于城镇化。

7.3.3　充分发挥资本市场作用

通过观察国内外的一些国家与地区的做法，可以发现它们有一个共同而显著的特点，即充分发挥资本市场的作用，有效推动城镇化进程。我国西部城镇化进程中，资本市场的作用是不够显著的，并亟须解决西部资本市场的发展问题，以利用与调动所有金融资源，全面支持与推进新型城镇化。从美国的经验来看，以市场为主导的城市化金融组织模式，重点发展了资本市场，加强了市政债券发行，拓展了直接融资渠道。我国的浙江省与四川省，也一直积极探索资本市场对城镇化的支持路径。例如，通过资产证券化，盘活已有资产的流动性，创新土地出让模式等。这些成功的经验对于西部城镇化发展是宝贵的。通过城镇化融资方式的改革，拓展直接融资渠道，创新金融工具，充分利用资本市场进行金融资源的有效配置。

7.3.4　强化金融机构政策扶持

从国内外发展经验来看，通过政策扶持增强农村金融机构活力，已成为各地城镇化重要的金融政策。城镇化建设的高风险、低收益特性，导致商业性金融机构少有关注，而政府优惠性政策是解决该问题的直接手段。与此同时，政府通过政策文件与城镇规划的颁布，引导社会资金向城镇化建设项目流动。政府通过加大农村金融机构扶持力度，以补贴利息、减免税收等一系列的政策优惠鼓励金融机构介入城镇化项目，强化金融机构政策扶持，确保城镇化融资的落实。

第8章　西部金融组织创新的政策建议

8.1　西部金融组织创新的政策取向

8.1.1　西部金融组织创新的政策背景

西部新型城镇化整体质量提升及其驱动力的增强，都将依赖现代金融体系多元化发展。长期城镇化实践表明，西部发展路径转型并不顺利，城镇化质量有待提升，驱动力持续弱化。新型城镇化是西部现代化建设的必由之路，推进新型城镇化是解决西部"三农"问题的有效途径；新型城镇化能够有力推动区域间协调发展，成为扩大内需与升级产业的重要抓手。强化西部金融组织创新，就需要加快对西部金融体系的必要调整与完善，以期提高金融效率，有效推动西部新型城镇化建设目标的全面实现。

对于西部金融组织创新的政策制定，可以遵循党中央与国务院关于新时代农村经济与金融发展规划的一系列原则，并把这些原则视为西部新型城镇化进程中金融政策制定的基本依据。通过创新西部金融体制，放宽农村地区金融准入政策，加快政策性、商业性与合作性金融的有机结合，建立起功能健全、资本充足、体系完善及运营安全的西部金融体系。通过强化新型城镇化的金融政策支持，拓展其资金渠道；通过货币政策工具与财政政策手段的综合运用，有针对性地实施费用补贴与税收减免，有效引导更多金融资源向新型城镇化领域流动。加强各类金融机构服务新型城镇化的功能，坚持中国农业银行、中国邮政储蓄银行的服务"三农"金融大政方针，重点稳定与发展其西部农村地区的业务网络；在现有基础上拓展中国农业发展银行的业务领域，增加政策性金融对西部新型城镇化的中长期信贷支持；培育与发展县域金融机构，通过多种形式规范发展新型金融机构及区域性中小银行，充分利用县域信贷资源支持新型城镇化；大力发展小额信贷、网贷、微贷等适合农村地区的微型金融服务，允许小型金融组织向金融市场进行融资，规范与引导民间借贷健康发展。加快西部信用体系建设，构建政府扶持、市场运作、多方参与的信贷担保机制；发展保险事业，健全政策性保险制度，加强西部资本市场建设，改善农村信用社法人治理结构，保持县（市）社法人地位稳定，发挥其服务新型城镇化的生力军作用。

8.1.2　西部金融组织创新政策的价值取向

市场经济的本质是竞争经济，而竞争能够带来效率。从现代产业组织理论的角度来看，有效竞争是政府制定与实施产业组织政策的价值取向与基本目标。有效竞争是 Clack 于 1940 年首次提出的产业组织概念。Clark（1940）指出如果一种竞争是有益的，且市场条件又可以实现，那就是有效竞争。有效竞争能够协调长期与短期均衡的竞争格局，使竞争活力与规模经济有机结合，其中政府公共政策将成为协调两者的主要方法和手段（杨公朴等，2005）。由此可见，西部金融组织创新政策的价值取向，就是要能够实现西部金融市场的有效竞争。通过实施各类金融产业组织的政策手段，协调金融市场的适度竞争与金融组织机构的适度规模经营的关系，既要促进市场竞争与激发活力，又要努力实现西部金融产业规模效益。通过金融产业高速健康发展，推动新型城镇化进程，促进西部经济发展与社会进步。

西部金融市场的有效竞争，要求实现其短期均衡与长期均衡的协调统一、规模经济与竞争活力的协调统一、局部利益与整体利益的协调统一、市场机制与政府政策的协调统一（杨公朴等，2005）。在短期内，要尊重市场价格决定机制，允许区域金融市场按照供求关系自发决定价格，引导资源有效配置，实现市场供需平衡。长期来看，要充分发挥金融服务业规模经济效益，促进西部金融组织高效运营，保证区域金融市场可持续发展。这既要避免西部金融组织长期在最小有效规模下运营，出现金融机构收益不能覆盖成本、大面积亏损，进而出现金融资本退出西部金融市场的现象；又要防止在区域市场出现金融机构没有竞争压力，肆意垄断行为，造成较大垄断福利损失的状况，特别是要防止在高度垄断条件下出现的各类金融腐败现象。要统筹兼顾金融机构自身运营的微观绩效与金融市场和谐发展的宏观绩效，既要使金融机构获取正常利润，实现可持续发展，又要促使金融机构承担社会责任，兼顾社会利益，特别是要开展普惠性金融体系建设，以促进包容性增长，在解决新型城镇化异质性金融需求上发挥根本性作用。作为政府干预金融市场的一种手段，金融组织政策创新必须把握好政府干预的"度"。政府的任务是制定规则，要多用经济手段和法律手段，少用、慎用行政手段，避免过度干预与大包大揽，影响市场主体的积极性和创造性；尽可能运用市场机制，围绕新型城镇化的金融需求，引导西部金融市场健康发展。

8.2　西部金融组织政策的实施目标

有效竞争将成为西部金融组织创新政策的主要价值取向，这也是其基本目标。但是，什么样的西部金融市场才算是有效竞争呢？本书围绕有效竞争，根据西部的经济发展水平、金融产业组织运行现状、文化差异、市场环境等因素，促使其金融组织创新政策的有效竞争目标能够具体化，以下是西部金融组织政策重点关注的实施目标。

8.2.1　保障西部新型城镇化的金融供给

建立多层次、广覆盖、可持续的西部金融体系，对于推动西部新型城镇化与经济社会发展，缩小区域发展差距，保持西部社会长期稳定，构建和谐社会具有重大意义。获取金融服务是新型城镇化进程中城乡居民的一项重要发展权利，提高西部城乡居民的信贷可获得性，有利于加速新型城镇化进程。构建完善的西部金融体系，增强西部金融供给，为城乡居民提供有效的金融服务，既是确保西部城乡居民平等发展权的重要手段，也是推进西部新型城镇化的可靠保障。因此，西部金融组织创新政策的首要目标，就是促进区域金融市场发展，保障金融服务供给。

1）保证城乡居民与企业获得基本的金融服务。这是一个较为特殊的要求，是指要在西部部分贫困欠发达区域建立正规金融市场。虽然产业组织理论研究的是市场中的竞争与垄断问题，但实际上西部部分区域还存在正规金融服务空白的状况。从某种意义上来讲，正规金融市场尚未完全建立。由于正规金融市场缺位，西部城乡居民及中小企业就难以从正规金融机构获得基本的存贷款、汇兑、结算等金融服务。银监会（现为银保监会，下同）相关数据显示，2015 年年末西部尚有 1 200 多个乡（镇）未设任何银行类金融机构。因此，西部金融组织创新政策目标，首先是建立金融市场，保障基本的金融服务供给。这与"先努力解决服务空白问题，后解决竞争不充分问题"原则是相符的。

2）保障金融服务的供给规模。从数量上保障西部金融服务的供给，是西部金融供给的主要内容。长期以来，西部金融市场一直存在城乡居民和中小微企业融资难的困境，金融机构不能为西部城镇化与经济发展提供足够的资金支持。因此，西部金融组织创新政策，就是要能够促进金融市场健康发展，促使金融机构有能力为西部新型城镇化与经济发展提供足够充裕的资金支持。

8.2.2　促进西部金融市场的适度竞争

西部金融市场的集中度非常高，且大部分金融市场为高位寡头垄断型市场结构，更有部分市场处于完全垄断的市场结构。竞争能够带来效率，而严重的垄断极大地影响了西部金融市场的绩效，也严重抑制了新型城镇化的金融供给，使异质性金融需求难以得到满足。因此，西部金融组织创新政策就是要能够促进西部金融市场竞争，通过适度市场竞争，保持西部金融市场的竞争活力。当然，也要防止西部金融市场出现过度竞争。过度竞争主要表现为金融机构数量过多，各家金融机构都在最小有效规模之下经营，长期供给规模超过市场需求，市场组织化程度过低，规模经济效益差。考虑到西部金融市场的容量问题，西部各个区域金融市场和各个细分金融业务领域，都要至少有两家以上的金融机构提供金融服务。

8.2.3　促进西部金融机构的可持续发展

西部金融机构作为市场竞争的主体，自身的可持续发展是西部金融市场可持续发展的核心和关键。只有保持区域内金融机构的可持续性，才能保障西部金融服务供给。在实现可持续发展过程中，既要控制西部金融市场竞争者的数量，防止市场过度竞争，又要给予区域内金融机构一定的政策性支持，保证其金融机构的总体收入可以覆盖经营成本。因为西部农村地区金融服务的高成本、高风险、低收益的特点，所以多数西部金融机构运营面临困难。而在个别市场容量过低、不能满足最低规模经济要求的区域，市场外生条件决定了西部金融机构难以持续经营。

8.3　实现西部金融政策目标的具体措施

各级政府及金融产业部门作为西部金融改革创新的探索者，需要全方位汲取经验与教训，因势利导，扬长避短，因地制宜地构建起适宜于西部新型城镇化的金融支持路径；通过改革与完善西部金融体系，提高金融效率；通过西部金融创新政策目标的实现，推进新型城镇化各个目标的达成，有效解决西部"三农"问题，推动区域间协调发展，以实现全面小康社会与社会主义现代化。面对西部金融市场的主体缺位、竞争不足问题，需要有针对性地强化具体金融政策措施；及时解决金融主体的区域空白及由市场主体数量缺乏所引起的竞争不足等问题，围绕增加金融市场主体这一核心问题，进行金融组织政策创新。

8.3.1　放宽民营金融机构准入，促进西部金融市场有效竞争

长期以来，西部金融市场实行严格的市场准入，经营主体以国有资本为主，只有大型国有控股商业银行、政策性银行和合作金融机构开展金融业务，外资和民营资本难以进入金融市场。随着新型城镇化的不断推进，异质性金融需求大量涌现，现有金融机构无法满足新型城镇化的需要。为解决这一问题，相关部门采取了一系列措施，降低行政壁垒，放宽西部金融市场的准入条件，取得了一定的成效。

2006年12月20日，《中国银行业监督管理委员会关于调整放宽农村地区银行业金融机构准入政策 更好支持社会主义新农村建设的若干意见》发布，适度调整与放宽了银行业金融机构准入政策，降低准入壁垒。其具体内容包括以下几点：①放开准入资本范围。积极支持和引导境内外银行、产业和民间的资本到农村地区投资、收购、新设村镇银行、贷款公司和农村资金互助社等新型农村金融机构。支持各类资本参股、收购、重组现有西部农村银行业金融机构；改造部分经营较

好的信用代办站为银行业金融机构；支持业绩良好、内控规范的商业银行到西部农村增设立分支机构，鼓励农村合作银行向下延伸业务链条并增设机构。该项放开政策的积极意义有两个方面：一是使民营资本和外资能够通过新型城镇化进入西部农村金融市场；二是股份制商业银行、城市商业银行也能够通过资本与业务渗透到西部金融市场，这等同于打破了股份制商业银行和城市商业银行的经营地域限制（王曙光，2007）。②调低注册资本，取消营运资金限制。在县（市）、乡（镇）设立村镇银行，最低注册资本分别为人民币 300 万元、100 万元，新设立农村资金互助社的最低注册资本为人民币 30 万元；贷款公司最低注册资本为人民币 50 万元；农村合作银行的最低注册资本由人民币 2 000 万元降低至人民币 1 000 万元；以县（市）为单位实施统一法人的农村信用合作联社，最低注册资本由人民币 1 000 万元降低至人民币 300 万元。同时，取消商业银行对县（市）、乡（镇）、行政村设立分支机构拨付营运资金的限额。该项政策的调整，有利于降低"最低资本要求"形成的市场进入壁垒。③调整投资人资格，放宽境内投资人持股比例。降低境内企业法人向西部银行业法人机构投资入股的条件；提高境内投资人入股村镇银行、农村合作金融机构持股比例。④放宽业务准入条件与范围。调整董（理）事、高级管理人员准入资格；调整新设法人机构或分支机构的审批权限；实行简洁、灵活的公司治理。

2010 年 9 月 1 日，银监会发布《关于高风险农村信用社并购重组的指导意见》，规定境内金融机构最高可按 100%持股比例全资并购，境外银行业金融机构持股比例应符合《境外金融机构投资入股中资金融机构管理办法》等相关规定。单个企业及其关联方合计持有一家高风险农村信用社股本总额的比例可以达到 20%，因特殊原因持股比例超过 20%的，随并购后农村信用社经营管理进入良性状态，其持股比例应有计划逐步减持至 20%。

2012 年 5 月 26 日，《关于鼓励和引导民间资本进入银行业的实施意见》规定民间资本与其他资本按同等条件进入银行业，民营企业可通过发起设立、认购新股、受让股权、并购重组等多种方式投资银行业金融机构。

这一系列的放宽准入政策，在一定程度上降低了西部金融市场的行政性进入壁垒，增加了西部金融市场的进入主体。但是，股东资格和股权设置受限，仍然使其实质性的准入壁垒较高。表面上看，这一系列的调整和放宽为境内外银行资本、产业资本及民间资本打开了大门，但如果综合分析相关政策，可以发现，对各类资本的进入仍然采取了差别待遇，产业资本和民间资本在西部金融体系中的作用发挥受到了一定限制。投资主角仍然是银行资本，主要是商业银行。因此，下一步的政策措施，应根据西部新型城镇化进程中异质性的金融需求，进一步放宽民营金融机构的进入条件，制定优惠政策，吸引更多的民营资本进入西部，自主设置银行类与非银行类金融机构；同时，培育已有的本土小微型民营金融机构，增强西部金融市场活力。

8.3.2 　积极发展中小金融机构，培育完善西部金融市场体系

近年来，为了落实西部大开发、新型城镇化战略与一系列政策，从根本上解决西部（特别是农村地区）金融机构经营网点覆盖率低、信贷供给不足及金融市场竞争不够充分的问题，有关部门降低了金融机构的准入门槛，鼓励全社会各类资本积极参与村镇银行、贷款公司及资金互助社等中小型、区域性新型银行类金融机构的设立。这一发展中小型金融机构举措的落实，能够适应新型城镇化进程中异质性的金融需求，有效增加西部新型城镇化的金融供给，激发西部金融市场竞争，完善金融市场体系。但是，西部中小型金融机构的发展相对于东中部依然滞后，需要进一步强化中小型金融机构机制，促进其发展。

相对于传统金融机构，新型中小金融机构具有较强的软信息能力。这种软信息能够借助社区人际血缘关系与交易关系、借款人的信用度、工作能力及其经验等一系列难以度量的信息，产生一种非法律形式的借贷约束。同时，新型中小金融机构具有的区域性、本土性，使软信息归集使用成本低下，甚至可能趋于零。这种低成本信贷约束，能够更好地满足新型城镇化进程中较低收入村镇居民和小微企业的金融需求。新型中小金融机构作为市场化运营的金融企业，与传统金融机构（农村信用社）进行业务的同质化竞争，可以打破金融市场的垄断，促进现有西部金融市场的竞争关系形成。

新型中小金融机构在西部产生与发展，为民间金融向正规金融转变、民间资本向西部银行业渗透，进而为推进西部金融的存量改革创造了良好条件。同时，新型中小金融机构为区域性商业银行与合作银行提供了广阔的业务拓展空间，现有条件下，区域性商业银行与合作银行难以获准跨区域经营，但通过跨区域参与或主导村镇银行等新型中小金融机构的设立，就可以获得拓展业务市场、消化高额存贷款轧差、实现规模经营的机会。

西部金融机构的网点覆盖率较低。截至 2015 年年底，尚有 1 386 个乡镇是零金融机构，还有 2 901 个乡镇只有一家金融机构，平均每万人拥有的金融机构网点只有 1.51 个，每个乡镇的银行业网点平均还不到 3 个。西部金融机构覆盖率偏低，使新型城镇化进程中的城乡居民与中小微企业的金融需求难以得到满足。也就是说，西部尽管在形式上实现了金融机构多元化，但这只是一种初级的多元化，它并未改变西部新型城镇化进程中城乡居民与中小微企业难以享受多元化金融服务的现状。以广西壮族自治区为例，本书选取了 2016 年年底 4 个县域的各金融机构的网点，作为样本进行分析（表 8-1）。其结果显示，西部各类金融机构，特别是农村地区金融机构的多样化，还处于初始阶段；城乡居民与中小微企业的金融需求，并没有因金融机构的多样化产生的金融服务多样化而得到应有的满足。

表 8-1　2016 年年底广西壮族自治区样本县域各金融机构的网点数目　单位：个

县域样本考察点	中国工商银行	中国农业银行	中国银行	中国建设银行	中国邮政储蓄银行	中国农业发展银行	城市商业银行	农村信用社	村镇银行	贷款公司
田东县	4	5	0	2	9	1	2	16	6	5
大新县	1	6	0	0	12	1	1	21	3	3
上林县	0	5	0	0	14	1	3	25	4	7
融水县	0	6	0	0	6	1	2	12	3	2

资料来源：中国银行业监督管理委员会广西壮族自治区银监局 2016 年度统计报表。

在样本分析中，我们发现已开办的 30 多家新型金融机构中，其发起人大多数是中小金融机构。其中，政策性银行 1 家，大型国有控股商业银行 1 家，中小型商业银行 6 家，农村合作金融机构 12 家，缺乏大中型商业银行的主动参与。共筹集股本金 5.6 亿元，吸收存款 6.9 亿元，发放贷款 5.1 亿元，其规模十分有限，且融资规模直接约束着新型金融机构的发展潜力，因此大力推进西部村镇银行等新型中小金融机构的发展，需要动员更多国内外大中型商业银行参与。通过发展中小金融机构，完善西部金融市场体系，以期满足新型城镇化进程中的异质性金融需求，需要从以下 4 个方面进行西部金融组织创新与金融市场培育。

1）增加服务于城乡居民与中小微企业的金融供给。以村镇银行、小额信贷机构及中国邮政储蓄银行等新型金融机构为切入点，引导运营成本较低、业务流程简化并能维持微利的中小金融机构进入西部，以期推进新型城镇化；鼓励各大中型商业银行以投资入股、派驻机构等形式，积极参与西部金融市场建设，通过增加新型金融机构的数量，完成西部金融市场的总体布局，增强其抵御金融风险的能力，扩大其扶持新型城镇化的潜力。

2）强化金融机构产权关系与公司治理的制度建设。在充分考量西部金融机构市场容量与可持续性的前提下，加大市场准入力度，鼓励不同所有制的金融机构向新型城镇化提供金融服务，允许各类资本进入西部金融市场，实现西部金融企业产权多元化；通过金融企业股份制改造与公司治理结构完善，提升筹集资本与业务运营能力，增强市场运作的经营规模与管理效率，及时解决"内部人控制"问题，有效规避与控制市场风险。

3）推进西部金融存量资源与增量资源的有效整合。现阶段，以中国农业银行和农村信用社为主体的西部金融存量资源，与以村镇银行、小额信贷及中国邮政储蓄银行等新型金融机构为代表的金融增量资源，存在无序竞争。有必要进行合理整合，以提高西部金融市场整体效率。而有效整合西部金融的存量与增量资源，需要充分发挥各级政府的职能与作用，改善西部政策环境；构建与完善保障制度，进一步落实存款保险制度；推进利率市场化改革，创造条件逐步放开西部金融市场存款利率的限制，完善金融市场的金融机构评级体系，强化区域金融监管。

4）促进西部新型城镇化进程中金融业务的多元化。紧紧围绕中国农业银行、中国邮政储蓄银行、农村信用社、村镇银行及小额信贷机构，构建以本土小微型为特征的西部金融体系，鼓励适用于西部新型城镇化金融异质性、多样化特点的金融服务、产品与工具创新，使其金融市场能够适度竞争。通过信贷市场、保险市场及资本市场的逐步完善，构建既能分工合作又可适度竞争的，并能最大限度满足现有市场容量的金融体系。通过金融业务的多元化发展，满足新型城镇化进程中异质性、多样化的金融需求。

8.3.3　建立区域再投资制度，激发西部金融市场活力

1．构建区域再投资制度的现实意义

所谓区域再投资，就是指金融机构在一定区域内所组织的资金，被再投资到该区域的金融行为。区域再投资制度就是对这种再投资行为进行制度化。建立西部再投资制度，不仅能够控制西部资金外流，还可以促进金融市场竞争及有效激发市场活力。区域再投资制度的作用主要体现在以下两个方面。

1）通过增加金融供给，提升西部金融市场绩效。对于一个完全处于垄断地位的西部金融机构而言，区域再投资制度相当于给其金融机构人为地制造了一个虚拟的竞争对手。当前，西部金融市场资金严重外流，各金融机构吸储意愿强烈，但在本地放贷的意愿很弱；加之缺乏竞争对手，垄断金融机构既容易出现 X 非效率状态，又会出现收取垄断高价的现象。区域再投资制度要求各金融机构将吸收的存款中的一部分投放在本地市场。如果这是一个硬性约束，那么，金融机构要么不吸收存款，要么吸收了存款，就必须按照区域再投资制度的要求，将贷款投放在本地。为了满足区域再投资制度的要求，西部金融机构必须增加供给，这将会加大其自身的经营压力。这是因为它不仅要保证能够有效吸收存款（这是它们愿意的），还要保证能够同比例地增加信贷投放，以及需要控制由此产生的信贷风险。这就需要加强经营管理，从而起到提升其经营绩效的作用。在这种需求不变但供给增加的情况下，西部现行金融市场的供给短缺现象将能够通过增加供给得以改善，使西部新型城镇化进程中异质性金融需求得到更多满足，既增加了社会福利，也提升了市场绩效。当然，如果西部金融市场已存在某种均衡，那么，按照市场的供求规律，在其金融供给增加而需求不变的情况下，其均衡价格将下降，均衡产量会上升，同样会出现社会福利增加与市场绩效的提升。

2）通过规定放贷比例，激发西部信贷市场竞争。对于寡头垄断的西部金融市场而言，区域再投资制度能直接促进金融市场的有效竞争。西部存款市场的竞争程度，要大大高于其信贷市场，各类金融机构仅仅是将西部经营网点作为一个存款组织部门来参与存款市场竞争，缺乏放贷的积极性，很多金融机构是多存少贷，甚至只存不贷。但是，在区域再投资制度下，如果在本区域内放贷是硬性要求，并与吸收的存款直接挂钩，金融机构之间就必须竞争。这种竞争将带来西部金融

市场贷款量的增加，以及贷款价格的降低。

2．形成西部再投资的硬性约束

建立区域再投资制度重要的是要能形成硬约束。如果只是软约束，金融机构违反该制度的成本不高，那么，这种竞争作用将会被减弱，甚至无法发挥。如果这种成本低于其投资东中部的收益，那么，区域再投资制度将会失效。相关部门多次提出"尽快明确县域内各金融机构新增存款投放当地的比例"，但实际上一直没有形成有约束力的规章制度。《关于鼓励县域法人金融机构将新增存款一定比例用于当地贷款的考核办法（试行）》只是一个激励机制，而不是一个约束机制。该办法规定，县域法人金融机构中可贷资金与当地贷款同时增加且年度新增当地贷款占年度新增可贷资金比例大于 70%（含）的，或可贷资金减少而当地贷款增加的，考核为达标县域法人金融机构。而其激励措施：一是降低 1 个百分点的法定存款准备金率，其一定比例的再贷款可享受优惠利率；二是优先批准开办新业务与新设分支机构；三是鼓励地方政府在法律法规与自身能力允许的范围内，对达标县域法人金融机构予以激励政策（宋保庆，2014）。

事实上这些激励措施，只有第一条有实际意义。但对县域金融机构究竟有多大的吸引力尚未可知。该办法所指的县域法人金融机构，进一步缩小了适用范围，因为只有部分农村合作金融机构和新型农村金融机构将法人机构设在县域。而在存款市场，占据较大的市场份额的中国邮政储蓄银行和大型商业银行不属于县域法人机构。为了促进农村金融市场竞争，提高农村金融贷款服务的可获得性，必须建立社区再投资法，并且以硬性约束的方式规定社区再投资比例和相应的惩罚措施。

8.3.4　大力发展现代金融科技，全面提升西部金融服务水平

随着互联网、5G、区块链、大数据、人工智能等现代网络信息科技的迅猛发展，金融与科技实现了有效结合，改变了经济与金融发展方式，金融需求发生结构性转变，并深刻影响金融创新。现代金融科技已在西部经济、金融乃至新型城镇化中显现出强大的驱动作用，因势利导，审时度势，主动洞悉金融科技发展趋势，理性探索影响金融发展的路径，大力发展现代金融科技，全面提升金融服务质量，推进西部新型城镇化进程。

1．金融科技多维度影响西部金融发展

1）移动支付与互联网技术冲击传统结算体系。运用互联网技术进行移动场景下的新型支付，其支付体验的新颖、支付渠道的快捷、验证方式的安全方便，极大地提升了支付效率，有效弥补和发展了传统结算体系。相关数据显示，截至 2016

年年底，我国互联网用户中移动支付的使用率已在 70%以上①。例如，支付宝向其客户提供的金融服务，已与各大金融机构相差无几。

2）区块链技术颠覆了传统金融的结构体系与业务流程。区块链技术的去中心化、分布式结构的数据传输与储存的本质特征，颠覆性地影响了现有金融的体系结构、基础设施、行业规则等。支付结算方面，改变了银行支付系统底层结构及清算方式，实现了点对点的交易模式；信任关系方面，改变了依赖传统金融中介的思维，直接在区块链上获取征信资讯，有效解决信息不对称问题；交易流程方面，通过智能合约与多重签名，实现交易记账的自动执行，既有效简化交易环节又提升了银行后台的运营绩效与内部审计的可靠透明。

3）大数据技术重构了金融体系的信用与信息管理模式。大量金融信息逐步被货币化，对经济金融发展影响也极为深远，并重构了金融系统信息及信用管理模式。一是重构了商业银行信用管理与风险控制模式。通过整合海量经济数据，有效甄别市场信用信息，易于发现并量化商业银行经营风险，降低信用成本。二是改善了客户体验与交易场景。大数据技术通过精确预测、智能推介及精准营销，实现金融业务流程与操作的全面智能化。三是催生了商业银行信息脱媒。金融科技发展削弱了商业银行的信息中介职能，但运用大数据技术促进经济金融发展，已被列为"十三五"国家层面的基础性战略，相继出台各类政策，迫使传统金融必须改变信息管理模式。

4）人工智能技术引领传统金融的智慧化转型。与传统金融相比，人工智能具有更为高效、简便、准确、快捷的特点，智能机器人还可以提升金融产品的场景适应性。理财方面，人工智能技术可以提供智能化的投资决策；商业银行基础业务方面，人工智能技术可以促进客户服务流程的模型化与标准化，全面降低人工作业强度。

2. 金融科技是西部金融创新的现实选择

1）金融与科技的融合创新逻辑。第一，金融科技融合创新是历史的必然。我国科技与金融业的融合发展，历经科技金融、互联网金融与金融科技 3 个阶段。自 2016 年起，金融领域科技的应用得到飞速发展，科技与金融的融合进一步加速，由此产生的协同发展成效也明显提升，预示金融科技时代的开启。第二，金融与科技的内生创新属性基本相同。科技创新与金融发展具有本质性的契合，并在此属性协同下产生了金融科技；运用大数据、区块链、人工智能等技术升级现有金融体系，创造金融新业态，尽管提升了金融效率，但金融属性得以保留。第三，思维模式创新是金融科技化新基因。金融科技发展为广大消费者打造了安全便捷的交易平台，创造了金融发展的新空间，倒逼传统金融机构创新思维模式，打破

---

① 资料来源于中国支付清算协会发布的《2016 年移动支付用户调研报告》。

了既有的思维定式与路径依赖，把科技化基因注入传统金融体系。例如，中国工商银行"融e购""融e联""融e行"的创设，标志着金融科技化的开启。

2）金融科技战略是驱动西部金融创新的现实需要。首先，金融科技发展将成为西部金融紧跟国家发展战略机遇的重要抓手。自 2015 年以来，国家已将"互联网＋"、科技创新列为今后一个时期的发展战略，并在《"十三五"国家科技创新规划》中明确提出，"促进科技金融产品与服务创新"，这就使金融科技产业发展的政策基础得以夯实。西部金融更应紧抓政策红利，通过金融科技化全面创新，打造金融新模式与新渠道。其次，金融科技发展是西部金融实现新金融挑战下持续发展的紧迫要求。现代信息经济发展，使金融科技产业集聚大量社会资本，以数据技术为核心的新金融科技，冲击传统金融盈利模式，现有技术手段满足不了客户金融服务智能化、多元化需求。因此，面对日益增长的异质性金融需求，西部金融亟须转变创新与发展思维，确立以金融科技为核心发展战略，推进金融产业科技化，激发金融体系创新活力。再次，金融科技发展既是金融创新的基本目标，又是主要手段。西部金融体系应构建与完善金融科技服务渠道，借助区块链、大数据、人工智能等新兴技术的广泛应用，改进金融系统运行逻辑，重构西部金融品牌；同时，借助金融科技企业金融创新经验，完善西部金融服务生态体系，拓展包括理财、支付结算、智能投顾等在内的金融产品体系。

3. 西部现代金融科技发展战略的实施路径

1）培育西部金融机构的金融科技化能力，实现战略转型。一是强化金融机构自主创新与学习能力。通过借鉴和学习金融科技的发展经验，加速西部金融机构的自主研发与产品创新，改变与完善其技术手段。一方面，通过准确把握金融科技发展的运行逻辑，较清晰地甄别西部金融存在的问题，并不断积累改革创新的经验；另一方面，通过加大金融科技人、财、物的投入力度，运用区块链、大数据、生物识别及人工智能等技术创新金融服务模式，大幅提升西部金融机构的创新能力。二是提升西部金融大数据价值挖掘能力。针对西部金融体系实时数据动态分析能力的缺失，务必加强大数据技术的应用；通过构建新型数据生态系统，强化基础设施建设，加大西部金融数据多维度、深层次的挖掘，推进西部金融机构经营决策的科学化。三是增强西部金融机构数字化运营能力。数字化能力作为金融机构抵御金融科技产业冲击的不二法宝，倒逼其大力发展金融数字化；通过金融科技在西部金融机构广泛而深入的应用，实现其业务流程再造，摒弃传统组织架构，优化整个运营体系，以降低经营成本；通过西部金融数据流处理与交换的深入应用，推进金融数据的共享，提高金融产品营销与客户关系管理能力。并招募与培育西部金融数字化人才队伍，提高金融科技企业的技术水平。

2）创新西部金融体系的金融科技化模式，落实战术调整。金融科技给予西部金融发展的启示，不单纯是某一种专业性的技术，而应注重金融科技化所带来的高效的金融创新模式。西部金融应结合日趋成熟的信息技术,实现其数字化、虚拟化、信息化及智慧化,改善现有的金融服务流程,形成科技与金融的良性互动。一是运用区块链技术构建西部数字化金融。通过分布式管理经营模式的构建,智能再造金融服务流程,减少业务管理层级,为客户提供智能化、数字化的综合性服务;通过区块链的深入探索,理性关注、跟踪并挖掘区块链技术的金融业务应用场景,提高西部金融数字化的运营能力。二是运用移动支付与互联网技术构建西部虚拟化金融。虚拟化金融的构建,就是为了改善客户体验、强化客户便捷性而通过线上、移动金融的业务全覆盖,形成看不见的金融业务形态。通过整合移动场景、社交网络的金融业务入口,建立一个包括手机、微信、网银等渠道在内的、全天候的垂直式金融服务链条,以满足日益增长的西部异质性金融需求;通过支付体系创新,完善电子支付链条,并通过创新包括人脸与虹膜识别、加密算法等在内的客户身份验证技术,进一步提升虚拟支付体系的安全便捷度。三是运用大数据技术构建西部信息化金融。积极整合金融业务流程的数据资源,推进金融服务的个人定制化与数据信息化。通过搭建西部金融大数据处理中心,整合域内金融信息并进行数据分析,打破数据边界并实现数据社会化;通过充分掌握、分析金融需求及行为偏好信息,提高西部金融大数据决策效率。四是运用人工智能技术构建西部智慧化金融。随着金融服务逐渐向以客户体验为主的模式转变,西部金融系统务必集中业内资源,打造适应市场需求并实时变化的智能化金融体系,多维度重构金融模式、业务流程、基础设备等。

通过现有实体金融机构的智能升级,增强自助交易、网上交易的能力;通过完善智能设备与技术支撑,构建场景化的金融服务形态;通过多方合作,布局人工智能与大数据的智能投顾,为推进西部经济发展与新型城镇化提供智能化的投资决策依据。

8.3.5　确立金融服务公共属性,发挥政府金融供给引领作用

1. 西部金融服务具有准公共产品属性

社会产品有私人物品与公共物品之分。美国经济学家雷诺兹(1982)指出,纯粹的公共物品具有消费的非竞争性与非排他性中的一个或两个特征,而纯粹的私人物品除了具有消费的竞争性和排他性外,还具有消费的独立性,即没有外部的或溢出的影响(外部性)。"当物品满足前两个条件但不满足第三个条件时,就是准公共物品。""大部分物品带有某种程度的'公共性质',这是由外部影响的存在所引起的。物品具有这些大的影响时把它称为准公共物品。"换句话说,准公共物品就是具有正外部性的私人物品。

西部新型城镇化进程中的金融服务,具有极大的正外部性,存在明显的公共属性,是一种特殊的准公共物品。其具体表现在 4 个方面:①加大西部大开发推

进力度，适应经济结构优化调整，增进西部民族团结，保持祖国边疆安全与社会稳定，加强生态环境建设、保护及改善，实现我国社会经济可持续均衡发展。②获取金融服务是西部城乡居民的一项重要发展权利。建立普惠性金融体系，为西部城乡居民提供有效的金融服务，是确保其平等发展权的重要手段。③西部金融服务具有扶贫效应。对于西部贫困人口而言，缺少资本是脱贫的重要障碍。贫困人口越穷，其利用信贷交易平滑化收入的动机越强（巴德汉和尤迪，2002）。④金融服务具有教育效应。西部贫困地区普遍缺乏金融教育，农村小微企业与居民金融需求基本处于原始状态（徐忠等，2009）。向西部提供金融服务的过程，实质上是对城乡居民的金融教育过程。金融教育使其了解金融，既可以改善金融生态，也可以促进西部金融创新。

作为准公共物品的西部金融服务，由于社会总收益大于私人部门收益，单纯采取市场供给会出现供给不足的问题。考虑到西部新型城镇化金融服务，存在风险大、成本高、收益低等特点，难以满足商业性金融的盈利性、流动性和安全性的基本要求，其供给不足严重。作为一项准公共物品，其社会效益的存在使金融服务的有效供给成为必需；为了实现社会最优，政府作为社会公共利益的代表，有责任通过干预措施，增加西部金融供给。

2. 政府干预促进西部金融市场有效供给

政府对西部金融市场的干预，既可以通过设立政策性金融机构，直接参与市场竞争，增加金融服务供给；也可以通过经济手段，引导、激励金融机构积极参与西部金融市场竞争，满足新型城镇化的异质性金融需求。为此，政府需要通过财政政策与货币政策，支持西部金融机构，使其经营能够实现收益覆盖成本，实现金融机构可持续发展。只有西部金融机构实现可持续经营，才能使金融市场拥有颇具活力的竞争主体。当然，西部已逐步实施对相关金融机构的税收优惠、财政定向补贴、财政增量奖励和货币政策的一系列倾斜，但这些政策措施多是临时性的部门规章制度或以通知的形式发出，未能形成稳定持续的政策措施。虽然这些制度在一定程度上能够为西部金融机构提供支持，但金融机构进入市场并开展经营活动是需要长期考量的。金融机构的市场进入需要长期稳定预期，其决策必须充分考虑长期回报；临时性规章制度带来政策的多变性，难以给金融机构以稳定预期。因此，需要建立正式法律法规，稳定金融机构投资预期，促使各类投资主体做出长远的西部投资决策。

对于西部金融市场中零主体的空白区域，其经济发展水平欠发达，信息不对称，金融服务的风险大，经营成本高且收益低。而现阶段西部具有商业化取向的金融改革，难以有效解决金融服务区域的空白问题。在这一类区域进行市场主体培育，必须以政府为主导，通过实施政策性金融构建金融服务体系。政策性金融的实现形式可以是多样化的，既可以通过各级政府直接建立政策性金融机构，增加市场主体；也可以通过各级政府提供并由私人部门生产，以政府补贴的方式来促进市场进入。是采用政府直接供给还是间接供给并不重要，重要的是应立足西部金融服务的准公共物品性质，促使各级政府积极主动地提供金融服务。政府直接提供金融服务可能是现阶段最为积极的方式，而这恰恰是目前的政策所忽视的。在间接供给方面，各级政府更应该加大财政补贴与政策支持力度，为各类金融机构提供更大的激励，引导金融机构增加西部新型城镇化的金融供给。

8.3.6　创新完善金融制度体系，适配西部新型城镇化的进程

1）加速利率市场化改革的进程，适应新型城镇化的异质性金融需求。利率市场化作为国家金融改革的重要环节，其进程会影响金融需求与供给。西部新型城镇化需要加快利率市场化改革，并使其异质性金融需求得到满足；推进西部利率市场化改革，应充分考量区域内金融机构所拥有的自主定价能力，准确把握西部金融市场所具备的基础条件，仔细观察存款保险制度的落实状况，以及适时推进金融机构的市场退出机制等。

① 强化利率制度建设。为了满足新型城镇化所带来的异质性金融需求，有必要完善利率市场化制度建设，全面放开贷款利率。现阶段，西部金融机构贷款利率的确定，尚未全面由市场机制产生，其浮动上、下限还普遍存在。因此，增强西部信贷市场活力，务必打破金融机构对贷款利率自行议价的限制，逐步扩大客户与金融机构之间的议价空间，形成差异化定价市场机制，强化定价能力，并建立起市场利率形成自律机制。在国家金融政策引导下，发挥西部金融市场的导向作用，实行利率的全面自律管理，维护利率市场的有序竞争，并加大金融风险的防范力度，保障西部新型城镇化稳步推进。

② 鼓励金融机构参与。面对新型城镇化的异质性金融需求，须进一步提振各金融机构的信心，积极鼓励其参与到利率市场化改革中去。通过金融机构准确的市场定位、细致的客户市场分类、个性化的金融产品研发，逐渐形成主动的市场利率管理机制；通过进一步强化信贷管理，减少逆向选择行为，降低信贷市场中的道德风险；通过金融机构中间业务的发展，降低存贷款利息差收入在其经营收入中的占比，同时强化金融同业之间的合作交流，避免恶性竞争，提高金融机构的风险防御能力，共同维护市场秩序，构建起适宜西部利率市场化的金融环境。

2）改革大型商业银行信贷体制，适度放宽西部分支机构信贷审批权。在西部新型城镇化进程中，务必强化大型国有控股商业银行信贷管理体制改革，逐步推出贴合异质性金融需求并具有一定差异化的信贷审批政策。长期以来，大型国有控股商业银行贷款管理机制，因缺乏灵活性与差异性而备受诟病。尽管区别化地赋予了不同经济区域分支机构不同信贷权限，但是差异化管理的规范与细化程度还有待进一步提高。监管部门也应推动各大银行强化授信审批独立性，通过有效控制信贷风险，增强西部分支机构的审贷灵活性，并给予具有新型城镇化发展潜

力的区域内分支机构以更宽松的授信权限。

当然，各大商业银行的西部分支机构，必须合理平衡、审慎处理经营目标及风险控制与总分行发展战略之间的关系。若企业无法满足各大商业银行信贷门槛，则可以适当提高信贷审批的灵活性，在风险可控的前提下，下调审批标准，降低信贷门槛。同时，减少信贷审批层级，提升金融服务绩效，通过优化信用担保机制创新保证担保模式，开发信用融资工具，采取灵活变通与适时审批等手段，提高信贷工作效率。

3）强化民间金融规范发展机制，助推西部新型城镇化健康发展。民间金融一直是西部较为活跃的金融形式。随着新型城镇化的不断推进，民间金融不断创新，金融规模快速扩张，且相伴而生的金融风险不断涌现。因此，规范与发展西部民间金融，建立完善的相应制度体系，实施民间借贷阳光政策，探索发展路径与规范措施，强化风险监控制已势在必行。首先，明确法律地位，规范民间金融有序合规及健康快速发展。从国家法律层面，抓紧研究并尽快出台《放贷人条例》①。对民间融资市场的活动主体进行法律地位、义务与权利关系的界定。在法律关系明确、法律底线清晰的情形下，尊重西部金融市场发展的基本规律；鼓励民间金融通过新手段、新技术发展新型金融模式，通过小额信贷、P2P 网贷等，缓解新型城镇化进程中城乡居民与小微企业的融资困境。以国家法律法规规范民间金融行为，出台民间金融管理办法，打击民间金融犯罪活动，提高金融机构市场激励与约束，形成西部金融市场有效竞争机制。其次，实施政策倾斜，引导民间金融助推西部新型城镇化。在总结各地金融发展改革宝贵经验与教训的基础上，尝试建立西部民间借贷备案管理制度，完善民间融资服务体系，形成民间融资监测机制，支持内生于西部新型城镇化且自下而上的各类金融创新；鼓励民间资本投资村镇银行、小额信贷公司等新型金融机构，引导经营规范、规模适当的民间金融机构逐步向合法金融中介转变，在充分尊重民间资金供需意愿的条件下，引导其流向新型城镇化领域，并使其阳光化、合法化。

8.3.7 制定金融产业组织政策，实现各类政策措施协调配合

1）构建完善西部金融产业组织的政策体系。西部金融产业发展滞后，一定程度上是由于其金融产业政策缺位，西部金融产业组织政策必须以区域金融产业为对象；推动西部金融产业发展就是要构建包括产业布局、产业成长、产业组织、产业结构及产业优化等具体政策在内的一整套政策体系。

① 产业布局政策。产业布局是指一个国家（或地区）的各个产业部门，在一定地域上不断变化的相互关系的动态组合。西部金融产业布局政策，必须能够与经济发展状况兼容，既不能脱离西部经济发展实际，也不能影响西部经济正常发

① 《放贷人条例》由中国人民银行起草，已提交国务院相关部门审查。具体出台时间尚无具体时间表。

展；西部金融产业布局，就是要最大限度地推动金融产业与西部经济各个产业部门的有机结合与快速融合，并最终促进它们创新发展，以构成能够充分发挥西部市场容量、较为完善的布局体系。

② 产业成长政策。西部金融产业尚处于完善发展阶段，其业务发展与责任履行需要符合实际发展情况，各级政府应以金融产业健康可持续发展为目标，避免承担过重负荷；实施优惠的财税政策与差异化的金融政策，通过差别化的存款准备金率和政策与宽松的信贷政策，有针对性地扶持西部金融机构发展与产业成长。

③ 产业组织政策。西部必须通过降低金融市场进入与退出壁垒，增强整个西部金融市场的有效竞争；通过完善金融产业的监管体系，提高整个西部金融市场的运行效率。通过培育金融市场有效的竞争环境，推进金融企业不断创新金融工具，以满足西部日益多样化的金融需求；同时，提高市场绩效，确保市场各经济主体及其监管者的多方共赢与和谐。

④ 产业结构与优化政策。西部金融产业涵盖银行、证券、保险、信托等诸多门类的金融企业，这些经营特点迥异的金融机构需要一个合理的机构结构。通过各产业部门的有机协调，形成产业发展合力。金融需求的变化，以及信息网络技术的发展，西部金融也面临产业升级与结构优化。互联网金融所提供的个性化快捷服务，也冲击着传统金融产业，因此，需要加大资金投入力度、制定税收优惠及财政鼓励政策，推动金融产业结构优化升级。

2）实现金融产业政策与其他经济政策配合协调。西部金融产业政策的总体目标，就是要最大限度地推动域内金融市场的有效竞争，并实现市场的适度竞争和适度规模的有机协调。第4章通过系统分析西部金融市场的进入壁垒，已经明确指出，受西部经济性壁垒因素的影响，金融市场既定的寡占结构具有一定的客观性。一般而言，经济决定金融，金融服务于经济。因此，要发展西部金融产业，促进金融市场有效竞争，不仅要着力于西部金融产业本身的发展，还要着力于西部新型城镇化建设及经济的发展，更要着力于西部金融发展环境的全面改善。要通过区域经济发展政策、土地政策、农业政策、人口户籍政策、收入分配政策、科技发展政策及中小企业政策等，与西部金融产业组织政策的协调配合，大力组合与合理搭配多种政策措施，形成有效的组合机制与搭配模式，共同促进金融产业的健康可持续发展，最终实现西部金融市场的有效竞争与绩效提升。

8.3.8　健全西部金融监管体系，促进西部金融市场有效竞争

所谓西部金融监管，就是从防止西部金融市场失灵的角度出发，由国家监管部门及西部各级地方政府进行相应的规制，以防范与化解金融风险，维护西部金融的市场稳定，促进西部金融产业的可持续发展。

改革开放以来，西部金融监管历经行政管理主导期、金融监管调整期、现代监管预备期几个阶段，已初步构建一个相对独立且分工合作的金融监管理论体系，

其抵御与防范金融风险的能力大有提升。但是，随着新型城镇化的推进，西部金融机构多样化、金融业务多元化，导致金融市场结构不断演进。而原有金融监管体制无法适应这种新的变化，各风险控制主体的风险意识不强、监管职责不清、制度执行不力、监管技术不专及治理环境不完善，各监管主体协调机制缺失，监管机构、中央银行与地方政府难以共享金融信息，政策措施执行常有交叉错位，难以形成高效监管（郭延安和陶永诚，2009）。因此，为推进金融市场有效竞争，必须完善西部金融监管体系，实现监管机制、方式、手段等多元化转变。

（1）建立具有西部特色的金融机构内控制度

1）培育良好的风险管理企业文化。好的顶层设计，必须通过准确执行才可能体现其实际意义与价值。西部金融机构的内控制度建设，是金融监管的基础；根据西部金融机构发展的实际情况，建立具有现代管理意义的内部控制制度，有利于金融风险的防范与金融市场的有效竞争。因此，强化金融机构与员工的风险教育，形成风险管理的约束机制与示范效应，完善金融机构人力资源机制，围绕业务技能与职业操守的基本素养进行金融人才选拔，突出员工的制度约束与创新激励，培育重视风险管理的企业文化，从而提高风险管理效能，使金融机构企业文化与风险控制机制能够有机耦合。

2）强化企业的内部风险管理机制。通过加强金融机构内部风险管控的程序、手段与方法，建立网络在线风险监控体系，全天候地长期跟踪监控其信贷资产，以增强市场竞争力。首先，严格信用风险管理，根据国家宏观经济政策，紧抓供给侧结构性改革的发展机遇，控制产能过剩行业的信贷投放，加大新型产业的信贷投入力度。其次，强化流动性风险控制，防范现阶段西部存在的巨额存贷差及其利差，优化金融机构存贷结构。再次，加强市场经营风险管理，利用农村金融机构市场利率的浮动区间放宽的契机，完善风险定价机制与测算制度，提升风险的计量与操作能力。

（2）优化西部金融机构的风险管理制度环境

1）构建西部金融行业自律机制。建立西部金融自律管理制度，是落实国家与地方政府金融监管震慑力的基础；防止西部金融机构在市场机制（特别是退出机制）不完善的情形下，缺乏市场行为自我约束。建立西部金融机构的商誉制度，树立金融企业品牌意识，并以此获得竞争优势与市场回报。

2）适时更新金融监管法律法规体系。西部金融行业自律的相关管理制度缺乏政府法令所具备的权威性，因此在优化制度环境过程中，需要各级政府根据西部金融机构多元化，以及由此产生的业务多样化状况，适时颁布或更新金融监管法律法规，以适应西部金融发展的新形势，并能够进行更具针对性与具体化的金融监管。

（3）落实完善存款保险的危机救助制度体系

我国传统的金融危机救助方式，主要是通过中国人民银行的再贷款，而这种方式已远不能适应西部金融日益增长所产生的风险。《存款保险条例》的颁布实施，为西部稳定金融市场、化解金融风险、激发市场活力，以及进行金融监管，提供了可靠的保障。

1）存款保险制度的实施效果。自 2015 年 5 月 1 日《存款保险条例》的颁布与施行以来，在保护存款人利益、提升公众对银行体系信心等方面有了不俗的表现：有效提高金融系统稳定性，提升金融风险防范能力，有利于维持正常的金融秩序；同时促进了银行业适度竞争，增加了质优价廉的金融服务，提升了中小型商业银行区域竞争能力，为西部增设金融机构、增加金融服务总量提供了法律保障。

2）存款保险有助于市场竞争。从产业组织理论的角度来看，存款保险制度有一项特殊功能，即促进竞争。这种促进竞争功能是通过以下两个渠道实现的：第一，增加公众对小型金融机构的信心，有利于小型金融机构与大型银行在存款市场展开竞争。存款保险制度是保护中小型银行、促进公平竞争的有效方法之一，它可使存款者达成共识——将存款存入大银行抑或小银行，该制度对其保护程度都是相同的。提供服务质量，成为客户选择存款银行的主要因素。第二，推动市场退出机制发挥作用。市场退出机制的缺失，使西部金融机构难以形成来自外部的竞争压力。根据现阶段西部金融机构的内部治理结构、代理与管理成本、逆向选择与道德风险等状况，有必要通过外部治理来改进绩效，而竞争就是最好的激励机制。建立存款保险制度，为金融机构的市场退出机制发挥作用奠定基础。尽管近年来青海省、宁夏回族自治区、新疆维吾尔自治区等地区的几家农村信用社的清理退出，是因严重违法经营而引起的，但是，该举措开启了西部金融机构的市场退出机制。如果《存款保险条例》的政策精髓能够得到充分落实，那么，西部金融市场的退出机制会发挥作用，增进市场有效竞争，提升市场绩效。

3）进一步落实存款保险制度。存款保险制度作为我国已全面展开的金融改革的重要环节，需要进一步落实与完善。针对西部具体情况，本书认为需要加强以下几个方面：第一，通过独立存款保险机构强制投保，构建公平竞争机制。针对所有吸收公众存款的金融机构实行强制性的存款保险，并设置独立的存款保险机构体系，专司存款保险事务，根据存款余额确定投保额度，避免金融监管被监管对象俘获、拖延，减少投保金融机构道德风险，促进金融市场公平竞争。第二，通过建立金融信息共享平台，完善金融信息共享机制。尽管《存款保险条例》规定了信息共享制度，但到目前为止，金融监管当局并未建立金融信息共享平台，金融市场上的信息交流远远无法满足存款保险监管的需要，因此应将平台建设纳入金融市场基础设施范围。第三，通过赋予存款保险机构监管职能，构筑金融安全网络。建立存款保险制度，最直接的原因是保护存款人的利益，而其根本性的原因，就是要构建并完善金融安全网络体系：金融监管当局专司事前审慎监管与风险防范，中国人民银行充当最后贷款人的角色——事中流动性援助，而存款保险机构则负责危机后存款赔付与机构退出等。作为金融安全网的三大支柱，需要进一步明确各自的职能，存款保险机构也应担负相应的监察责任。第四，通过常态化实施存款保险制度，确保金融业健康发展。制度的设立就在于执行与落实，用则灵，不用则废。存款保险制度为西部诸多金融改革提供了可靠的制度性保障，也是相关改革的一个良好契机。例如，政府隐性担保、金融工具刚性兑付等问题应尽快解决，金融机构公司治理、金融市场纪律等则需要尽快建立，而民营金融机构发展、利率市场化等则必须提速。

8.3.9　鼓励各方增加金融供给，积极应对异质性的金融需求

（1）商业性金融机构

1）鼓励大型商业银行延长金融业务链条。通过引导大型国有控股商业银行入驻县域金融市场，开发适销对路的金融产品，将业务发展与新型城镇化进行有机的结合，准确把握城镇化蕴藏的巨大商机。大型国有控股商业银行控制了规模庞大的金融资源，可反哺县域新型城镇化建设，既是国家发展战略的需要，也是自身发展的考量。西部新型城镇化的金融组织创新，需要根植于新型城镇化。现阶段，已有部分银行主动向县域延伸分支机构网点，并设计开发新型小额信贷产品，以适应县域新型城镇化需求。

2）推进商业金融机构信贷产品适度创新。鼓励商业性金融机构破除原有业务发展的区域与行业藩篱，根据西部新型城镇化金融需求，积极创新金融产品；通过培育龙头企业，构建新型城镇化融资平台，创建城乡居民信贷新模式。鼓励商业性金融机构完善中小微企业增信体系，创新并规范贷款担保流程。例如，广西北部湾银行以"电表""水表""税表"为依据进行授信，规避账务核算不规范的授信障碍。商业性金融机构可以通过完善信贷担保体系，创新抵押担保方式，依法开展新型土地金融，推进小产权房、林权、专利权、商铺等质押贷款模式创新；降低信贷风险并增强偿付能力，培育多元化的融资方式。

3）完善现代商业性保险与社会保障体系。西部新型城镇化推进，需要保险体系的完善与发展；以新型城镇化与人口老龄化为出发点，积极开发与其特殊需求相适应的各类保险产品，建立涵盖财产、农业及人寿等领域保险的现代保险市场；构建以全社会养老保险、医疗保障、最低生活保障、失地农民生活保障为主要内容的保障体系，并提升西部社会保障水平，实现西部城乡社会保障的一体化。

（2）政策性金融机构

1）构建政策性金融的多元化资金渠道。为充分发挥政策性金融在西部新型城镇化中的引导作用，必须拓展资金来源，补充资本金，建立多元化的融资渠道。政策性金融机构承担着西部民生工程、公共事业等建设的重要职责，而新型城镇化的巨额资金又主要来源于此。结合当前西部经济现状，政策性金融资金成本不断推高，同时新型城镇化资金需求规模巨大，政策性贷款规模年年攀升。通过多渠道补充资本金，实施多元化融资策略，大有裨益。例如，利用税费抵免进

行资本金补充，利用上缴利润进行资本金补充，利用养老金、社保金、保险金、住房公积金等资金购买专项政府债券及专项金融债券，以弥补政策性金融的资金不足。

2）创设新型政策性金融机构专司城镇化。为进一步明确西部新型城镇化进程中政策性金融机构的角色定位，可以探索创设新型政策性金融机构。例如，韩国中小企业银行、国民银行、农协银行及进出口银行等政策性金融机构，就能够各司其职、职能专业（谷雨，2014）。因此，建议在国家开发银行现行机制体制框架下，进一步探索创设专司新型城镇化的政策性金融机构，并明确界定机构职责、业务领域及受益群体，实行公司治理，体现市场化与政策性的双重特性。

（3）多层次资本市场

1）拓宽基础设施的直接融资渠道。西部新型城镇化中基础设施建设，需要大量的资金，而满足这种资金需求，需要一个多层次、多元化、可持续的融资机制。现阶段，各地通过地方政府的融资平台举债来筹措相应的资金，但如今各地已是债台高筑。借鉴发达国家城镇化的成功经验，可以引入市政债。其作为西部一种权宜的直接融资工具，可解决地方政府融资平台的后续资金，并确保资金流的稳定，支持西部城镇基础设施的建设。

2）拓宽中小企业的直接融资渠道。中小微企业作为西部新型城镇化的主要参与者，需要获得足够的发展资金，拓宽直接融资渠道，推动西部中小微企业乃至于新型城镇化的发展。具体措施如下：推动中小企业进行股份制改造，建立现代企业制度，明晰产权，清晰权责；支持中小微企业实施股权融资，鼓励优质企业上市融资；培育西部风险投资机构与股权投资基金，建立健全股权与风险融资制度，允许民间资本通过特许经营等方式参与城镇基础设施建设，合理利用 BOT、BT、TOT 等模式吸引社会资本，并通过资产证券化、产业基金等手段进行直接融资，也可以利用短期融资券、企业债券、中小企业集合票据等方式直接融资。

3）拓宽证券机构的业务经营范围。为了满足西部新型城镇化的异质性金融需求，应大力拓展直接融资渠道，拓展证券机构经营的业务范围，以控制金融风险，增强新型城镇化的可持续性。进一步改革券商集合资产管理计划的审批制度，拓宽集合资产管理的投资领域，允许券商与投资者通过协商选择投资范围。降低信贷显性风险，减少银行、证券与信托的经营风险感染。扶持培育一批中小企业通过资本市场进行融资活动，以市场化的融资方式，倒逼企业完善公司治理机制。

根据西部各类企业的经营条件，鼓励其进入相应层次的资本市场开展融资活动。2012 年 5 月《关于规范区域股权交易市场的指导意见（征求意见稿）》从政策层确认了场外资本市场的 4 个层次：沪深主板（含中小板）为一板，深市创业板为二板，新三板为三板，区域性股权交易市场为四板。我们可以力荐经营状况好的企业入主一板，成长性好的企业入主二板，创新型企业入主三板；同时，推进西部与全国的股权交易市场的衔接，理顺股权与产权交易监管关系，实行连续交易方式，活跃西部股权市场。设立券商柜台交易平台建设试点，通过政府补贴、绿色转型等激励措施吸引各类企业。根据西部新型城镇化的现实考量，大力推动新三板、四板市场的建设与扩容；通过资本市场合理分类与资源整合，提高资本市场活跃程度，最大限度地覆盖西部各类中小企业，满足其多样化、多层次的融资需求。

8.3.10　正本清源发展绿色金融，强力支持西部新型城镇化

1. 构建绿色金融发展的政策体系

1）完善绿色金融发展的制度建设。在西部新型城镇化进程中，通过完善绿色金融发展政策体系，增强各类金融机构绿色金融支持新型城镇化的能力。建立完善政府相关规制，利用市场规则更好地发挥市场作用，推进新型城镇化中环境问题的解决。金融监管当局务必明确绿色金融、绿色信贷发展目标，加强环境与社会风险的有效控制；通过严格组织管理与制度建设，强化日常金融活动中环境与社会风险的监察，提升全社会对绿色金融的正确认识，有效支持环境优化和谐、空间合理布局、资源高效利用、经济成效突出的产业发展。通过确立绿色金融行业标准与绩效评价体系，有效实施信息公开制度，确保非现场与现场检查到位，以扎实落实绿色金融发展政策。

2）确立绿色信贷支持的重点领域。相对于金融行业而言，支持新型城镇化的绿色信贷，理应以国家环境保护的产业政策、法律法规、行业标准等为依据，结合西部新型城镇化的推进政策，准确选择重点领域；通过制定绿色信贷的指标体系、运行机制、操作流程，明确各方面的职责权限；结合信贷客户分类与动态评价，施行差别化的信贷管理；强化社会风险监管机制，各类金融机构还必须就绿色金融的运行接受全社会监督。

2. 完善激励约束机制的有效引导

西部新型城镇化的推进，需要构建十分有效的金融激励约束机制，以正确引导有限的信贷资源进行合理的市场配置。李克强指出，"环境质量是公共产品，是政府应提供的基本公共服务，不损害公众健康的环境是底线"[①]。金融产业是市场经济中创新能力最强的，而环境保护问题是经济发展质量的外生新变量，将极大地影响金融创新与效率。为此，需要构建与完善绿色金融市场，以市场手段引导金融资源向新型城镇化领域流动。决策层面须考量西部新型城镇化的政策导向，提升绿色金融发展的战略层次，革除绿色金融发展的阻碍因素，尽快健全与完善

---

① 佚名，李克强出席第七次全国环境保护大会讲话稿[N]. 中国环境报，2013-03-06，（1）.

绿色金融的法律法规体系，以强化其外部约束；制定环境保护的科技发展战略，实施扶持性的绿色信贷政策，引导绿色金融发展。通过构建激励约束机制，引导企业与城乡居民参与绿色金融发展；通过财政贴息、税收减免、税前列支、信用担保、风险补偿、奖励转贴息等方式，提高各级财政资金绩效。鼓励各类企业在绿色发展导向下重组产业链，逐步形成以绿色企业、绿色金融、绿色城镇为目标导向的全民新型城镇化参与机制。

3．加大绿色金融产品的创新力度

兴业银行作为国内首家承诺采纳"赤道原则"的商业银行，为我国绿色金融的专业化运作开了先河。近年来，该行与国际金融公司（The International Finance Corporation，IFC）合作，共同承担了经济欠发达地区的节能减排融资项目。通过排污权的试点交易，开发了排污权抵押的授信业务，盘活了企业拥有的排污权资产，促进了环境治理的良性循环。

创新绿色金融产品，首先是要主动探索碳金融交易的本土化模式。通过碳基金、碳能效融资项目、碳结构性产品研发、清洁发展机制交易，以及包括绿色车险、环境污染责任险、碳信用险、气象指数险等在内的低碳保险等（杨志等，2011），引导各类投资倾向于西部低碳环保领域。金融机构必须将环保理念渗透于日常经营活动中，创新融资模式与信贷政策，强化信贷项目的环保评估意识，通过提升信贷风险管控能力，确保西部新型城镇化的顺利推进。

其次是借鉴国内外绿色金融的发展经验。鼓励金融企业与金融监管当局努力创造条件，通过学习借鉴国内外绿色金融发展的经验与教训，强化国内外各类金融机构的信息、数据及资料的共享，加强国际合作交流与国际化专业人才的培养；在资金充裕与风险可控的前提下，不断研发低碳技术与绿色金融产品，构筑循环经济的产业链，促进西部金融产业的绿色转型。

第9章 主要结论与研究展望

西部二元金融格局明显且不断被强化，使新型城镇化建设、金融发展及经济增长受到制约。本书基于西部新型城镇化进程所引致的区域金融结构变迁，以金融产业组织为切入点，借鉴国内外相关研究成果，探寻区域经济与金融产业协调发展的合理结合方式，使逻辑演绎适用于推进新型城镇化，而不同于以往的金融制度安排，为构建适用于推进西部新型城镇化的金融长效机制提供政策思路。

9.1 主 要 结 论

新型城镇化作为西部经济结构调整、城乡统筹发展、经济振兴的重要推手，必然伴随着异质性金融需求增长。为满足这种金融需求，并适应其金融结构变迁，则需推动金融组织创新，通过逻辑演绎适宜的金融制度，构建适应西部经济发展的金融长效机制。本书在理论分析与实证研究的基础上，对如何推进西部新型城镇化进程中金融结构演变与金融组织创新，提出以下主要研究结论。

9.1.1 西部新型城镇化下金融组织创新具有理论依据与实践意义

在西部新型城镇化进程中实施金融组织创新，是金融发展理论、产业组织理论在西部经济领域的有效应用，西部新型城镇化与经济发展特点，决定了区域金融发展的特殊性和金融组织创新的必要性。作为引导要素禀赋转换、动员资源重新配置的金融产业，在西部新型城镇化的经济结构调整和统筹城乡发展中，必将需求追随性地完成其结构变迁；西部将遵循农村金融结构演变的一般规律，通过金融组织创新，建立适用于西部新型城镇化进程的最优金融结构，以推动西部新型城镇化建设与经济发展。因此，在西部新型城镇化进程中，及时进行金融组织创新，既具有充分理论依据，也具有重要实践价值。

9.1.2 西部新型城镇化与金融发展存在较为明显的互动关系

本书认为，新型城镇化建设与西部金融发展存在较为明显的互动关系。新型城镇化为西部的金融发展创造了广阔的空间，而西部金融业的发展又加速了新型城镇化的进程。新型城镇化所产生巨大的金融需求，是金融发展强大的驱动力；与此同时，通过金融资源的合理配置，可以引导其他资源的有效配置，从而推动新型城镇化进程，新型城镇化建设涉及人口、经济、土地、社会发展等诸多方面，需要各种要素的有效整合与协调配置；而金融发展为新型城镇化的基础设施、产业调整提供了大量的资金支持，新型城镇化的快速推进所产生的巨大金融需求，又为金融发展创造无限的商机。因此，新型城镇化与金融发展存在较为明显的互动关系。

9.1.3　金融抑制政策严重影响西部新型城镇化的有效推进

我国一直以来实施的金融抑制政策，已不适应西部社会经济的发展与新型城镇化的推进，这使西部金融结构的演变存在诸多问题。我国金融结构的区域分布极不均衡，东部沿海地区的金融资源较为丰富，而西部的金融资源极其匮乏，随着社会经济的发展与新型城镇化的推进，其金融结构无法满足经济均衡发展的需要。具体表现在以下几个方面：部分融资主体的需求得不到满足，经济结构与金融结构不能匹配；西部金融体系缺乏支持创新动能，金融市场占比偏低；金融体系缺乏资源配置效率，价格形成机制不健全；西部金融风险隐患凸显，金融结构失衡问题突出。其问题的根源就在于西部长期实施了金融抑制政策，金融改革一直滞后于经济发展；金融系统市场化改革的进程，滞后于实体经济发展，并无法满足实体经济发展的需要。而由此产生的一系列结构性的问题，影响了金融体系资源配置的功能与效率。

9.1.4　新型城镇化为西部金融结构优化与金融组织创新带来机遇

新型城镇化的不断推进，为西部金融结构演变与金融组织创新，带来了历史性发展机遇。金融产业为新型城镇化提供有力资金支持，这是其重要的发展机遇期；西部新型城镇化进程中，农村地区的劳动力结构转换、土地资本化、城乡居民收入增加及收入结构多元化等动态调整，形成庞大的有效金融需求，并构成了服务于新型城镇化的金融机构的重要决策变量，蕴含巨大的金融机会。各级政府及金融产业部门作为西部金融改革创新的探索者，需要全方位吸取经验教训，因势利导，扬长避短，准确把握新型城镇化所带来的金融结构优化与金融组织创新的历史机遇，因地制宜地构建起适用于西部新型城镇化的金融支持路径。当然，新型城镇化也为西部金融产业发展带来诸多严峻的考验。

9.1.5　新型城镇化的异质性金融需求要求重构西部金融长效机制

西部新型城镇化建设所引致的有效金融需求，既不对应现行以大城市、大企业信贷需求为导向的商业性金融，也不对应以传统农户的生产（消费）为扶助对象的政策性农贷制度，其需求主体具有明显异化特征，其需求曲线与现行两种金融服务的供给曲线不具有可交区间，这种金融需求是典型异质性的，使西部新型城镇化进程中的金融供求关系失衡。解决其金融供求失衡问题，有必要确立政策引导性的新型城镇化金融服务体系，有必要强化金融组织创新，以建立适用于推动新型城镇化进程，而又有别于以往的全新金融制度，重新构建起西部经济发展的金融长效机制。

9.1.6　优化金融市场结构有助于西部金融市场效率整体提升

一般而言，金融市场绩效提升主要源自市场集中度降低。在西部（特别是农村地区），农村信用社系统仍处于高度垄断地位，但这并不能获得高额垄断利润；西部金融市场集中度的提高，并没有形成市场结构效率与市场竞争能力提高的结果。近年来新型金融机构的不断加入带来了西部金融市场竞争的活力，使金融机构多样化取得了初步成就，即金融市场结构有所改变，金融效率不断提高。农村信用社在西部垄断地位虽然有一些下降，但依然处于优势地位并在短期内无法改变，这将影响西部金融产业乃至区域经济的发展。强化金融机构体系改革，必然会改变金融市场结构，提高金融资源配置效率，最终推进西部金融深化与经济发展。

9.1.7　满足西部新型城镇化金融需求必须系统创新金融组织政策

面对西部新型城镇化进程中所产生的异质性金融需求，我们必须准确把握西部金融市场所面临的主体缺位、竞争不足等核心问题，需要进一步强化有针对性的、具体的金融政策与措施；及时解决金融主体区域空白，以及市场主体数量缺乏所引起的竞争不足问题，并围绕增加金融市场竞争主体这一核心问题，进行金融结构优化与金融组织创新的政策体系构建，以期满足西部新型城镇化的金融需求。具体而言，金融组织创新政策与措施需要着重突破以下几个方面：放宽民营金融机构准入条件，促进西部金融市场有效竞争；积极发展中小金融机构，培育完善西部金融市场体系；建立区域内在投资制度，激发西部金融市场活力；大力发展现代金融科技，全面提升西部金融服务水平；确立金融服务公共属性，发挥政府金融供给引领作用；创新完善金融制度体系，适配西部新型城镇化的进程；制定金融产业组织政策，实现各类政策措施协调配合；健全西部金融监管体系，促进西部金融市场有效竞争；鼓励各方增加金融供给，积极应对异质性金融需求；正本清源发展绿色金融，强力支持西部新型城镇化。

9.2　未来研究展望

从发展的时间阶段来说，本书分析的是西部新型城镇化进程中的金融结构演变与金融组织创新问题，是一个动态的历史过程；从分析的层面区分来讲，本书的研究对象较集中于宏观经济政策（如货币政策、金融服务体系）和微观经营活动（如农户借贷、农村信用社改革），重点研究中观层面（如金融市场结构、机构行为）的金融结构与金融组织问题。本书以区域经济理论、金融发展和产业组织理论为基础，广泛挖掘和科学吸收利用已有理论资源，以适用的研究成果为起点，在充分认识西部新型城镇化与金融及其关系特殊性的基础上，将金融发展置于整个西部经济社会可持续发展之中，从历史与现实、微观与宏观、经济和社会、理论和实证相结合的视角，联系客观现实，深入剖析西部新型城镇化进程中金融结构演变规律，系统构建金融产业组织创新理论的完整框架。

随着西部新型城镇化的不断推进，农村劳动力结构转换、土地资本化、居民收入增加及收入结构多元化等动态调整，西部金融市场环境、金融产业政策等势必发生巨大的变化，金融结构演变也会出现诸多问题。因此，进行金融组织创新、重构全新金融体系，是一项需要时间的复杂工程。由于时间、精力和研究条件的限制，本书对于西部新型城镇化进程中金融结构演进的动态把握、金融组织创新机制的实践检验，以及金融体系重构的可行性等方面问题研究尚有欠缺。同时，尽管本书希望尽可能多地将影响西部新型城镇化进程中的金融市场结构、绩效及金融组织创新因素纳入此分析框架内，但也只能考虑一部分，未能量化（如地方政府干预政策等）因素未能纳入研究范围。本书提出了西部新型城镇化进程中的绿色金融发展的构想，也因研究条件所限，未能展开进行深入全面的研究。这是未来研究需要进一步完善与补充的。

在未来的研究中，本书将通过进一步研究国内外发达地区城镇化过程中金融结构演变的历程，以及金融产业组织的实践，借鉴其中宝贵的经验，分析其存在的问题和不足，结合西部金融结构演变与金融组织创新的实际状况，探寻西部金融组织体系的重构所要具备的基本条件，通过充分剖析金融组织创新的影响因素，为西部新型城镇化下金融体系的重构，提供有效的理论指导。

此外，本书的相关研究人员的理论和研究水平有限，以及分析、占有文献能力等方面的不足，并囿于数据和篇幅，研究还不够全面和深入。这些问题，本书相关人员将在后续的学习和研究中进一步深入和强化，期待能够获得更多的研究成果。

参 考 文 献

阿弗里德·马歇尔，2005. 经济学原理[M]. 廉运杰，译. 北京：华夏出版社：121-265.

巴曙松，杨现领，2013. 城镇化大转型的金融视角[M]. 厦门：厦门大学出版社.

白钦先，2003. 百年金融的历史性变迁[J]. 国际金融研究，(2)：59-63.

白钦先，2005. 金融结构、金融功能演进与金融发展理论的研究历程[J]. 经济评论，(3)：39-45.

保罗·诺克斯，琳达·迈克卡西，2009. 城市化[M]. 顾朝林，汤培源，译. 北京：科学出版社.

伯纳德特·安德鲁索，戴维·雅各布森，2009. 产业经济学与组织：一个欧洲的视角[M]. 王立平，尹莉，
    译. 2版. 北京：经济科学出版社.

蔡继明，王栋，程世勇， 2012. 政府主导型与农民自主型城市化模式比较[J]. 经济学动态，(5)：58-65.

蔡四平，岳意定，2007. 中国农村金融组织体系重构：基于功能视角的研究[M]. 北京：经济科学出版社.

蔡孝箴，郭鸿懋，1990. 社会主义城市经济学[M]. 天津：南开大学出版社.

蔡则祥，2002. 我国农村金融组织体系的完善与创新[J]. 农业经济问题，23 (4)：22-28.

蔡则祥，2005. 中国金融结构优化问题研究[D]. 南京：南京农业大学.

蔡则祥，2006. 金融结构变动趋势及其机理分析[J]. 南京审计学院学报，3 (2)：35-41.

蔡则祥，2007. 论金融结构高度化运动状态及其推进策略[J]. 现代经济，27 (5)：25-32.

柴瑞娟，2009. 村镇银行法律制度研究[D]. 武汉：武汉大学.

陈阿江，1997. 中国城镇化道路的检讨与战略选择[J]. 南京师范大学学报（社会科学版），(3)：11-15.

陈宝敏，孙宁华，2000. "农村城市化与乡镇企业的改革和发展"理论研讨会综述[J]. 经济研究，(12)：72-75.

陈斌开，林毅夫，2013. 发展战略、城市化与中国城乡收入差距[J]. 中国社会科学，(4)：81-102.

陈国立，2013. 中国信贷市场结构、行为和绩效研究[D]. 济南：山东大学.

陈菁泉，2010. 中国农村金融制度变迁理论书评[J]. 经济研究导刊，(18)：81-83.

陈利丹，2005. 21世纪广西城镇化论析[M]. 北京：中国经济出版社.

陈柳钦，2005. 基于产业发展的城市化动力机理分析[J]. 重庆社会科学，(5)：9-15.

陈鹏，孙涌，2007. 边际约束及成本结构变动下农村金融改革与发展[J]. 管理世界（月刊），(3)：81-88.

陈向明，周振华，2008. 上海崛起：一座全球大都市中的国家战略与地方变革[M]. 上海：上海人民出版社.

陈颖，2007. 商业银行市场准入与退出问题研究[M]. 北京：中国人民大学出版社.

陈雨露，2013. 中国新型城镇化建设中的金融支持[J]. 经济研究，(2)：10-12.

陈玉和，孙作人，2010. 加速城市化：中国"十二五"规划的重大战略抉择[J]. 中国软科学，(7)：16-22.

陈钊，陆铭，陈静敏，2012. 户籍与居住区分割：城市公共管理的新挑战[J]. 复旦学报（社会科学版），54 (5)：
    77-86.

陈志刚，2006. 如何度量金融发展：兼论金融发展理论与实证研究分歧[J]. 上海经济研究，(7)：24-31.

程春满，王如松，1998. 城市化取向：从产业理念转向生态思维[J]. 城市发展研究，(5)：13-18.

崔红，赵伟，杨永淼，2008. 关于我国农村金融市场结构的思考[J]. 山东农业大学学报（社会科学版），(1)：47-49.

崔占峰，2014. 二元结构异化与城镇化进程中"三农"：制度变迁与方式转变[M]. 北京：经济科学出版社.

丹尼斯·W. 卡尔顿，杰弗里·M. 佩洛夫. 现代产业组织[M]. 胡汉辉，等译. 4版. 北京：经济科学出版社.

丁健，2001. 现代城市经济[M]. 上海：同济大学出版社.

邓瑛，2001. 金融结构的优化：可持续发展角度的金融发展模式[J]. 贵州财经学院学报，(4)：37-40.

丁良春，鞠源，1999. 垄断与竞争：中国银行业的改革与发展[J]. 经济研究，(8)：48-57.

董晓时，1999. 金融结构的基础与发展[M]. 大连：东北财经大学出版社.

杜兴端，杨少垒，2011. 中国农村金融市场进入壁垒研究[J]. 农村经济，(5)：72-74.

范恒森，1996. 论农村金融组织的发展与创新[J]. 经济研究，(4)：56-60.

范恒森，2000. 安徽经济跨入全国前十强的六项措施[J]. 决策咨询（安徽），(5)：34-36.

范恒森，李连三，2001. 金融传染的渠道与政策含义[J]. 国际金融研究，(8)：19-25.

方创琳，马海涛，2013. 新型城镇化背景下中国的新区建设与土地集约利用[J]. 中国土地科学，27 (7)：4-9.

干杏娣，徐明棋，2001. 浴火重生：入世后中国金融的结构变革[M]. 上海：上海社会科学出版社.

高宏伟，张艺术，2015. 城镇化理论溯源与我国新型城镇化的本质[J]. 当代经济研究，（5）：61-66.

高珮义，1991. 中外城市化比较研究[M]. 天津：南开大学出版社.

辜胜阻，1991. 非农化与城镇化研究[M]. 杭州：浙江人民出版社.

辜胜阻，刘传江，钟水映，1998. 中国自下而上的城镇化发展研究[J]. 中国人口科学，（3）：1-10.

谷雨，2014. 城镇化进程中的金融支持问题研究[D]. 北京：中共中央党校.

郭利华，2008. 中国农村金融市场反垄断管制问题研究[M]. 北京：知识产权出版社.

郭沛，2007. 农村金融市场降低准入壁垒分析[J]. 银行家，（5）：105-107.

郭树华，王文召，郭新宇，2007. 基于 SCP 视角的农村金融市场结构的选择：以云南省为例[J]. 思想战线，33（6）：45-48.

郭晓鸣，2015. 四川社会农村发展报告[M]. 成都：四川人民出版社.

郭延安，陶永诚，2009. 现代农村金融[M]. 北京. 中国金融出版社.

郭志勇，顾乃华，2012. 土地财政、虚高城市化与土地粗放利用[J]. 产经评论，（6）：128-137.

何广文，2007. 中国农村金融组织体系创新路径探讨[J]. 金融与经济，（8）：11-16，22.

何静，戎爱萍，2012. 城镇化进程中的金融创新研究[J]. 经济问题，（1）：126-129.

何一民，2005. 20 世纪中国西部中等城市与区域发展[M]. 成都：巴蜀书社.

亨利·W. 狄雍，威廉·G. 谢泼德，2010. 产业组织理论先驱：竞争与垄断理论形成和发展的轨迹[M]. 蒲艳，张志奇，译. 北京：经济科学出版社.

侯蕊玲，1999. 城市化的历史回顾与未来发展[J]. 云南省社会科学，（2）：78-84.

胡必亮，刘强，李晖，2006. 农村金融与村庄发展[M]. 北京：商务印书馆.

胡玲，2000. 美国区域经济政策对我国西部开发的启示[J]. 财经理论与实践，21（4）：16-17.

黄达，1992. 认真推进宏观分析的理论建设[J]. 金融研究，（10）：1-5.

黄国平，2013. 促进城镇化发展的金融支持体系改革和完善[J]. 经济社会体制比较，（4）：56-66.

黄顺绪，李冀，严汉平，2013. 土地垂直管理体制与地方政府土地违法行为的博弈分析[J]. 人文杂志，（5）：44-49.

简新华，何志杨，2010. 中国城镇化与特色城镇化道路[M]. 济南：山东人民出版社.

简新华，黄锟，2010. 中国城镇化水平和速度的实证分析与前景预测[J]. 经济研究，（3）：28-37.

江春，许立成，2006. 内生金融发展：理论与中国的经验证据[J]. 财经科学，（5）：1-8.

江其务，2002. 论中国金融发展中的组织结构优化问题：面对金融国际化潮流的一种思考[J]. 财贸经济，（3）：5-10.

江乾坤，2014. 小额信贷创新发展与浙江实证研究[M]. 北京：经济科学出版社.

姜爱林，2003. "城市化"和"城镇化"基本涵义研究述评[J]. 株洲师范高等专科学校学报，8（4）：47-50.

姜旭朝，丁旭峰，2004. 民间金融理论分析：范畴、比较与制度变迁[J]. 金融研究，（8）：100-111.

蒋永穆，2000. 中国农业支持体系论[M]. 成都：四川大学出版社.

金良浚，2013. 新型城镇化背景下产城一体化发展探究[J]. 中国国情国力，（11）：40-42.

弗拉基米尔·科洛索夫斯基，2007. 边界研究—后现代进路[J]. 陆象金，译. 第欧根尼，（1）：46-60.

孔祥杰，毛维琳，2001. 国外落后地区开发经验对我国西部大开发的启示[J]. 国土经济，（2）：44-46.

蓝庆新，陈超凡，2013. 新型城镇化推动产业结构升级了吗？[J]. 当代社科视野，（12）：26.

劳埃德·雷诺兹，1982. 微观经济学：分析与政策[M]. 北京：商务印书馆.

雷蒙德·W. 戈德史密斯，1990. 金融结构与金融发展[M]. 上海：上海三联书店.

李斌，2004. 投资、消费与中国经济的内生增长：古典角度的实证分析[J]. 管理世界，（9）：13-23，155.

李昌新，2002. 论美国西部点轴开发及其对中国西部开发的启示[J]. 江西师范大学学报（哲学社会科学版），35（1）：38-43.

李成，2015. 非均衡经济中区域中央银行金融调控与监管研究[J]. 当代经济科学，23（5）：15-20.

李峰，2010. 金融发展、金融结构变迁与经济增长研究：以泰国为例[D]. 西安：西北大学.

李海峰，2012. 中国农村金融发展理论与实践研究[D]. 长春：吉林大学.

李惠彬，高金龙，曹国华，2009. 开发性金融对经济增长影响分析及实证检验[J]. 经济问题探索，（9）：105-109.

李继红，2004. 西部城市化及其模式选择[J]. 西南民族大学学报（人文社科版），25（6）：31-33.

李冀，包容性增长理念与城镇化发展[N]. 光明日报，2011-12-23，（11）.

李建军，田光宁，2001．中国融资结构的变化与趋势分析[J]．财经科学，(6)：22-27．

李健，2003．优化我国金融结构的理论思考[J]．中央财经大学学报，(9)：1-8．

李健，2004．中国金融发展中的结构问题[M]．北京：中国人民大学出版社．

李健，张兰，王乐，2018．金融发展、实体部门与中国经济增长[J]．经济体制改革，(5)：26-32．

李澜，2005．西部民族地区城镇化：理论透视·发展分析·模式构建[M]．北京：民族出版社．

李琳，2000．大中城市：西部城市化发展的战略选择[J]．财经理论与实践（双月刊），21(108)：91-93．

李茂生，1987．中国金融结构研究[M]．太原：山西人民出版社；北京：中国社会科学院出版社．

李明贤，李学文，2008．农村信用社贷款定价问题研究[M]．北京：中国经济出版社．

李强，陈宇琳，刘精明，2013．中国城镇化"推进模式"研究[J]．中国社会科学，(7)：82-100．

李清泉，2006．落后地区经济发展与农村城市化[M]．北京：中国社会科学出版社．

李瑞林，李正升，2006．巴西城市化模式的分析及启示[J]．城市问题，(4)：93-98．

李树琮，2002．中国城市化与小城镇发展[M]．北京：中国财政经济出版社．

李涛，1999．走出香巴拉：西藏自治区一江两河流域乡村城镇化研究[M]．拉萨：西藏人民出版社．

李一鸣，张瑞，尹丹，2009．农村金融组织体系的功能缺陷及完善途径探讨[J]．西南民族大学学报（人文社科版），(3)：148-150．

厉敏萍，尹佳，2010．试论我国农村城镇化与县域经济的协调发展[J]．商业时代，(10)：126-128

励莉，2009．苏州市商业银行市场结构、效率与绩效研究[D]．苏州：苏州大学．

梁德阔，2003．国外开发欠发达地区的经验教训对我国西部城镇化的启示[J]．开发研究，15(3)：55-62．

林广，2001．成功与代价：中外城市化比较新论[M]．南京：东南大学出版社．

林毅夫，2001．金融体系、信用和中小企业融资[J]．浙江社会科学，(6)：9-11．

林毅夫，李永军，2004．中小金融机构发展与中小企业融资[J]．经济研究，(1)：10-18，93．

林毅夫，孙希芳，2003．经济发展的比较优势战略理论：兼评《对中国外贸战略与贸易政策的评论》[J]．国际经济评论，(6)：12-18．

林筠，李随成，2002．西部地区城市空间结构及城市化道路的选择[J]．经济理论与经济管理，(4)：69-73．

铃木淑夫，1986．日本的金融制度[M]．李言赋，译．北京：中国金融出版社．

刘传江，1999．中国城市化的制度安排与创新论[M]．武汉：武汉大学出版社．

刘传江，王志初，2001．重新解读城市化[J]．华中师范大学学报（人文社会科学版），40(4)：65-71．

刘仁伍，2003．区域金融结构和金融发展理论与实证研究[D]．北京：经济管理出版社．

刘士林，2013．科学理解城镇化的内涵[EB/OL]．(2013-04-24)[2018-12-29]．http://theory.people.com.cn/n/2013/0424/C49154-21255529.html．

卢显云，2007．市场结构与企业市场竞争行为分析[J]．科技产业月刊，(11)：80-81．

卢宇平，沈志军，2004．中国农村信用社市场SCP范式分析[J]．南方农村，(5)：15-19．

鲁靖，2007．我国农村金融体系中的金融压制与突破[J]．农业经济问题，(11)：13-16．

陆大道，姚士谋，2007．中国城镇化进程的科学思辨[J]．人文地理，(4)：1-5．

罗纳德·I.麦金农，1988．经济发展中的货币与资本[M]．上海：上海三联书店．

吕德宏，2002．西部地区金融结构重组研究[D]．杨凌：西北农林科技大学．

马克思，1972．马克思恩格斯选：第1卷[M]．中共中央马克思、恩格斯、列宁、斯大林著作编译局，译．北京：人民出版社．

梅红霞，2011．社会保障：新型城镇化背景下的路径选择[J]．中共中央党校学报，15(2)：66-69．

梅建明，熊珊，2013．新型城镇化突破口：农民工基本公共服务均等化[J]．中国财政，(16)：60-62．

妹尾明，1983．现代日本的产业集中[M]．东京：日本经济新闻社．

聂华林，王宇辉，2005．西部地区农村城镇化道路的思考[J]．社科纵横，20(5)：1-2．

牛凤瑞，宋迎昌，盛广耀，等，2002．西部大开发聚焦在城镇[M]．北京：社会科学文献出版社．

彭文生，林暾，赵扬，等，2011．"新"城镇化有新意[J]．金融发展评论，(1)：38-54．

普兰纳布·巴德汉，克里斯托弗·尤迪，2002．发展微观经济学[M]．陶然，等译．北京：北京大学出版社．

钱振明，2007．健全城镇化健康发展的公共政策支持体系[J]．中国行政管理，(9)：44-47．

乔治·J. 施蒂格勒, 2006. 产业组织[M]. 王永钦, 薛锋, 译. 上海: 上海三联书店, 上海人民出版社.

仇保兴, 2012. 新型城镇化: 从概念到行动[J]. 行政管理改革, (11): 11-18.

饶华春, 2009. 金融发展、产业结构升级与城市化进程[J]. 新疆财经大学学报, (4): 42-45.

饶会林, 2007. 城市经济学[M]. 沈阳: 东北财经大学出版社.

邵龙飞, 2001. 中国城市化的动力机制及发展模式探析[J]. 上海城市规划, (1): 15-17.

沈可, 章元, 2013. 我国的城市化为什么滞后于工业化?——资本密集型投资倾向视角[J]. 金融研究, (1): 53-64.

沈若存, 2009. 中国农村金融产业组织演进研究[D]. 宁波: 宁波大学.

沈正平, 2013. 优化产业结构与提升城镇化质量的互动机制及实现途径[J]. 城市发展研究, 20 (5): 70-75.

史亚荣, 何泽荣, 2012. 城乡一体化进程中农村金融生态环境建设研究[J]. 经济学家, (3): 74-79.

宋保庆, 2014. 河北省县域法人金融机构考核工作思考[J]. 河北金融, (4): 12-14.

宋建钢, 2006. 宁夏现代城市化研究[M]. 银川: 宁夏人民出版社.

宋俊岭, 黄序, 2001. 中国城镇化知识 15 讲[M]. 北京: 中国城市出版社.

宋立, 2001. 我国金融结构变化趋势及对银行业的影响[J]. 宏观经济研究, (3): 42-47.

苏东水, 2006. 产业经济学[M]. 北京: 高等教育出版社.

孙良媛, 李琴, 林相森, 2007. 城镇化进程中失地农村妇女就业及其影响因素: 以广东省为基础的研究[J]. 农业经济导刊, (5): 158.

孙天琦, 2002. 金融组织结构研究[M]. 北京: 中国社会科学出版社.

孙岩, 2010. 金融资源观与传统代表性金融发展观比较及其创新[J]. 黑龙江金融, (1): 70-73.

孙中和, 2011. 中国城市化基本内涵与动力机制研究[J]. 财经问题研究, (11): 38-43.

谈儒勇, 2000. 金融发展理论在 90 年代的发展[J]. 中国人民大学学报, 14 (2): 60-65.

谈儒勇, 2004. 金融发展与经济增长: 文献综述及对中国的启示[J]. 当代财经, (12): 42-47.

唐箐箐, 庞芳莹, 范祚军, 2018. 城市化进程中的空间结构与区域经济效率: 基于东盟 8 国的经济研究[J]. 南洋问题研究, (4): 84-104.

陶然, 以制度改革实现新型城镇化[N]. 人民政协报, 2013-05-31 (C04).

万广华, 2011. 2030 年: 中国城镇化率达到 80%[J]. 国际经济评论, (6): 99-111.

汪冬梅, 2003. 日本、美国城市化比较及其对我国的启示[J]. 中国农村经济, (9): 69-76.

王辰华, 王玉雄, 2005. 中国金融机构空间分布: 制度逻辑与绩效检讨[J]. 湖北经济学院学报, 3 (3): 30-34.

王广谦, 1996. 经济发展中的金融化趋势[J]. 经济研究, (9): 32-37.

王广谦, 2002. 中国金融发展中的结构分析[J]. 金融研究, (5): 47-56.

王国刚, 2010. 城镇化: 中国经济发展方式转变的重心所在[J]. 经济研究, (12): 70-81, 148.

王建, 2001. 西南地区的金融政策选择: 对区域资金吸纳能力与 GDP 相关关系的模型分析[J]. 财经科学, (2): 37-40.

王军峰, 2009. 农村金融市场结构与综合绩效关系实证分析[J]. 金融理论与实践, (3): 57-60.

王俊豪, 2008. 产业经济学[M]. 北京: 高等教育出版社.

王恺, 2014. 中国新型城镇化的金融支持体系研究[D]. 西安: 西北大学.

王其明, 列伟, 刘伟, 2008. "邮储银行 PK 农信社" 引发的思考[J]. 中国农村信用合作, (6): 59-63.

王千, 赵俊俊, 2013. 城镇化理论的演进及新型城镇化的内涵[J]. 洛阳师范学院学报, (6): 98-101.

王曙光, 中国乡村银行的黄金时代即将来临[N]. 中国经济时报, 2007-01-15 (A01).

王维安, 俞芳洁, 严谷军, 2012. 网络金融学[M]. 杭州: 浙江大学出版社.

王伟同, 2012. 财政能力与横向公平: 两种均等化模式关系辨析: 兼论中国公共服务均等化实现路径选择[J]. 经济社会体制比较, (6): 111-119.

王晓芳, 2000. 中国金融发展问题研究[M]. 北京: 中国金融出版社.

王昕, 2000. 中国直接融资方式的发展[M]. 北京: 中国计划出版社.

王旭, 2003. 美国城市化的历史解读[M]. 长沙: 岳麓出版社.

王颖, 2000. 城市发展研究的回顾与前瞻[J]. 社会学研究, (1): 65-75.

王颖, 2007. 近代西北农村金融现代化转型初论[J]. 史林, (2): 36-43.

王煜宇，温涛，2007．推进我国农村金融产业组织创新的战略思考[J]．金融理论与实践，(9)：3-7.

王越子，杨雪，2010．抵押物残缺、担保机制与金融支持土地流转：成都案例[J]．西南金融，(2)：30-32.

王兆星，1991．中国金融结构论[M]．北京：中国金融出版社．

威廉·G．谢泼德，乔安娜·M．谢泼德，2007．产业组织经济学[M]．张志奇，译．5版．北京：中国人民大学
 出版社．

沃尔特·亚当斯，詹姆斯·W．布罗克，2003．美国产业结构[M]．封新建，贾毓玲，等译．10版．北京：中国
 人民大学出版社．

沃纳·赫希，1990．城市经济学[M]．刘世庆，译．北京：中国社会科学出版社．

吴超，钟辉，2013．金融支持我国城镇化建设的重点在哪里？[J]．财经科学，(2)：1-10.

吴福象，沈浩平，2013．新型城镇化、创新要素空间集聚与城市群产业发展[J]．中南财经政法大学报（双月刊），
 (4)：36-42.

吴尚民，关于中国特色城镇化道路的若干思考[N]．中国经济时报，2003-09-16（A01）．

谢平，1992．中国金融资产结构分析[J]．经济研究，(11)：30-37，13.

谢平，陆磊，2013．金融腐败：非规范融资行为的交易特征和体制动因[J]．经济研究，(6)：3-13.

谢文蕙，邓卫，1996．城市经济学[M]．北京：清华大学出版社．

谢小蓉，城乡一体化的金融服务模式创新[N]．光明日报，2013-02-24 (7).

谢玉梅，2006．新一轮农村利率改革：垄断竞争定价的温州案例[J]．经济问题，(4)：50-52.

徐忠，张雪春，沈明高，等，2009．中国贫困地区农村金融发展研究[M]．北京：中国金融出版社．

许学强，周一星，宁越敏，1997．城市地理学[M]．北京：高等教育出版社．

亚当·斯密，1972．国民财富的性质和原因的研究：上卷[M]．郭大力，王亚南，译．北京：商务印书馆．

闫章秀，高锁平，2009．对我国农村金融组织的 SCP 范式研究[J]．农业经济问题，(2)：60-65.

颜如春，2004．中国西部多元城镇化道路探析[J]．中国行政管理，(9)：70-74.

杨德勇，2004．金融产业组织理论研究[M]．北京：中国金融出版社．

杨公朴，王春晖，王玉，等，2005．产业经济学[M]．上海：复旦大学出版社．

杨国中，李木祥，2004．我国信贷资金的非均衡流动与差异性金融政策实施的研究[J]．金融研究，(9)：119-133.

杨蕙馨，2007．产业组织理论[M]．北京：经济科学出版社．

杨菁，2004．关于农村信用社发展模式的思考：从产业组织经济学角度进行分析[J]．农村经济，(S1)：75-78.

杨菁，何广文，2007．中国农村信贷市场深化[J]．银行家，(6)：104-107.

杨梦婕，2011．农村金融助力城乡统筹路径研究[D]．成都：西南财经大学．

杨志，马飞荣，王梦友，2011．中国"低碳银行"发展探索[J]．广东社会科学，(1)：5-12.

杨治，1985．产业经济学导论[M]．北京：中国人民大学出版社．

叶军八，2013．中国新型城镇化建设的金融支持体系研究[J]．金融经济，(16)：5-6.

叶利达，岑春平，2007．无序的市场，有序的竞争[J]．金融经济（理论版），(1)：51-52.

叶孝理，1990．现代城市管理手册[M]．北京：经济科学出版社．

叶裕民，2001．中国城市化之路：经济支持与制度创新[M]．北京：商务印书馆．

叶振宇，2013．城镇化与产业发展互动关系的理论探讨[J]．区域经济评论，(4)：218.

易纲，1996．中国金融资产结构分析及政策含义[J]．经济研究，(12)：26-33.

殷德生，肖顺喜，2000．体制转轨中的区域金融研究[M]．钦州：学林出版社．

殷伟，2004．欧盟银行业一体化的竞争与效率分析[D]．上海：复旦大学．

俞金尧，2011．20 世纪发展中国家城市化历史反思：以拉丁美洲和印度为主要对象的分析[J]．世界历史，(3)：
 4-22.

约翰·G．格利，爱德华·S．肖，1988．金融理论中的货币[M]．贝多广，译．上海：上海三联书店．

约瑟夫·斯蒂格利茨，2009．信息经济学：基本原理（上）[M]．北京：中国金融出版社．

约瑟夫·熊彼特，1990．经济发展理论[M]．何畏，易家祥，等译．北京：商务印书馆．

臧旭恒，徐向艺，杨蕙馨，2007．产业经济学[M]．4版．北京：经济科学出版社．

曾康霖，2002．金融经济学 M]．成都：西南财经大学出版社．

曾庆芬，2009. 信贷配给与中国农村金融改革[M]. 北京：中国农业出版社.

张芳，郭艳丽，丁海军，2008. 低碳城市建设中的金融支撑体系研究初探[J]. 生态经济，（8）：132-133，137.

张红伟，2001. 我国居民金融资产结构的变动及其效应[J]. 经济理论与经济管理，（10）：19-22.

张红宇，2004. 中国农村金融组织体系：绩效、缺陷与制度创新[J]. 中国农村观察，（2）：2-11.

张杰，2011. 新疆特色城镇化动力机制研究[D]. 石河子：石河子大学.

张立强，2012. 转型时期金融结构优化研究[D]. 北京：财政部财政科学研究所.

张蓦予，2013. 以城乡公共服务均等化促进新型城镇化[J]. 宏观经济管理，（10）：36-37.

张荣寰，2007. 生态文明论[EB/OL]. （2007-04-21）[2018-12-29]. http://blog.sina.com.cn/s/blog_4925ea4401000fq2. html.

张正斌，2008. 宁夏金融发展与城镇化关系的实证研究[J]. 宁夏师范学院学报，29（3）：85-87.

张正平，2009. 农村金融市场的竞争：以中国邮储银行和农村信用社为例[J]. 河南社会科学，（5）：28-31.

赵常兴，2007. 西部地区城镇化研究[D]. 杨凌：西北农林科技大学.

赵雪雁，2005. 西北地区城市化与区域发展[M]. 北京：经济管理出版社.

赵苑达，2003. 城市化与区域经济协调发展[M]. 北京：中国社会科学出版社.

郑有国，魏禄绘，2013. 中国城市化曲折进程原因探析[J]. 亚太经济，（1）：66-70.

郑智，问诊村镇银行[N]. 21世纪经济报道，2014-04-09（9）.

植草益，1988. 产业组织论[M]. 卢东斌，译. 北京：中国人民大学出版社.

中华人民共和国国家统计局，2015. 中国统计年鉴2015[M]. 北京：中国统计出版社.

周加来，2001. 城市化·城镇化·农村城市化·城乡一体化：城市化概念辩析[J]. 中国农村经济，（5）：40-44.

周立，2002. 中国金融发展的地区差距状况分析（1978—1999）[J]. 清华大学学报（社科版），17（2）：3-10.

周立，林荣华，2005. 新一轮农村利率改革成效与经济解释：闽东地区调查与垄断市场分析[J]. 财贸经济，（5）：7-13.

周一星，1984. 关于我国城镇化的几个问题[J]. 经济地理，（2）：116-123.

阿道夫·A. 伯利，加德纳·C. 米恩斯，2005. 现代公司与私有财产[M]. 甘华铭，罗锐韧，蔡如海，译. 北京：商务印书馆.

F. M. 谢勒，2010. 产业结构、战略与公共政策[M]. 张东辉，译. 北京：经济科学出版社.

M·利普顿，1977. 贫困人民依然贫困：世界发展中的城市偏向[M]. 剑桥：哈佛大学出版社.

CHRISTALLER W, 1966. Central places in Southern Germany[M]. London: Prentice Hall.

CLARK J M,1940. Toward a concept of workable competition[J]. American economic review, (2):241-256.

CHAN K W, 2010. Fundamentals of China's urbanization and policy[J]. The China review, 10(1): 63-93.

DEMIRGUC-KURT A, LEVINE R, 1999. Bank-based and marked-based financial systems;cross-country comparisons[R]. Policy Research Working PaPer Series 2143, The World Bank.

DEMURGER S, GURGAND M, LI S,et al., 2009. Migrants as second-class workers in urban China? A decomposition analysis[J]. Journal of comparative economics, 37(4):610-628.

GOIDSMITH R W, 1969. Financial structure and development[M]. New Haven: Yale University Press.

GOULD W T S,1982. Rural-urban interaction in the Third world[J]. Area, 14(4): 334.

HENDERSON J V, 2003. Marshall's scale economies[J]. Journal of urban economics, 53(1):1-28.

HSIEH C T, KLENOW P J , 2009. Misallocation and manufacturing TFP in China and India[J]. The quarterly journal of economics, 124(4): 1403-1448.

HU F, XU Z , CHEN Y, 2011. Circular migration, or permanent stay? Evidence from China's rural-urban migration[J]. China economic review, 22(1):64-74.

LEVINE R, 2005. Finance and growth: theory and evidence[J]. Handbook of economic growth, 1(A): 865-934.

LEWIS W A, 1954. Economic development with unlimited supply of labor[J]. The Manchester school, 22(2): 139-191.

MITZE T, SCHMIDT T D, 2015. Internal migration, regional labor markets and the role of agglomeration economies[J]. Annals of regional science, 55(1):61-101.

MORROW P M,2007. East is East and West is West: a Ricardian-Heckscher-Ohlin model of comparative advantage[R].

Toronto: University of Toronto Working Paper.

MULLAN K, GROSJEAN P, KONTOLEON A, 2011. Land tenure, arrangements and rural-urban migration in China [J]. World development, 39(1):123-133.

RAJAN R G, ZINGALES L, 1998. Power in a theory of the firm[J]. The quarterly journal of economics,113(2): 387-432.

RONALD I,1997. Modernization and Postmodernization: cultural,economic, and political changes in 43 societies[M]. Princeton: Princeton University Press.

SCHERER F M,ROSS D, 1970. Industrial market structure and economic performance[M]. Chicago: Rand McNally.

The ministry of economic affairs of Holland White Paper on Spatial economic policy in thetherland[A]. Dynamics and Networks[R], 2000.

VON WEIZSACKER C C,1980. A welfare analysis of barriers to entry[J]. The bell journal of economics, 11(2):399-420.

WIRTH L, 1938. Urbanism as a way of life[J]. American journal of sociology, 44(1):1-24.

YARON J, 1992. Successful rural finance institutions[R]. Washington:World Bank Discussion Paper.

ZHANG KH, SONG S, 2003. Rural-urban migration and urbanization in China: evidence from time-series and cross-section analyses[J]. China economic review, 14(4): 386-400.

后　记

　　本书是在朱建华教授所主持的国家社会科学基金项目"西部地区城镇化进程中的金融结构演变与金融组织创新研究"相关研究成果的基础上整理完善而成的。该项目研究成果经过相关项目成果评审专家评审，并已于 2018 年 8 月通过全国哲学社会科学规划办公室的审核并获准结项。

　　作者关注西部城镇化演进过程中的金融问题多年，并认为影响西部城镇化进程的一个非常重要的原因，就是西部二元金融格局明显，金融抑制现象突出，且被不断强化，而城镇化进程中又产生了异质性金融需求，催生其金融结构不断演进，使金融供给难以适应与满足新的金融需求。为解决西部城镇化推进过程中的金融约束问题，本书提出从金融结构演变的逻辑出发，实施具有针对性的有效的金融组织创新，以构建适宜的金融发展长效机制，创新金融产业组织，形成西部新型城镇化发展的长久之策。全国哲学社会科学规划办公室对"西部地区城镇化进程中的金融结构演变与金融组织创新研究"的选题给予立项，为该问题全面系统地研究提供了契机，在此，衷心感谢全国哲学社会科学规划办公室的肯定与大力支持。

　　本书以区域经济理论、金融发展和产业组织理论为主要依据，运用经济学、管理学、法学、金融学等有关理论的成果和方法，通过比较研究，将微观视角和中观视角相结合，梳理、评述与借鉴包括民族经济、区域经济与区域金融、城镇化、金融发展理论和产业组织理论等在内的研究成果，分别就西部城镇化、区域金融发展、金融结构演变、金融组织创新等理论内涵进行系统界定与分析。广泛挖掘和科学吸收利用已有理论资源，以适用的研究成果为起点，在充分认识西部城镇化与金融及其关系特殊性的基础上，将金融发展置于整个西部经济社会可持续发展之中，从历史与现实、微观与宏观、经济和社会、理论和实证相结合的视角，联系客观现实，深入剖析基本概念，界定理论内涵，揭示西部城镇化进程中金融发展的机理、内在要求、实现途径等，系统构建金融产业组织创新理论的完整框架。本书通过实地调研→资料收集→实证分析→修正完善→系统总结→提出建议，从多个维度对已有城镇化进程中的金融问题进行综合考察，构建一个西部新型城镇化进程中金融组织创新的具体方案，使西部金融政策的制定更具科学性、实效性和可操作性，这是突破传统单一视角进行的一次系统化研究尝试。

　　本书参考了诸多国内外相关研究成果，对这些研究成果的学者，作者表示深深的敬意和诚挚的感谢。在本书的调研过程中，得到了诸多部门的积极配合与大力支持，广西壮族自治区、贵州省、云南省、四川省及重庆市等省（市、区）的相关部门及金融机构，为本书提供了大量的资料，并为我们的现场调研提供了优越的条件，在此表示感谢。

在本书的成果形成与出版过程中，中南大学蒋美仕教授、刘振彪教授、刘卫柏教授、雷良博士、李中博士，以色列理工学院（Israel Institute of Technology）博士后朱林副教授，都给予本书诸多的帮助与宝贵的建议。贵州财经大学硕士研究生周伟、任瑞琳、刘甜娣、冯叶、王虹吉、牛子宁、覃春面、李梦旖、盛慧、李传浩、左雁、彭菲菲、顾铭嫄等参与了文献资料收集整理、实地调研及文稿校对，为本书的顺利开展做了大量的有益工作。在此，我们表示诚挚的谢意。

尽管作者倾尽所能，但由于自身水平所限和时间仓促，本书难免存在不足之处，敬请各位广大读者指正。